中東【下】

伊斯法罕的沙王清真寺。這是十六世紀末到十七世紀初一組卓越建築群中的一座，當時的伊斯法罕是薩非沙王阿伯斯（1588-1629）的首都。

伊斯法罕的徹哈爾巴格馬德拉薩玄關。馬德拉薩是中古回教高等教育制度的基石。

阿伯斯沙王正在接見一位使節。此為伊斯法罕契西蘇檀閣的壁畫，十六世紀作品，1706年重新修復。

土耳斯十六世紀末的宴會場景，人們正在飲用咖非。伊斯坦堡第一家咖啡屋是由兩名敘利亞人在1555年開設。

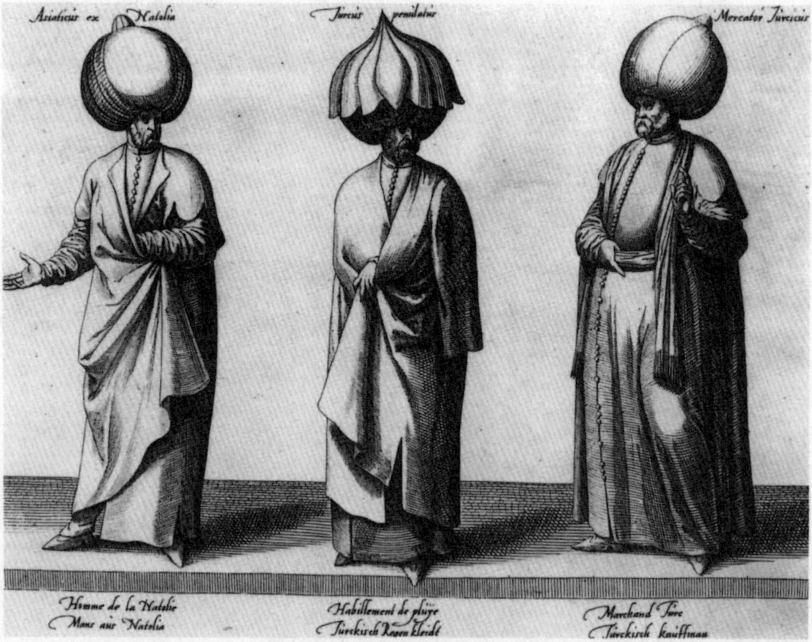

十七世紀的土耳其商人。由左至右分別是一位安那托力亞商人，一位穿著防雨裝束的商人，和一位土耳其商人。

哈散總管（Hasan Ağa, Samson Rowlie）。他是一位英國人，在十六世紀時成為顎圖曼高級元帥兀魯赤．哈散大人（Uluç Hasan Pasha）的總務和親信。有許多歐洲的基督教徒為鄂圖曼國奉為公職，他們絕大多數都改宗回教。在基督教世界，人們稱他們為變節分子，而在鄂圖曼地方，他們被稱做「找到正道者」。

一位猶太醫師（右方）伊斯坦堡1574年，由佚名畫師繪製。十六世紀時，猶太人為了逃離基督教歐洲的迫害，大批留滯在鄂圖曼國境內。

苦行修士，取自一本十七世紀的書，由土耳其畫師為威尼斯大使繪製。

十八世紀的譯員。鄂圖曼政府和大多數的外國使節都雇有譯員通事。宰相府的譯員總領是個重要的人物，他實質上掌握了鄂圖曼的外交關係。

波斯的打獵場面。打獵在波斯和土耳其，一直以來都具有一種重要的社會、文化甚至於軍事性的功能。

1820年代土耳其咖啡屋中的抽菸景象。菸草是在十七世紀之初由英國商人自美洲引進的。先是抽菸迅速在鄂圖曼境內風行開來，接著種植菸草也很快地流行全境。

十三世紀葉門的奴隸市場。取自《授課期間》一書中的插圖，該書是古典時代的阿拉伯傑作，作者為哈利利（al-Harīrī）。

停留在沙漠中的阿拉伯奴隸商隊，十九世紀。

宦官行馬圖，1573年。在鄂圖曼王宮中，黑宦官的人數較白宦官多，勢力也較大。他們的領袖「諸女領班」，是個相當重要的人物。

「諸女領班」，十八世紀繪圖。

素檀的母親在後宮小室內接受僕婢的服侍。她正從一名僕婢那裡取過一杯咖啡。

一位土耳其女士在僕婢的陪伴下向澡堂行去，十七世紀。

坐在客廳中的土耳其仕女。

婚禮行列中的仕女們。

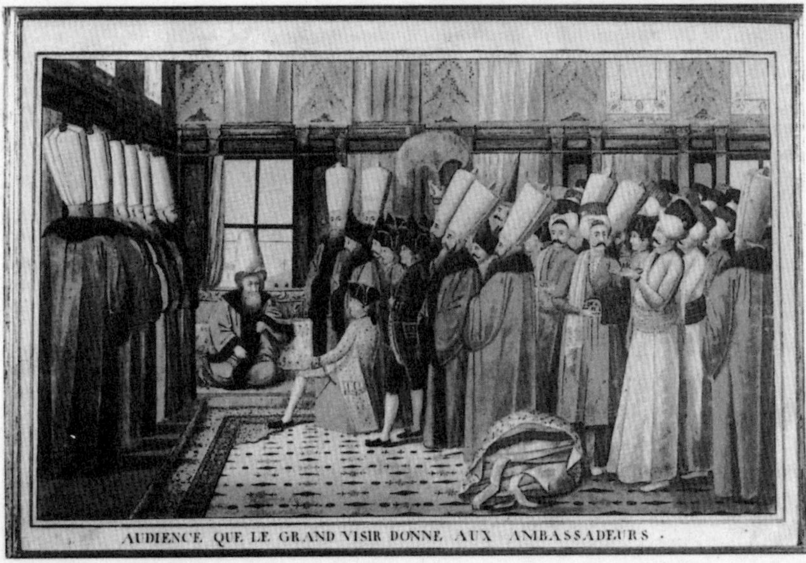
AUDIENCE QUE LE GRAND VISIR DONNE AUX AMBASSADEURS .

正在接見歐洲使節的大宰相，十八世紀早期。

伊斯坦堡的努羅曼尼耶清真寺，1755年落成，有義大利式的外牆裝飾。

鄂圖曼人的裝束，約1825年。由左至右為「諸女領班」，侏儒弄臣和白宦官（by Giovanni Brindesi）。

由左至右為：宰相府譯員、歐洲使節、國務卿、布哈拉大使和內侍總管。

十九世紀早期的鄂圖曼軍服
（by Giovanni Brindesi）。

拿破崙在「金字塔之役」前向其軍隊演說，1798年，葛洛斯（A-J. Gros）繪。

鄂圖曼素檀謝利姆三世（1789-1807），貝爾托（H. Berteaux）繪。

素檀馬合木二世於1826年新軍被打敗之前和之後。素檀的頭飾、髯鬚、裝束、跟班以及馬具，都出現西化的情形。在這兩幅畫像中，馬匹和騎士的姿勢是一模一樣的。

穆罕默德．阿里大人和英法專家會唔。他是鄂圖曼帝國派在埃及的總督，自1805年派任，至1848年去世為止。

波斯人抵抗俄軍的推進，十九世紀早期。

俄國人在安那托力亞北岸的細諾普擊沉鄂圖曼艦隊，1853年。

英國人在埃及。諷刺英國人在埃及以「保護者」的姿態出現，取自法國《珀蒂報》，1893年。

蘇伊士運河於1869年通航的情景。

多瑪巴齊宮，素檀的新式住宅，1853年。

綢緞商的大賣場，開羅，1840年代，蘇格蘭畫家羅伯茲（D. Roberts）繪。此畫為「東方主義」這個新類型的範例代表作——栩栩如生地描繪中東的景象和人物，但執筆者為西方畫家。

伊斯坦堡阿合密廣場上的歐洲仕女和土耳其仕女，1907年。

「土耳其之父」凱末爾，他是土耳其共和國創建者及第一任總統。

「土耳其之父」在伊斯坦堡的一座公園裡，1928年。這位領袖正在充當教師，教導新式的拉丁字母。

阿拉伯人反抗鄂圖曼的統治：阿拉伯軍隊於1917年7月自阿卡巴港推進。

奧地利士兵撤出耶路撒冷，1917年。

耶路撒冷，1947年：英國託管下的最後一段日子。

遊牧生活：沙烏地阿拉伯的貝都因部民。

沙漠中的油管。石油的發現和開發在二十世紀為中東地區帶來巨大的轉變。

支持何梅尼的遊行，德黑蘭，1979年1月。

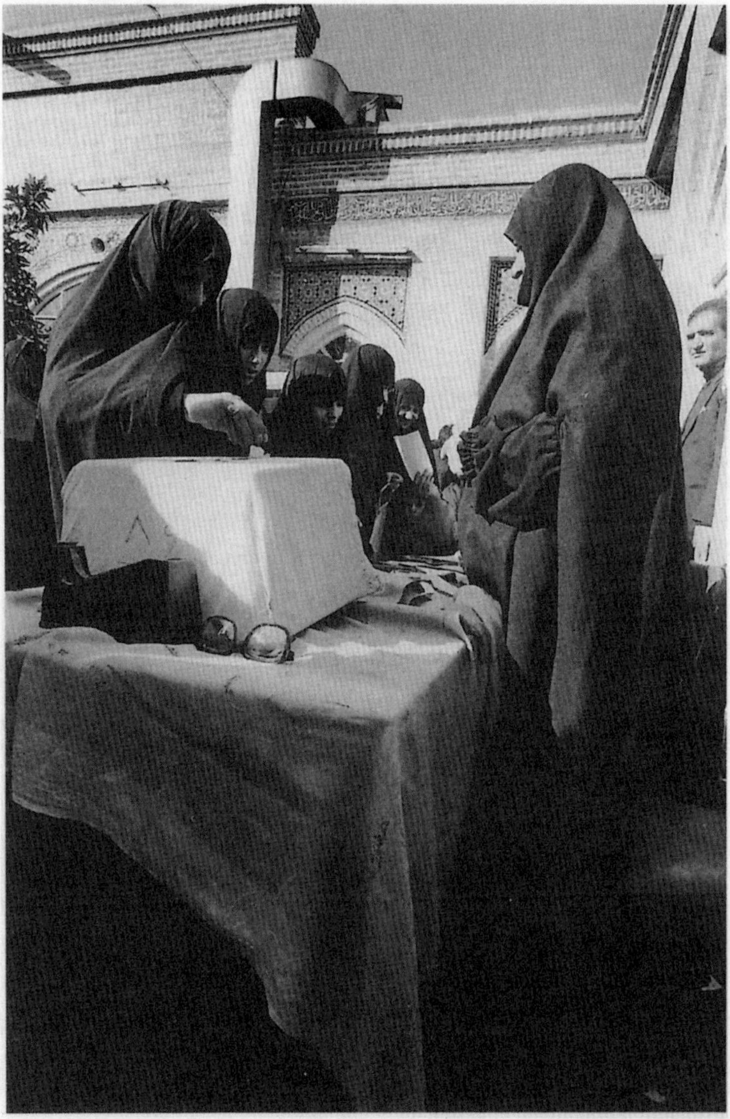

伊朗婦女投票表決回教新憲法，1979年12月。

位於聖城麥加中央的大清真寺和卡巴。

祈禱中的虔誠信徒，回教研究學院大會，開羅。

伊斯坦堡，1988年。

中東

THE MIDDLE EAST

自基督教興起至二十世紀末

{下}

2000 YEARS OF HISTORY FROM THE RISE OF CHRISTIANITY TO THE PRESENT DAY

柏納・路易斯——著　鄭之書——譯

BERNARD LEWIS

目錄

上冊

作者序 7

第一部——緒論

緒論 15

第二部——先祖

第一章 基督教時代以前 41

第二章 回教時代以前 61

第三部——回教的初生和巔峰

第三章 回教的創始 87

第四章　阿拔斯哈里發朝　123
第五章　草原民族西來　139
第六章　後蒙古時代的轉圜　163
第七章　彈藥帝國　179

第四部——橫剖面

第八章　國　家　213
第九章　經　濟　253
第十章　菁　英　289
第十一章　大　眾　329

目錄

下冊

第十二章　宗教和法律　9
第十三章　文　化　53

第五部——現代的挑戰

第十四章　挑　戰　97
第十五章　改　變　117
第十六章　回應與反彈　147
第十七章　新觀念　163
第十八章　從戰爭到戰爭　193
第十九章　從自由到自由　233

參考書目 281
曆法說明 287
大事年表 291
地　圖 309

中東

自基督教興起至二十世紀末

THE MIDDLE EAST

2000 Years of History

from the Rise of Christianity

to the Present Day

【下】

第十二章　宗教和法律

回教在回教帝國於第七世紀中葉成立之後，就成為中東地區的主流宗教。起初，回教只是少數征服者、移居者和主政者的宗教，那時身處原先波斯國和拜占庭國的廣大民眾，仍舊忠於他們原來所相信的宗教。漸漸地——確實的時間和確定的發生經過，我們到現在還不清楚——人口中的大多數都成了回教徒，回教徒的比例穩定增長，這種情形在中東的大多數地方一直延續下來，直到今日。只有一個地方是非回教徒禁止居住的。按照傳統的記載，烏默爾哈里發曾下令「聖地」——對回教徒而言指的是阿拉伯半島，也就是先知穆罕默德的家鄉——只許有一個宗教，也就是回教，因此基督教徒和猶太教徒理應遷離。這個禁令甚至沒有應用於阿拉伯半島南部，基督教在阿拉伯半島南部存在了好幾個世紀，而猶太教在該區一直存在到今天。

除聖地外，在回教徒治理或影響之下的非回教徒社群的命運，有相當大的差異。在回教帝國的邊緣地區，諸如北方的喬治亞和亞美尼亞，南方的衣索比亞等國度，都保持了他們的基督教信仰，一些甚至還保有他們的自主性。基督教會在「肥沃月彎」和埃及地區的數目，雖然與日俱減，但教會依然繁榮昌盛，甚至還從拜占庭勢力的退卻中占了一些便宜，因為它們可以界定和執行正確的信仰。相反地，基督教在北非則沉寂消亡。在東部、中部和西部各省都存在已久的猶太社群〔譯補：在回教徒的統治之下〕，則得到一個和基督教徒相似的地位，比起他們在基督教徒統治之下的生活狀況，有相當程度的改善。祆教徒不像基督教徒那樣在海外有強大的友邦鼓舞激勵，也不像猶太教徒那樣，擁有為求生存而磨練出來的技能，所以他們的處境很糟。有些祆教徒遠走印度，在那裡形成了一個小社群，叫做帕爾西人（Parsecs），一直存在到今天。正統的祆教徒在伊朗地方已經縮減成人數極少的族群。祆教的各個分支流派，由於比較不依賴國家力量和既有祭司階級的規範，因此處境好得多。這些團體並在回教徒統治的頭幾百年，在伊朗地方的社會、文化甚至於政治歷史上，扮演了一些重要的角色。這些團體中最著名的一個是由摩尼的門徒所組成的，摩尼信仰在中東和歐洲受到祆教徒、回教徒和基督徒一致而積極的迫害，但仍然存活下來，並繼續從這三種宗教信仰那裡吸引皈信者。

在古典哈里發國的心臟地帶，也就是亞洲西南和非洲北部，有一個文明茁然成長，這個文明在許多方面深受這個地區的古代文化所影響，也因為那些不信回教的少數族群的貢獻而更形豐富。然而，在最深層的意義上，這個文明仍然是個回教文明，有著一種明晰且可以辨識的特質。這種特質影響到這個文明的哲學、科學、文學、藝術和生活方式，就連在非回教徒社群的精神生活之中，也可以清楚察覺出這個特質。

「伊斯蘭」（Islam）是個阿拉伯語詞，回教徒和其他人通常把這個語詞解釋為「臣服」（surrender），意思是信仰者對於上帝的臣服。同一個動詞的主動分詞「穆斯林」（Muslim），指的是進行臣服行為的人。這個字在早期恐怕還傳達了另一個意義，這個意義可以在阿拉伯文和其他的閃語系語言中找到十足的證明，那是「完完全全」（entirety）的意思。故此，「穆斯林」就是把自己完完全全交給上帝一人的人，而不交給旁人。這表示說他是一位「一神信仰者」（monotheist），和第七世紀時偶像崇拜的阿拉伯半島上的「多神信仰者」（polytheist）適成對比。

按照回教徒的傳統說法，穆罕默德的使命並不是創造，而是承續——承續一神信仰與多神信仰長期相爭下的一個新階段，也是最後的一個階段。對回教徒來說，穆罕默德是眾位先知中的最後一位（the Seal of the Prophets），是上天所任命的一長串使徒中的最後一位。這些先知們，每位都帶來了一部啟示經書，諸如由先知摩西、大衛和耶穌所帶來的《摩西五書》（Torah）、《詩篇》（Psalms）和《福音書》（Gospel）。穆罕默德是最後一位先知，也是最偉大的一位，他所帶來的《古蘭經》，完成了先前所有的啟示，也超越了先前所有的啟示。因此，在回教徒的想法裡，猶太信仰和基督教在它們剛剛降臨人世時都是正道，在同一個使命與啟示的脈絡裡，他們是先前的階段。可是，這些啟示到了穆罕默德行道的時期已過時了。先前啟示的真言正道，都包含在穆罕默德的喻示當中。凡是沒有包括在內的，就不是真言正道，而是由不配監護這些早期經典的人們所扭曲、竄誤的結果。

「伊斯蘭」這個語詞今天的用法，有許多不同的意義。嚴格說來，對回教徒而言「伊斯蘭」指稱的是一個真確的信仰，這個真確的信仰在世界產生的時候就存在了，於是就這層意義來說，亞當、摩西、大衛、耶穌和其他人，都是「穆斯林」。比較一般的用法，是把「伊斯蘭」這個用語限制在最後的一個階段，也就是穆罕默德和《古蘭經》的階段，因為在啟示的過程中，較早階段的信眾都在別的名稱下生活。可是即便是在這層意義上，這個詞也還是有不同的意涵。首先，「伊斯蘭」這個用語，指稱的是先知穆罕默德個人經由《古蘭經》和他個人的言教與身教所勸示的那個宗教，其內涵由往後的世代傳達和記錄下來，經過這個傳遞和記錄的歷程，「伊斯蘭」又演變成指稱整個繁複的神學、律法和風俗體系，而這個體系，是由這些後代人士根據先知穆罕默德勸示的內容，以及人們認為是穆罕默德所勸示的一應事項精心經營而成。在這個意義上，「伊斯蘭」包括了被回教徒稱之為「舍利雅」（sharīʿa）「聖律」的龐大架構，以及被回教徒稱做是「卡蘭姆」（kalām）的回教神學大全。再就一個較廣的意義來說，「伊斯蘭」這個語詞往往不被用來當作基督教的對稱，而是當作「基督教世界」的對稱，指稱的是在回教信仰和回教社會的支持保護之下，茁壯起來的整個豐富的文明。這種用法，尤其通行於非回教徒圈子裡。在這層意義上，「伊斯蘭」這個語詞所指稱的，就不是回教徒所相信的東西或是他們理應相信的東西，而是他們真正做出來的東西——換言之，回教文明對我們來說是個歷史事實，回教文明也是個現時存在的事實。

「清真寺」（mosque）這個語詞，以不同的形式、經過不同的路子，來到了基督教世界的各個語言當中，用來指涉回教徒進行禮拜的場所。它出自阿拉伯文的「馬斯吉」（masjid），字面上的意思是俯伏的場所，那是指朝拜者在上帝面前俯伏自身——或是精確地說，跪拜——的場所。可是「清真寺」並不等於基督教的教堂或聚會所；「清真寺」是座建築，是個敬拜的場所，往往也是個碰頭和研究學問的場所，但是僅此而已。這個名詞在回教的用語當中，從來不用來指稱一個自有特殊結構或教階制度，和自有法律及司法裁判的機構。在回教最早的時期，「清真寺」甚至連座建築也不是，它只是個場所，信眾聚集在那裡共同祈禱。這些祈禱也可以在私人居室、公眾地方、或露天場所進行，而在回教征服的最早時期，這些祈禱甚至經常在被征服者的宗教崇祀地進行，征服者或與他們共用這些禮拜場地，或整個接收下來。循此，阿拉伯的征服者先是與被征服者共用座落於大馬士革的「聖約翰教堂」（Church of St John），然後再把它接收過來加以改建。幾個世紀之後，他們又以同樣的方式，把座落於君士坦丁堡的「聖索菲亞大教堂」，轉化成帝國的清真寺。改建工作包括在建築外部的圓頂上插上一彎新月，再在四個角落補上四座「叫拜塔」（minaret），叫拜人可以從這些叫拜塔上，宣揚上帝的一統與穆聖的行道生涯。在建築內部，則包括卸去基督教的圖像和象徵，或用古蘭經的經文以及其他的回教文句，把這些基督教的代表物遮蓋過去。

清真寺的內部，是簡單樸素的。清真寺裡面沒有祭壇（altar），也沒有內殿（sanctuary），因為回教沒有聖物、也沒有經過聖職任命的神職人員。「伊瑪目」不具有神職人員的功能，他只不過是位帶領祈禱的人。只要是了解這個儀式的回教徒，就可以做這項領禱工作；雖然在實際上，伊瑪目的工作通常成了一個永久而專業的職位。在清真寺內部，兩個主要的著墨點是「宣教壇」（minbar）[1]和「壁龕」（mihrab）。前者是一種高出地面的講壇，在大型清真寺的週五聚禱中使用。「壁龕」是位於方位（qibla）牆上的一座龕閣，[2]指示著麥加城的方向，所有的回教徒在祈禱時，都要面朝這個方向。「壁龕」通常是置於牆的中央，[3]並藉此決定了清真寺建築的對稱軸線。回教徒的公開祈禱，是一種有規範的集體行為，表示對於造物主、一位普世而非物質的上帝的歸順。在回教的祈禱中不摻雜任何戲劇化或神祕的儀式，也不使用聖樂或是詩歌，至於許願、還願更是不可能。塑像尤其是受到排斥，因為它們太像是偶像而會因此褻瀆神明。回教工匠用抽象和幾何構圖來取代雕像，其裝飾設計的基礎，在於廣泛及有系統地應用銘文。用來裝飾清真寺的牆壁和天花板的，有上帝、先知穆罕默德和早期哈里發的名字，回教徒對於信仰的宣示，以及古蘭經的經句，甚至於古蘭經的整個篇章。古蘭經的文句對回教徒來說是神聖的，書寫古蘭經或閱讀古蘭經，本身就是一種敬拜行為。裝飾所應用的有不同風格的書體，在書法大師的筆下可以做到糾纏奧妙之美。這些裝飾用的文句，是回教徒虔誠向道的讚歌，是不斷迴盪的旋律以及聖像；事實上，它們正是了解回教徒的虔敬與審美觀的敲門磚。

最教人熟悉並且富有特色的清真寺外部建築是「叫拜塔」。「叫拜塔」通常是分立的建築體，「叫拜人」（muezzin，阿拉伯文作mu'adhdhin）就從這些「叫拜塔」的頂端，召集虔信者參加祈禱。「叫拜塔」既象徵著回教世界的一統，又象徵著回教世界的多樣。「叫拜塔」在各處都有相同的宗教和社會功能，叫拜聲在擁擠的街頭巷尾和市集上空翱翔，對信眾發出信號，也是一種警示。可是與此同時，每一個回教的大區域，都有自身風格的「叫拜塔」。這些「叫拜塔」往往保留了一些早期建築的明顯輪廓，而這些早期建築，不經常是宗教性的——諸如巴比倫城的階

1　譯按：即「講座」。
2　譯按：凹進牆內的。
3　譯按：指左中右的中央，非上中下之中央。

梯形塔樓、敘利亞地方的教堂尖塔、埃及的引路燈塔等。

在另一層意義上，回教清真寺可說是羅馬的公共集會場（forum）和希臘的廣場（agora）的繼承者——回教的清真寺是回教政權和回教社會的中心，尤其是在新建的駐軍城鎮裡面。清真寺的「宣教台」不只是給講道者和領禱人用的，也用來傳播重要的宣布和決定，譬如任免官員、統治者或總督新立、宣布戰事消息、征服消息以及其他重要的事項。在駐軍城鎮中，清真寺、政府衙門和駐軍區一同組成了一種城堡（citadel），[4]而在宣教台之上做出重要宣示的，往往就是統治者或總督本人。從早期開始，在講壇上說話的人都有在手中握刀或是持杖的慣例，象徵著回教的威權——要是這個地方是因突襲而得來的，就握一把刀，要是這個地方是因談妥條款而投降的，就持一柄杖。

清真寺的政治角色隨著回教政府和回教社會日趨複雜而減低，可是從未完全消失。重大的任命譬如新哈里發即位，仍然在講壇上公布；每個星期的佈道，也就是所謂的「胡圖白」（khutba），仍然有其政治上的重要性。「胡圖白」包括了提到統治者和總督名字的規定祈禱，而在「胡圖白」中被提到名字，就等於其政治威權在回教世界得到承認。對於統治者來說，提到他的名字是統治權的確認，對於宗主來說，提到他的名字則是忠誠的確認。要是在「胡圖白」中沒提到任何一位主君的名字，就等於是宣示獨立。

有一段經常被引用的古蘭經經文，囑咐回教徒要「服從上帝，服從祂的先知，並且服從那些在你上位的人」（第四章第五十九節）。這段經文被詮釋成賦予「聖訓」（ḥadīth）以古蘭經同等的權威性。「聖訓」是一些誡條，內容是關於先知穆罕默德的行為話語。回教徒相信，先知不只在啟示方面受到上天的啟發，所有言行，也是受到上天的啟發。先知穆罕默德的想法和作為，經口頭傳述一代一代地傳遞下來，後來寫成文字，變成大部頭的集子。這些言行彙編中，有一些被回教徒視為可靠而有權威性的。回教學者在中古時期，就已經對其中某些誡條傳述的真實性提出疑問，現代的批判式學術探討也提出同樣的問題，而且其方式更為激烈。不過，大多數的回教徒仍然把標準的彙編奉為僅次於古蘭經的作品。這兩部書，組成了回教「聖律」、即「舍利雅」的基礎。這個規模宏大的律法架構由世世代代的法學家和神學研究者精心巧構，是為回教世界主要的學術成就之一。「聖律」或許也是回教文明的特質以及回教才智最完全的展現。

接近十八世紀尾聲，有一位回教徒密爾咱（Mīrzā Abū Ṭālib）去到英格蘭。這位密爾咱是最早把英格蘭印象寫成書面紀錄的人之一。他描述了他參觀下議院，以及當人們向他說明下議院的功能與工作包括了頒布法律和為犯事者定下刑罰時，他是如何地訝異。他向讀者解釋說，英格

4 譯按：不是歐洲式的citadel，而是一城的重心，例如今日烏茲別克國布哈拉城遺留的citadel，便是這種組合。

蘭人不像回教徒，英格蘭人還沒有接受一套由上天啟示的神聖律法，因此淪落到要「依時間和情況、事情的輕重、法官的經驗」，[5]來權宜地創制自己的法律。

原則上，回教的司法系統和這位旅客在英格蘭所看到和描述的司法系統，是截然不同的。對回教徒來說，唯一有效的法律，是上帝透過啟示公布周知的法律，這些律法明白展現在古蘭經和「聖訓」中，再由後代的法學家兼神學家的著作加以詳述和闡釋。由於在人們的觀念裡，律法係由上帝制定並由先知頒布，因此法學家和神學家所從事的，乃是同一個專業工作的不同支。因為研究「聖律」的大師並非國家的官吏而是民間的個人，因此他們的衡量標準不受官式的羈絆，他們的意見也不相一致。國家派任的「卡迪」是在自己的法庭裡主持司法公正。他的工作是應用法規，而不是闡釋法規。闡釋法規的職能歸「穆夫提」掌管。「穆夫提」是一種司法顧問，他們的意見或是衡量標準叫做「斐特瓦」（fatwa）。「斐特瓦」這個語詞，和「穆夫提」一詞出自同一個語根。「斐特瓦」雖然不能當作法律來援引，但是可以被援引為法學上的權威意見。

「聖律」在原則上涵蓋了回教徒生活的所有層面，公眾的、隱私的、社群的、個人的皆然。有一些「聖律」的法條，尤其是那些和婚姻、離異、財產、繼承以及其他個人地位事項相關的法條，都有著法典的性質，虔誠的信眾理應遵從這些法條，而國家也有相關措施切實執行這些法條。「聖律」在其他的層面上，則比較像是一種理想的體系，個人和社群都對這個理想體系抱有熱切的期望。至於在與政府運作有關的政治或體制問題上，聖律的性質就介於法典與理想體系之間，並因不同的時地接近其中的一端或另一端。

回教法學家把「聖律」分成兩大部分。一個關係的是信眾的思想和心靈，也就是與教誨和道德有關；另一部分所關係的是對上帝和對別人的外在行為，也就是與敬拜和民法、刑法及公眾法規有關。法律的目的在於界定一個規則體系，遵照這個體系就可以使信眾在今生過著正確的生活，也為他們自己來生的求恆極樂預做準備。回教國家和回教社會的主要職能，便是維持和切實執行這些規定。

在實際的層面上，回教的司法作為和西方的司法作為之間的分別，並沒有密爾咱所評論的那麼僵硬。「聖律」雖然不允許人類在回教國家中享有立法的權力，但在先知行教以來的這一千四百多個年頭裡，回教的主政者和法學家碰到了許多問題，而先知的啟示並沒有對這些問題提供明確的答案，於是回教的主政者和法學家，就為這些問題提供答案。這些答案並沒有被看作、或公開呈現為法令或是法律。如果這些答案是出自民間，這些答案就叫做習俗。若是這些答案來自層峰，這些答案就叫做規定。要是這些答案是來自司法學者——這是最常發生的——這些答案就叫

---

5 Mīrzā Abū Ṭālib Khān, *Masīr-i Ṭālibī*, ed. H. Khadīv-Jam (Tehran, 1974), p. 251.

做闡釋，回教世界的司法顧問在重新演繹神聖經文這件事情上，其技巧並不輸於其他社會的法律業者。不過密爾咱在一個要點上是完全正確的。創制新法雖然是很常有的事，而且是普遍性在做的，可是通常都得經過一番偽裝掩飾，且幾乎全是偷偷摸摸的，因此絕不會有諸如立法會議或是立法集會的容身之處。而這些立法會議，卻正是歐洲民主體制的起始點。

回教徒雖然受限於古蘭經的內容不能變更，以及必須全盤接受「聖律」，但他們還是有辦法大大修訂和發展他們的法律。他們根據的是法學家奠下的原則：「法律隨時代改變」。在這個發展的過程中，有兩個因素尤其重要，一是主政者的裁量權（discretionary power），一是學富五車者所代表的公意（consensus）。

按照遜尼派法學家的界定，回教國家是一個神權體制，在這個神權體制裡面，主權、正統和法律的唯一來源是上帝，而主政者是祂的工具和祂的代表——用哈里發及素檀們使用的字眼和頭銜來說，主政者是「上帝在地上的影子」。實際上，回教徒在很早的時候就了解到，如果想要讓國家的事務維持運作，即使是最虔誠的回教主政者，也得要行使權力、制訂規則並執行懲治，而這些作為與神聖律法所定下的法規之間，並不真的對立，而更常是增強的。主政者行使的這些權力，在阿拉伯文裡用的是「西牙撒」（siyāsa）來表示，其他語文的回教徒也各有其同義詞。「西牙撒」最根本的意思指的是訓練和管理馬匹，在現代則意指「政策」或是「政治」，至於在中古和鄂圖曼王朝時代，是用來指稱主政者的裁量權，這是在「聖律」賦予他的權力以外的。之後，「西牙撒」專指根據這種裁量權所判定的懲罰，有時候特指死刑。人們逐漸承認了這兩種權威都有其必要性，後來連「聖律」的學者也承認了。在鄂圖曼王朝時代，素檀們頒布架構詳明的成套規則，即所謂的「典律」（kānūn），[6]規範著省政、國家部門行政，或是君主體制和中央政府自身的事務。「典律」無由超越或廢止「聖律」，但是它可以援引地方上的習俗和現任或前任主政者的旨意，來進一步闡發「聖律」，並且使之符合現代的需要。

信仰回教的主君，尤其是比較虔誠、比較投入信仰的主君，譬如鄂圖曼王朝諸君，在頒布和執行這些規則和規定時，都需要回教教師的支持，或者，至少要得到他們默許。在較早時期，回教教師中比較虔誠和比較受到推崇的，皆傾向於遠離國家，避免因參與公職所可能帶來的精神玷污。可是自十一世紀以降，國內外的新威脅把主政者和回教教師拉攏到一塊兒。在塞爾柱王朝時期，回教教師——尤其是那些關心法律的——開始更積極參與國家事務。在鄂圖曼諸君及同時期的他地君主統治下，這種情況發展更甚，於是回教教師在某種意義上已成為政府機制的一部分。

即便是如此，回教教師仍然沒有形成教會，而回教也從未弄出一個基督教意義下的「正教」

[6] 譯按：應是自希臘文kanon轉來，意為「直竿」。在拉丁語和現代英語作canon。

（orthodoxy）。在回教的歷史裡面，並沒有為了界定正道、指摘謬誤而組織的宗教會議或是宗教大會，並沒有教宗、高階教士或是宗教檢查官，來宣示、試驗和推行正確的信仰。回教世界的教師、神學家和法學家，可以是一些個人，或是待在學校裡，乃至在後來擔任公職。他們規畫出教旨、詮釋經典，但是並沒有制度化為一個屬靈的權威，定下單一的正統教條和單一的正統詮釋，一旦逸出，便是異端。因此，在回教世界並沒有教會組織強制推行一種通過許可的信仰形式。的確是有國家曾經試著要如此做，可是例子很少，絕大多數也沒有成功。

然而關於正確信仰，還是存在著一個眾人都能接受的判準，那就是「信眾的公意」（ijmāʿ）。[7]這用現代的話來說，或許可以描述為學者和有力人士的意見氛圍。這種公意共識的理論基礎，是一句被認為是先知穆罕默德所說的話：「我的社群不會在謬誤上取得一致。」人們對這句話的理解是，在先知穆罕默德去世之後，上天的指引傳給了回教社群這個整體，基於這個事實，為整個回教社群接受並且進行的事項，就都是正確的回教教旨與正確的回教作為。遜尼派的法學家通常接受以下原則，那就是虔誠者和飽學之士可以在一定範圍內對真正的信仰持有不同的意見，只要不踰越到界限之外。他們便是以這種方式，使詮釋「聖律」的各個門派得以共存並互相寬容。其中有四個主要派別：哈那夫學派（Ḥanafī）、沙斐儀學派（Shāfiʿī）、馬立克學派（Mālikī）和罕百里學派（Ḥanbalī）一直存在到現代，並分享整個遜尼派的回教世界。「信眾公意」

這個原則認可了歧異和改變，事實上也促成了歧異和改變。

這種公意因時因地而不同，和其他比較架構化和權威性的體系比較起來，看來是有點難以捉摸和多變無定向。在最早的回教時期也的確是這樣，於是遂為人類的理性思辨和個人的意見留下了廣闊的空間。用「聖律」的術語來講，這叫做「個別判斷」（ijthād）。[8]然而，隨著時間的流逝，變異的範圍逐漸縮小且備受限制，最後只限於那些雞毛蒜皮的、邊緣的、地方性的或是新的——這可是個重要的例外——的問題。從大約公元九〇〇年的時候開始，遜尼派的法學家已形成一種共識——雖然什葉派的法學家並不如此——那就是所有的重大課題都已經解決了，故此，「『個別判斷』的大門已然闔上」。然而新的問題一直是存在的。包括近古時期的咖啡、菸草、火器問題，以及現代的更多問題。一些法學家也的確在討論應重開這道大門。什葉派則從來就沒有同意此門已關，他們的回教教師事實上便叫做木哲塔希德（mujtahid），意思是「行使『個別判斷』者」。然而，比起其遜尼同行來說，什葉分子也不特別有創意。

藉由公意和允許進行個別判斷的互相作用，一大堆關於正確行為和正確信仰的規定產生了。

7　譯按：嘗有書中譯為「公議」，此處恐與集會式的公議混淆，故根據作者的英文解釋 consensus，譯為「公意」。

8　譯按：原字義為「努力」。

這也是回教律法和回教神學的核心，並且得到幾乎是全民的接納。這套規定在形成過程中的指導原則，是尊重傳統、尊重「遜那」（Sunna）。[9]「遜那」在古代的阿拉伯半島指的是祖宗的先例，也就是部族的習俗規範。「遜那」在回教最早的時期，依然是一個生機勃勃、日益茁壯的回教社群傳統，由頭幾位哈里發以及「先知友伴」和先知繼承人的行為和施政發展而成。到了回教的第二個世紀，一個更為傳統的觀點廣泛流傳。在這個觀點下，「遜那」等同於先知穆罕默德個人的教誨和行為，人們相信「遜那」是由講述真確傳統的人傳遞下來的，人們奉持它，認為它超越一切，除古蘭經本身。由於人們普遍接受這個觀點，也普遍接受在此提到的聖傳內容——在記錄先知的前事之際，可取程度各有不同——個別意見以及公意的分量於是減輕了，雖然它們從未完全遭到排除。「個別判斷」減少了，回教教師就愈來愈倚賴「全盤接受」（taqlīd），也就是不存懷疑地接受既有的教義。如此這般，就出現了一種回教的「正教」。這個正教不是基督教式的那種由有組織的屬靈事務權威所批准證實的正確教義，而是普遍為人們所接受的一種較狹義的傳統作為與傳統教義的核心。違背或是偏離這個核心可能會受到譴責，並視情況定罪為錯誤（error）、罪行（crime）或／和是罪孽（sin）。

那些接受這個正教的人叫做「遜尼」（Sunni）。這個語詞隱含了對於社群的忠實，以及接受這個社群的傳統，而不能說是相信一個由官方界定的教條，並且臣服於一個屬靈事務的權威。同樣的社群和社會意涵，也可以在回教徒用來指稱偏離「遜那」行為的各種術語中看到。

回教徒用法中最接近基督教的異端概念的，或許是「創新」（bid'a）這個用詞。遵循傳統是好的，「遜尼」回教也是由這項觀念所界定的；違離傳統則是「創新」，這是不好的，除非它能特別表現出它是好的。一句據說是先知穆罕默德所說的話，恰當地總結了極端傳統論者的觀點：「最糟的東西，就是那些新奇的東西。凡新奇便是創新，凡創新便是錯誤，而每個錯誤，都導向煉獄之火。」根本上，「創新」之所以被控為不合教義，並非因為其偽，而是因為其新——它破壞了習俗和傳統。由於人們相信回教的啟示是最終的和完美的，於是更加強了人們對於習俗和傳統的尊重。

所以，基督教對於異端的概念和回教徒對於「創新」的概念，有個很重要的區別。異端是一種神學上的侵越，在教旨上選擇錯誤，或是著重點錯誤；而「創新」的社會過失意味大於神學過失意味。這個區別在「偏離」和「過度」（ilḥād and ghuluww）這兩個指摘上，也是一樣的。「偏離」即偏離正途，「過度」此詞出自一個阿拉伯語根，指做得過火，踰越分際。「過度」這個詞曾在一段古蘭經經文中出現，基本上是說給猶太教徒和基督教徒聽的：「噢！聖經的人們！在宗

9 譯按：「遜尼」為「遜那」的形容詞形式。

教上毋得踰矩：勿妄言神，只說真理。」（第四章第一百七十一節）。在這裡，這個語詞明明白白指的是基督教徒的信仰，回教認為那是「過度」。不過到了後來，「過度」就比較常用來稱回教徒犯下的錯誤。

人們把社群內部的意見分歧看成是無害甚至是有益的。有一句據傳是哈那夫法律學派的創始人、法學家阿布·哈匿法（Abu Ḥanīfa）所說的話：「在我的社群當中有不同的意見，乃是上帝的恩典。」這句話到後來，又被當成是先知穆罕默德所說的話。「聖律」研究有不同學派，各有其原理、教本和司法系統，然而彼此卻互相寬容、相處共存。其差異大多是儀式方面的，雖然也有一些與教義有關。不過，分寸仍然要維持。那些過度分歧的叫做「過度者」（ghulāt），單數作ghālī，或者叫做「偏離者」（malāḥida），單數作mulḥid。在許多神學家眼中，他們甚至不被當作回教徒。

比較有特色的是，神學家對於這條分際線應該劃在哪裡，頗有不同的看法。絕大多數的神學家一致認為極端激進的什葉派團體諸如亦思馬因派不算在回教教派之中。但是絕大多數的回教徒社會都願意容忍這些派系，甚至於賦予他們回教徒的身分，前提是只要他們沒有參與社會動亂或是政治陰謀活動。這種非正統式的容忍，在今天仍然含及一些邊緣團體，諸如地中海東岸的阿拉維斯（Al-awis）和德魯茲（Druze）團體，以及在一些回教國家中的亦思馬因團體。至於所謂

「溫和什葉派」的情況則比較複雜。「溫和什葉派」是回教歷史上不屬遜尼派的團體中至為重要的，它也是今日回教世界中最重要的不屬遜尼派的團體。

回教神學中並沒有異端這個分類，因此，異端也不是回教法律中的一項類別。自行其是的回教徒要是連神學家提出的最基本要求都做不到，他們將會面臨更嚴重的罪名，那就是「不信」甚或是「背教」（apostasy）。回教的神學家隨時都可以對自己不同意的教義提出「創新」或是「過度」或是「偏離」的控訴，但是，他們往往不願意將這些控訴追究到底。公開指摘一個教義以及支持此教義的人為「非回教」（non-Islamic），意思是這些名義上是回教徒的人士乃是背教者，這些人應該受到「聖律」的極刑懲處。至於「宗派分子」（sectarian），雖然他們的部分信念可能於一時被回教主流思想的公意排除在外，但這些人士仍舊是回教徒，在法律之前仍然享有回教徒在社會上、在財產上、在婚姻上、在繼承上、在作證上以及出任公職上的地位與權益。要是他在戰事中被俘，甚至是在叛亂中被俘，他仍應被當作是回教徒來對待，那就是說，他不會被立即處死或是充作奴隸，其家庭和財產皆受法律的保護。他雖然是個罪人（sinner），可是不是「不信者」，在來世的世界中甚至可以有一席位。因此回教內部的關鍵藩籬不是處在遜尼正統和宗派分子之間，而是落在宗派分子和背教者之間。背教行為是罪行也是罪孽，背教者在今生來世同受詛咒。背教者的罪名是「叛逆」（treason），他背棄和叛離了所屬的社群，那個他所應忠實的社群。他的生命和財產已經失去，他是有待切除的枯枝死肉。

提出背教的控訴並不是不常見，在早期，宗教論戰中經常用到「不信者」和「背教者」這兩個術語。賈希茲（al-Jāḥiẓ, d. 869）說：「神學家的虔敬，包括應毫不遲疑地指責異議者為『不信者』。」[10]賈沙理（Ghazālī, 1059-1111）則在談到那些「緊縮上帝對其僕人的無邊慈惠，並將天堂變成給與一小幫神學家的贈禮」的人時表示不屑。[11]事實上，這些控訴並沒有多大的實質作用。受到指責的人絕大多數逍遙依舊，其中一些甚至還在回教國度裡擔任高官。當回教律法的法則和罰則制度化、並且依法執行之後，控告背教罪名就成為罕見。很少神學家既願意又能夠對那些信念與自己不同的人以「背教」論罪。即使是像敘利亞的法學家伊本．泰米亞（Ibn Taymiyya, d. 1328）那麼堅決對抗所有「創新」的人，也傾向於以隔離的方式處置涉嫌團體，如有必要再繼以訓誡，如還是怙惡不悛，才使用強制的手段。唯有當「創新」實在走得太極端、死不悔改而又具有攻擊性時，支持這項「創新」意念的信眾，才會被劃在回教社群之外，不留情面地連根剷除。

回教之所以缺乏一種單一的、強加的和教條式的正統，並不是因為其本身有所缺漏，而是由於人們反對如此。遜尼派的回教徒，排斥這些看來和本身信仰的真義格格不入的東西，排斥這些危害自己社群利益的東西。不過，回教徒也和其他宗教的信眾一樣，並沒有每分每刻都依循著本身的原則，甚或是遵從自己的經典。自回教古典時代以迄鄂圖曼王朝時期，都有主政者想要把某種特殊的回教形式定於一尊的事例，甚至有強行要國中的非回教徒皈信回教的事例。也有的時候，奉持「偏離」信仰的人被迫與主流一致，要是他們固執己見，就會受到凌虐，或是被殺。不過，一般而言，寬容和不寬容是屬於結構層面的，是由法律來界定的。再大的寬容，也無法伸展到那些否定上帝的獨一性和存在的人身上，也就是那些無神論者和多神論者。當征服了這些人之後，必定要讓他們選擇改信或是喪命——後者或可減輕為充當奴隸。至於那些達到信仰的最低標準者，就一定要予以寬容。這個最低標準，指的是公開宣稱他承認回教乃具有真經的啟示性宗教。寬容與否，還要看他們是否願意接受某些金錢上和其他方面的較差待遇，而且遵守這些差別待遇。寬容無論如何都不能延伸到背教者和叛教的回教徒身上，這些人的懲罰是死刑。若背教者公開撤銷其錯誤信仰，有些主事人員會容許從輕量刑；但另一些主事人員則可能堅持即便是如此還是要處死，他們或許可以在來世得到上帝的饒恕，但在今世，他們一定要接受法律的懲罰。

阿什額理（al-Ashʿarī, d. 935-936）是中古最傑出的回教教義學者之一，他的遺言有兩個版本。一個版本是：「天地為證，我沒有把朝向麥加城祈禱的人當作異教徒。他們在祈禱時，都把

---

10 Al-Jāḥiẓ, *Kitāb al- Ḥayawān* (Cairo, 1938), vol. I, p. 174.

11 Al-Ghazālī, *Fayṣal al-Tafriqa bayn al-Islam wa)l-zandaqa* (Cairo, n.d.), p. 68.

心靈朝向同一件事物，所不同的只是表現方式而已。」[12]而根據另一個版本，他過世時正在詛咒著中立派（Muʿtazila）的謬誤。不管這兩個版本何者為阿什額理的真正遺言，前面那則比較接近遜尼回教對於正確信仰的一般態度，這是毫無疑問的。回教的信仰宣示是「除上帝之外無他神，穆罕默德為其使者」，這個宣誓鏤於錢幣之上，傳於叫拜塔上的大聲呼喊以及每天祈禱的反覆唸誦中。除了這個誓辭之外，其他的，都只是枝微末節罷了。

「信仰宣示」（shahāda，字面意義為「誓辭」），是回教五大支柱中的第一個。第二個是「祈禱」，專指一成套的祈禱儀式（ṣalāt），有規定的禱詞和動作，一天五次，分別在日出、正午、晌午、日落和入夜時分進行。回教徒可以隨時做duʿā，這是個人自願做的祈禱，不受規則或是儀式所限制。可是，成套的祈禱儀式是所有成年回教徒應盡的義務，男女皆然。敬拜者必須在一種合乎儀式的潔淨狀態之下，在一個合乎儀式的乾淨地方，還有必須面朝麥加城的方向做祈禱。祈禱文的內容，包括了信仰宣示以及一些古蘭經的經文。[13]

回教徒和猶太人及基督教徒一樣，在一週內留下一天專門用來給公眾禮拜之用（古蘭經第六十二章第九至第十一節）。回教徒的星期五就像猶太教徒的星期六以及基督教徒的星期日一樣，是公眾共同進行祈禱的日子。但是，它又不像猶太教和基督教的安息日（sabbath）那樣，回教徒的星期五不是休息的日子，反倒是個——誠如古蘭經所指出和往後的歷史所證實——人們在市集以及各處熙來攘往的日子。不過，工作一週休假一天的觀念不是沒有，這種作法在中古時期的史料中偶爾可看到，到了鄂圖曼王朝時代更為常見，而今天在回教徒的土地上，幾乎已普遍實行。

回教的第三個支柱是「朝聖」（ḥajj）。每位回教徒在有生之年，得到麥加城和麥地那城去朝聖至少一次。這不像猶太教徒和基督教徒去耶路撒冷城朝聖，那是可做可不做的，要是做了就可受到讚揚。回教的朝聖是種宗教義務。朝聖活動每年進行，時間在回曆十二月（Dhuʾl-Hijja）的第七到第十天之間，活動的最高潮在盛大的犧牲慶典和繞行「卡巴」（Kaʿba）。「卡巴」是一座立方體形狀的建築物，位於麥加城大清真寺的中心。「卡巴」中放置有受人尊奉的「黑石」，此建築被稱為「天房」（Bayt Allah），對於回教徒來說，是聖城裡面最為神聖的地方。[14]

朝聖活動在回教歷史中所造成的社會、文化以及經濟影響非常巨大。從很早的時候開始，每

12 As cited in Ignaz Goldziher, *Vorlesungen über den Islam* (Heidelberg, 1925), pp. 185-6.

13 譯按：中國古來稱回教五大支柱為「五功」，內容為「念」、「拜」、「課」、「齋」、「朝」。「念」就是念誦宣示信仰的句子：「除上帝之外無他神，穆罕默德為其使者」，「拜」是按時進行一天五次的祈禱和敬拜，「課」是繳納捐獻金，「齋」是遵守每年一度的齋月，「朝」是一生中至少到麥加朝聖一次。後三者的說明請見下文。

14 譯按：中文慣用「天房」譯Kaʿba，「卡巴」為音譯。信眾禮拜「黑石」，只是因為穆罕默德在他本人最後一次朝聖時曾經如此做。犧牲慶典的中文慣用語為「宰牲節」，是麥加朝聖的尾聲，此典禮結束後，信眾則轉往麥地那城。凡是去過朝聖的回教徒，名字後面都可以加上ḥajj，此即中國史書中常見的副名音譯：「哈只」。

年都有來自回教世界各個角落、有著種族不同而社會背景互異的回教徒離開家園出門旅行，他們往往是長途跋涉，來參與一場宗教敬拜。這種旅程，和古代及中古時期的部落與民族集體遷徙很不相同。每一個朝聖旅程都是自願參加的，也是個別進行的。這是一種由個人決定的個人舉動，結果是大大增廣了個人經驗。這種層次的人身流動，在前近代的諸社會中堪稱無與倫比，從很早的時候，就造成了重大的社會、思想和經濟後果。富有的朝聖者往往會有幾個奴隸隨行，他沿途出售奴隸，用來支付旅途的開銷。要是朝聖者是位商人，他可能同時進行一趟商業之旅，於所到之地買賣商品，因此也了解了許多地方的物產、市場、商人、習俗和作風。朝聖者如果是一位學者，他可能藉著這個機會參加講論、會晤同行、蒐集書籍，因此亦參與了知識和觀念的散布及交流。

信仰的指示再加上政府和商業的需要，使得朝聖活動成為必要，而這項活動則有助於在遼闊的回教土地上維持一個交通網絡。朝聖的經驗，也使得豐富的旅行文學興起，帶進遠方的資訊，並且提高了個人是屬於一個較大群體的這個自我認知——後者或許是最重要的。朝聖者在麥加城和麥地那城參與了朝聖行為的集體儀式和慶典，更加強了這種意識。他們與各地區各民族的教友的交誼分享，也具有同樣的作用。大批男性、往往也有女性的人身流動，以及因此所造成的社會流動，使得中古回教世界的集體意識，與歐洲基督教世界那種相對來說範圍較小的、層級式的、社會階級嚴明和地方傳統異常強烈的集體意識，十分不同。回教的世界廣大而多樣，卻仍有一定程度的統合一致，人們這麼認為，而實際上亦是如此。這種統合的程度，在中古的基督教世界從未達到，在今天的基督教世界更是不可能。朝聖活動並非造成回教世界文化齊一的唯一因素，但是，它的確是最有效的元素之一。這個體制對朝聖者來自的社群、他們途經的社群，以及他們返回的社群，一定都發揮了深遠的影響。回教徒的朝聖制度，是歐洲地理大發現之前，最重要的自發性人身流動機制。

傳統上所認為的回教第四個支柱是禁食。在回曆的第九個月，也就是齋月（Ramaḍān），成年的男女都得在日出到日落之間禁食。老人、病人和孺子可以豁免，而那些在旅途中的或是在打「聖戰」的，則可以延期禁食。

五個支柱的第五個，也是最後一個，是「天課」（zakāt），那是回教徒向社群或是國家繳納的金錢捐。這原來是一種慈善性質的捐獻，向信徒們收集金錢，用作虔敬的用途。漸漸地，這轉換成一種稅金，或是一種貢賦，接受回教者藉著繳納「天課」，正式代表他們接受了這個宗教。就宗教義務而言，「天課」則保留了賙濟的意義。

回教信仰的五大支柱，是正面的義務，也就是回教徒理應履行的責任。而各式各樣的負面戒律也是有的，犯了這些行為，就是有罪。許多這些誡條——諸如禁止蓄意殺人和搶劫——不過是維持社會和諧的基本法則。另一些則有特殊的宗教意涵，其中最著者為禁用豬肉、酒精，和禁止私通、取息。關於兩性和經濟方面的罪行，回教的關懷與猶太教和基督教的關懷是互通的，雖然在界定上並不相同。在禁吃豬肉一事上，回教和基督教的規定不同，但和猶太教卻是互通的。禁用酒精飲料，則是回教徒獨有的。這四項禁令對於社會經濟生活的影響既深且遠，至今仍然。

另一個由法學家和神學家所指定的正面義務，是「聖戰」的義務。在進擊時，這是整個回教社群的義務，而在防衛時，這是每位回教徒個人的義務。「Jihād」一詞習慣譯作「聖戰」，字面上的意思是「奮力」，如果要說得再清楚一點，可藉用古蘭經的話，亦即「在上帝的道路上奮勇前進」（fī sabīl Allāh）。一些回教神學家，尤其是比較近代的回教神學家，以精神和道德的意義來詮釋「在上帝的道路上奮勇前進」的責任，然而，早期的權威人士絕大多數都是援引古蘭經以及「聖傳」裡的相關句子，就軍事的角度來探討「聖戰」。實際上，每一部「聖律」的指南都有一章專談「聖戰」，巨細靡遺地規範了以下諸事，譬如敵對行為之展開、引導、中斷和停止，以及處置和分配戰利品等。「聖戰」戰士受令不得殺害婦孺，除非他們先動手攻擊。戰士也不能虐待囚徒或是殘害其肢體，其重啟戰端之前亦要給與適當的警告，訂下的協議必須信守。「聖律」要求善待非軍事人員，不過它同時也賦予戰勝者很大的權力，以處置戰敗者的財產、其人身和家庭。戰敗一方的人員可能被充為奴隸，而女性則用作侍妾。

聖戰的觀念——也就是為上帝和信仰而戰的觀念——在中東地區並不是件新鮮事。這個觀念在〈申命記〉和〈士師記〉中俯拾可見，這個觀念也激勵了信奉基督教的拜占庭人對波斯作戰，並努力趕走阿拉伯入侵者以及後來的土耳其入侵者。可是，這些戰事的目標有限，諸如要占領上帝應許之地、對抗非基督教的進攻以保衛基督教世界。即使是基督教徒的十字軍東征這個往往被拿來和回教徒的「聖戰」作比較的行動，本身也是一場對「聖戰」的回應。這個回應遲緩而有限，在某方面來說，十字軍更是照著「聖戰」依樣畫葫蘆。十字軍和「聖戰」所不同的，是它關心的基本上是防衛或是再度占領那些受到威脅或是已經失去的基督教領土，除了少數的例外，十字軍運動局限於幾場收復西南歐的成功戰役，以及幾場目的是在收復「聖地」的不成功戰役，並阻止鄂圖曼土耳其人進入巴爾幹半島。而回教徒的「聖戰」與之截然不同的，是其設想是無限的，這是一個宗教義務，將持續到全世界都接受了回教信仰，或是臣服於回教的管轄方休。就後者的情況下，那些宣稱承認回教乃啟示宗教的人可以繼續原有的信仰，前提是他們願意接受一些金錢方面和其他方面的較差待遇。至於那些不這樣做的人，也就是指崇拜偶像者和多神論者，則有選擇的機會，在皈信、喪命和為奴當中任擇其一。

根據回教徒的法律，向以下四種敵人作戰是合法的：異教徒、背教者、叛變者、土匪。雖然四者都是合法，但是只有前兩者能算是「聖戰」，必須接受不同的規範法則，對於戰勝者也賦予不同的權利。其中有關奴役的部分尤其重要，非回教徒可以被降為奴隸，但信回教的就算是因為造反或是做土匪而被剿滅，也可以豁免於奴役。「聖戰」的目標，是把整個世界帶到回教律法的治理之下。這不是以武力強迫皈信，而是移開讓人皈依的各項阻礙。聖湯瑪斯（St Thomas）和聖伯納（St Bernard）在談到基督教的十字軍時，也都表示出類似的看法。

古蘭經對於「聖戰」戰士，承諾了今生與來世這兩個世界的報酬──在今世報答以戰利品，在來世報答以天堂的愉悅。那些在「上帝的道路」上喪生的被稱做殉教者（martyr）。阿拉伯文的 shahid 一詞，其字面上的意思是「見證」，因此與源自希臘文「見證人」（martys）一詞的「殉教者」（martyr）是對等的，然而兩者的意涵卻互異。回教的法學家和神學家在很早的時候就警覺到誤用「聖戰」的危險，譬如說，被掠奴者或搶匪拿來亂用，所以他們十分堅持動機虔敬的重要性，要是沒有虔敬的動機，就不是真正的「聖戰」。有些出自主要彙編中的有關「聖戰」章節的早期「聖訓」，表達了早期的人們是怎樣看待這項責任的：

刀劍的影子底下是天堂。

「聖戰」是你的責任，不管你是在哪個主政者手下，也無論他是虔誠向道或是專斷橫行。

對殉教者而言，螞蟻掐一下要比武器的割刺還痛；殉教者對後者的歡迎，有甚於炎炎夏日的清涼淡水。[15]

有一則經常被引用的「聖訓」，提到異教徒在戰敗和奴役之後改宗回教，這些人以排山倒海之數大規模改信：「上帝看到人們銬著鎖鍊被拖曳著進天堂，不禁瞠目結舌。」

為了信仰而進行「聖戰」，在回教歷史上是個一再重演的主題，有的時候是至關緊要的課題。它在回教世界的邊界上充滿潛力。那兒的邊界民族往往是新近皈信回教的，他們試圖以戰爭和勸導的方式，將自己的新信仰帶給邊界以外地區未皈信的族人。這種由邊界公國的主政者進行的地區性「聖戰」，一直持續到現代，特別是在亞洲中部和非洲地區。

「聖戰」的觀念，在回教的腹地，以及較先進、政治較複雜的民族當中，經歷了幾番變化。在阿拉伯擴張的極盛時期，在「正統哈里發」們和烏邁耶哈里發們的領導下，回教的軍隊的確是靠「他們正在進行上帝的工作」這個觀念振作的，也的確是受到「這個工作會在可見的將來完成，整個世界將為回教所管轄」這個信念鼓舞的——後者在當時是足以成立的。首當「聖戰」之衝的基督教徒拜占庭人，往往以貶抑的口吻談論那些從事「聖戰」的人，並把他們的奮戰熱忱

---

15 ʿAli al-Muttaqī al-Hindī, *Kanz al-ʿUmmāl*, part 1 (Hyderabad AH 1312), nn. 5350, 5445, 5451, 5987.

歸結為主要是想要得到戰利品。但事實並不盡然。拜占庭皇帝李奧六世（Leo VI）在所著的《戰鬥教範》（*Taktika*）一書中，曾提及「聖戰」教旨的一些層面，也提到了一些「聖戰」的軍事價值。他甚至建議基督教徒理應充實相關資訊，並部分採行。

李奧六世並非獨言諤諤。公元八四六年，有一支打從西西里來的阿拉伯水師，出現在台伯河（Tiber）口，阿拉伯軍大掠奧斯提亞（Ostia）[16]和羅馬城。在法國召開的宗教會議決議號召所有信基督教的君王組織聯軍，來對付「基督的敵人」。教宗里奧四世（Leo IV）更對所有因對抗回教徒而喪生的人，許下進天國的報酬。教宗若望八世（John VIII, 872-882）也做出類似的承諾，寬恕那些保衛神聖的「上帝教會」和基督宗教與政權的戰士的原罪，並對因對付異教徒而捐軀者許以永生。這些因阿拉伯侵襲者出現在教宗所在城市而引發的想法，清楚地反映了回教徒的「聖戰」概念，這些想法也是日後西方基督教十字軍的先驅。

與此同時，「聖戰」在其發源地卻是師老無功。阿拉伯人屢次嘗試奇襲安那托力亞和君士坦丁堡，但是都征服不了。到了第九世紀，信回教的主政者轉向事實妥協。這個事實是，回教的邊界幾乎已經確定了，雖然日後偶有些微更動；而在這道邊界之外有個幾乎也是永久存在的非回教徒國家，回教世界和那些國家可以有商業、外交、有時候甚至是文化上的往來。按照「聖律」的嚴格解釋，敵對狀態的中斷只能算是休戰，那在把世界回教化的永恆奮鬥裡，只是一個短期的間隔。實質上，這已成為一項和平協議，比起歐洲國家之間習以為常簽訂的那些永世和平的條約，這次和平同樣穩定和持久。既然「聖戰」的想法已經從回教徒的意識中淡出，於是當十一世紀末，西方的十字軍占領巴勒斯坦地方並攻下耶路撒冷時，這些十字軍的到來和行動，在周圍的回教國家當中，只引起一閃而逝的注目。一些信奉回教的主政者甚至還願意和這些十字軍友好共存。在回教國家之間錯綜複雜的對立關係下，某些主政者甚至願意與信基督教的親王們結為同盟。

一直要再過大約一個世紀，才有一場新的「聖戰」開始在薩拉丁的領導下成軍，其形式為對抗十字軍。十字軍首領沙提永的雷諾（Reynald of Châtillon）刻意挑釁，使得這場「聖戰」加速成形。雷諾在一一八二年攻擊回教徒商隊、搶掠貨物，違反了耶路撒冷王和薩拉丁之間的約定，其中一次他所攻擊掠奪的是一支前往麥加的朝聖隊伍。為害最烈的是雷諾派遣水師遠至紅海，侵擾非洲和阿拉伯半島沿岸。雷諾的水賊在這次長途遠征中，燒毀了停泊在麥地那城的兩個港口浩拉港（Al-Hawra）和延布港（Yanbu）的回教徒貨船，而在一一八三年，他們甚至深入到拉比格港（Al-Rabigh），那是麥加城的一個港口。這些十字軍兵臨麥加城下，就像三百年前撒拉森人開

16 譯按：義大利古城。

抵羅馬城下一般，這樣的挑戰，凡是有自尊的回教主政者都無法淡然處之。於是，一支回教艦隊馬上從埃及派出，這些突襲的基督教徒幾乎全被殲滅。對抗十字軍的「聖戰」也隨之展開了。薩拉丁打敗了拉丁王國，[17]又打敗了歐洲派出來拯救拉丁王國的另一支十字軍。

薩拉丁的「聖戰」，在目的和持續時間方面都有限度。他之後的主政者又和法蘭克人重修舊好，甚至那些留居在地中海東岸的法蘭克人也不例外。到了一二二九年，其中的一位主政者，也就是埃及的主政者馬立克（Al-Malik Al-Kāmil），甚至還願意將耶路撒冷城讓給神聖羅馬帝國的皇帝腓特烈二世（Frederick II），作為一項交易的部分條件。

回教主政者和回教民眾，對於十字軍的來犯和出現相對來說不是很關心，之所以如此的主要原因，是這些回教徒在此之前就已經為另一件事弄得焦頭爛額。在回教徒的眼中，這件事情對於回教世界的統整和回教社群的團結，比十字軍的威脅還來得大。十字軍在地中海東岸待了兩百年，在這段期間，同時代的阿拉伯史家對於他們的關切極少，而其他在文學、政治、神學領域的作者，更是幾乎不曾提到十字軍。然而，這個時期的寫作者對於回教徒之間的宗教不統一問題，卻表示出極度的關切。主要的威脅，應是來自什葉派的亦思馬因系統。追隨亦思馬因系統的伊瑪目信眾，在第十世紀的時候，已經形成一場強大而積極的革命運動，成功地建立了法蒂瑪系的哈里發國。法蒂瑪系的哈里發國是一種反哈里發的異議組織，為角逐回教世界的領導權而挑戰阿拔斯系統。其所根據的是一個和遜尼回教大相逕庭的宗教教旨。就遜尼回教徒的觀點來看，薩拉丁的主要成就不在於阻止十字軍推進、減少十字軍掌握的地區。他的功績，乃是消滅了埃及的法蒂瑪系哈里發國，使回教重歸統一。這次統一的具體表徵，是埃及境內的所有清真寺在規定的祈禱中又再次念誦阿拔斯系哈里發的名字。

以基督教世界為對象的古典式「聖戰」，是由鄂圖曼王朝恢復的。鄂圖曼王朝是回教主要王朝中，對於回教信仰最為狂熱、投入也最為持久的一個，他們在維護和執行「聖律」上也是如此。「聖戰」在鄂圖曼王朝的頭幾百年歷史裡，成為政治、軍事和思想生活上的主要課題。至少一直到蘇里曼大帝的時代，鄂圖曼王朝的素檀們都充滿著高度的道德目標和宗教意向，這是非常明白清楚的。

鄂圖曼王朝對付基督教世界的「聖戰」，最終於一六八三年在維也納城外觸礁。在此之後，回教國家雖然仍有零星的嘗試，卻沒有一國對基督教世界造成程度可以比擬的挑戰。舊式那種擴張性質「聖戰」，時斷時續地在邊界上進行。一八九六年，阿富汗地方的主政者進行了一場「聖戰」，目的是占領東北方的山陵地帶；這個地區在此之前政治自主，居民也不是回教徒，所以這

17 譯按：指十字軍一度在其地中海東岸占領地建立的國家。

個地區被稱為「卡菲里斯坦」（Kāfiristān），也就是「不信者之地」。當阿富汗人占領了這裡，並使居民改信了回教之後，該地則改名為「紐里斯坦」（Nūristān），也就是「光明之地」。至於回教世界的另一端，非洲西部的好戰回教領袖們，也對異教徒和缺乏宗教熱情的回教徒宣示並從事「聖戰」；而在十九世紀末期，其作戰對象則是歐洲的帝國主義入侵者。最末一項在十九世紀末和二十世紀初，益發成為「聖戰」的模式，因為回教國家一個接一個地受到信奉基督教的歐洲強權威脅，然後淪陷。

在戰場上對付外來敵人，是對於「聖戰」行為的標準認知和表現形式。然而，對內進行「聖戰」的觀念也不是沒有。境內「聖戰」所對付的，是異類、叛教或因種種原因而不合法的政權。這對於什葉派的各家宗派來說，是再熟悉不過的，因為對他們來說，回教遜尼派主政者就全是篡逆，而且大多是暴君。這個內部「聖戰」的觀念，也得到生活在蒙古人統治下的遜尼分子的支持，因為這些蒙古統治者是異教徒，或只是名義上的回教徒，他們對於回教是否全心投入，是很可懷疑的。這種內部「聖戰」的觀念，在現代又得到了新的意義，反對運動以此對付主張現代化的主政者，認為他們從內部悖離了回教。

就算是以對付異教徒為宗旨的古典式「聖戰」，也並非在何時何地都能得到普遍支持。十九世紀早期的鄂圖曼史家厄薩德額芬迪（Esad Efendi），曾提到一位拜克塔什（Bektashi）的苦行修士，他正參加一六九〇年對抗奧地利的戰爭：

> ……回教軍隊紮營過夜，他在軍中和一個個軍士說：「嘿！你們這些傻瓜，你們為什麼漫無目的地虛擲生命呢？呸！你們聽到的那些關於聖戰的好話和戰死殉國的事，都是些胡說八道。鄂圖曼皇帝在宮中享受，法蘭克國王在國內逍遙，我實在想不通你們為何要在山頂上拚了死命作戰！」[18]

這個故事是在皇室下令解散苦修的拜克塔什教團時寫成的，所以其真實性可堪質疑。但是，這也反映出當時對於苦行修士教團的普遍疑慮，尤其是懷疑他們是否篤守基本的回教教義和回教義務。

我們所有關於苦行修士團契的資訊，大多是從鄂圖曼時代以降的，這時他們在社會上已經有了重要而為人認可的地位。可是他們的起源要回溯到回教時代的早期，而他們許多的信仰和作

---

[18] Mehmed Easd, *Uss-I Zafer* (Istanbul, AH 1293). As translated and cited in B. Lewis, *Istanbul and the Civilization of the Ottoman Empire* (Norman, Okla., 1963), p. 156.

為，還要回溯到更遠古的時代。有著遠古文化的民族在改宗回教之時，保留下許多原有的儀式和習俗，這就像南歐和北歐改宗基督教的異教徒，在基督教的聖誕節慶典外衣下，保留了羅馬人的農神節（Saturnalia）和維京人的冬至節（Yule）一樣。在各個苦行修士教團的信仰和儀式裡面，我們可以辨認出一些上古愛琴海地區的跳舞崇拜，一些埃及、巴比倫和波斯的季節性儀式，一些中亞突厥人的薩滿（shaman）式通靈，和一些新柏拉圖論者（Neoplatonist）的神祕哲學。

在回教興起後的最初階段，信眾仍然可以在這個新信仰中得到靈性的滿足，並且歡迎回教認可的專家指引。但是，當這些指引一旦變得更為學術、更為遙遠時，信仰就不再能夠滿足人數不斷增加的回教徒在靈性上的需求和社會上的需要。這些回教徒遂開始轉向別處謀求滿足和指引。幾百年來，其中許多人轉向了異議的回教團體，尤其是轉向了什葉派的各家宗派，這些宗派一致認為回教社群在哈里發和素檀的治理下，以及在遜尼派教師的引領下，已經走上了歧路，非得要把回教社群給帶回到正道上去不可。可是，什葉派想要全面革新回教的嘗試全都失敗了——其中一些失敗是由於他們在嘗試時受到壓制，而另一些失敗則是由於他們成功了、得到了權力，卻做不出什麼改變。當什葉思潮逐漸衰敗，另一個運動的影響力卻穩步成長，那就是蘇非派運動。

蘇非思想在一開始的時候，純然只是個人的奇幻經歷，後來成為一種社會運動，在普羅大眾之間擁有眾多的追隨者。隨即蘇非教士就開始分組團契，這在阿拉伯語中叫做tariqā，在土耳其語中叫做tarikat。蘇非教士沒有像什葉派先前所為那樣，官式地擯除遜尼派的地位，他們不像什葉派的地方還有：他們絕大多數在政治上保持緘默。其中一些蘇非教士的確是和政府扯上關係，並且與政府的各個部門保持聯繫，例如拜克塔什教士就和鄂圖曼新軍由始至終有著密切的關係。蘇非團契在許多方面補益了遜尼崇拜的苦行生活，而有時候又補益了回教教師冷峻的守法主義。就這層意義來看，蘇非派的聖徒與領袖試著在遜尼教旨對人神關係闕而不論的溝壑上，架起一道橋梁。蘇非派的領袖不像遜尼派的教師，他們既是牧師，又是指路人；他們的信仰是通靈而直覺的，他們的崇拜是動情而迷幻的。不同於遜尼分子，他們很樂意利用音樂、歌曲、舞蹈來幫助尋找上帝，幫助敬拜者達到與上帝合一的神祕境界。當回教教師開始參與政府機制之時，蘇非教士仍然自為民眾，於是，他們保有回教教師往往失卻的那種影響力和那份尊崇。

蘇非思想雖然有著普羅、神祕的特質，這個思想對回教徒學者的影響卻愈來愈大，在某些層面甚至影響及非回教徒。蘇非派的教導，是由於中古回教偉大的神學家和哲學家賈沙理的才華，而帶進回教的主流當中。他在一系列的重要作品中提出的看法，對於回教這門宗教學科接下來的發展有著莫大的影響。這些作品有一些是用波斯語寫作的，而大多是以阿拉伯語完成。賈沙理是東伊朗省分呼羅珊地方的土斯城（Tūs）人，在匿沙普爾城和巴格達城的學校裡念書，一〇九一年被指派為倪贊卯睦創設的宗教學院的教授。倪贊卯睦是塞爾柱素檀的宰相，波斯人，這個學院就以他的名字命名，稱為「倪贊米亞」（Nizāmiyya）。賈沙理工作四年之後，突然間辭去職位並且推掉所有的公眾職務，避世獨居去鑽研宗教的根本問題。他靈修了十年，此間精研神學、哲學、法律，並且到處遊歷，去了麥加城、耶路撒冷城、大馬士革城和亞歷山卓港。如今走訪大馬士革大清真寺的人士，仍能看到賈沙理當年獨坐沉思的地方。賈沙理的一部自傳性質的名著中，說明了他是如何地上下求索，但是在士林神學、理性哲學，甚至在什葉教義中都找不到他要的答案，以及他是怎樣最後在蘇非思想中找到真義。一一〇六年，賈沙理回到故鄉，在那裡建了一座蘇非居停。

賈沙理並非激進分子。他連續寫了幾篇宗教論文來捍衛遜尼派的主流地位，對抗什葉派的祕傳主義（esoterism）和哲學論者的理性主義。與此同時，他又對於當時的一些思想潮流提出尖銳的批判，指責主智論和士林哲學，認為他們過度沉迷於「系統和分類，用詞和對於字義的爭執討論」。他想要提升主觀宗教經驗的重要性，因此遂把一些蘇非派的教導和作法，帶進了回教主流之中。他在這方面的成就，或許可以用後代給他的外號窺見一斑——大家稱他為「信仰的復興者」（Muhyi'l-Din）。

有一些蘇非派的教義和作法還是受到人們懷疑，尤其是少數蘇非教師對於維繫教團和維持律法漠不關心，甚至連回教正道與其他信仰之間的區隔也視而不見。這種相對主義——現在就會這麼稱呼的——可在一位偉大的蘇非詩人的詩歌中找到例證，他是扎老魯丁．魯米（Jalāl al-Dīn Rūmī, 1207-1273）。魯米生於中亞的報閣城，他和家人住在土耳其的康雅城，在那裡度過晚年。魯米用突厥文寫了一些詩作，少部分甚至是用希臘文寫的，希臘文在當時仍然在安那托力亞地區廣泛使用。不過，他主要的詩作是用波斯文寫的。他的一些詩句，說明了學者最不喜歡蘇非思想的那些方面：

如果我們「摯愛」的形象，是在異教的神殿裡面
那麼繞行「卡巴」，便是明顯不過的錯誤。
要是祂的香氣，不出現在「卡巴」之內
那麼「卡巴」，只不過是個猶太聚會所而已。
要是我們在猶太聚會所裡，感受到與祂合一的香氣
這樣那個猶太聚會所，就是我們的「卡巴」。[19]

---

19 Jalāl al-Dīn Rūmī, *Rubāʿiyyat.*

另一首詩講得更明白：

回教徒，該要做什麼呢？我，自己，不明白。
我不是基督教徒，亦非猶太教徒，不是祆教祭司，亦非回教徒
我並非來自東方或是西方，不是來自陸地或海上
我並非來自自然，亦非來自天界
非土所生、非水所生、非空氣所生、非火所生
……
我並非來自印度、非來自中國、非來自保加利亞，非來自薩克辛（Saqsin）。
我並非來自兩伊拉克之地的王國。我並非來自呼羅珊之地。
……
我的地方，沒有地方，我的足跡，沒有痕跡
沒有肉體，沒有靈魂，我來自眾魂之精……[20]

遜尼教師面對著此等教導，難保不對蘇非教士保有疑慮，尤其是他們那些直接牽涉到主持正

義的教導。遜尼教師多次控訴蘇非教士奉持泛神主張，因而否定了上帝先驗的獨一唯一；遜尼教師控訴蘇非教士崇拜聖徒和聖地，違反了回教對於偶像崇拜的禁令；遜尼教師又控訴蘇非教士施行幻術，還用奇詭的手法來引介靈媒。最常見的控訴，是蘇非教士在追求與上帝合一這個不可能達到的目標時，疏於奉行上帝的律法，還鼓勵其他人也不用遵守。

苦行修士領袖們能隨心所欲地控制和釋放的那種危險的積聚能量，也使人們忌憚三分。這種恐懼，是較為政治性的。在塞爾柱王朝和鄂圖曼王朝時代，苦行修士甚至起而叛亂，不時對於既建的秩序構成嚴重的威脅。政府有時候認可其中一個苦行修士教團，授與其領袖榮譽的地位，這無疑是為了制衡這種危險。「美芙利夫」（Mevlevi）團契便是處於這個位置，這個團契是魯米建立的，在西方世界被稱為「迴旋苦行僧」。「美芙利夫」分子是所有教團中最奉公守法的。其信眾大多是都市人口，是中產階級或上流社會；它的教義十分繁複，在外表看來和官方通過的教義只有些微的差異。這些「美芙利夫」分子在十六世紀末期已經得到鄂圖曼素檀的青睞，而在一六四八年，這個教團的領袖首度在佩戴鄂斯曼寶刀這個典禮中官式化，這個典禮是用來宣示新素檀登基。一些後來成為這個教團領袖的人，也參加了同一項典禮。

[20] Jalāl al-Din Rūmi, *Dīvān-I Shams-I Tabrīz*, no. 31.

苦行修士教團之間往往差異甚大，甚至於互相仇視。有時候，他們以捍衛新事物的姿態出現，因此在十七世紀，鄂圖曼帝國境內的苦行修士就為使用咖啡和菸草的合法性說話，而遜尼教師則譴責這兩件事物還有音樂舞蹈同為應受撻伐的創新事物。而在十八世紀末和十九世紀初，當俄國人、英國人和法國人在外高加索、印度和阿爾及利亞地區伸展治權之時，領導民眾反抗帝國主義的是苦行修士教團，而不是遜尼教師。遜尼教師在時間的淘練下，已發展出一種順從的作風，甚至是一種順從的教義，對能夠取得、持有以及行使有效權力的強權，都俯首聽命。

一則古老的土耳其軼事以諷刺的形式，描寫了苦行修士對於回教社群的針砭，以及回教社群對於苦行修士的疑慮。故事敘說有一天，一位苦行修士到一位財主家去要求施捨。財主懷疑苦行修士是否虔誠，所以要他列舉回教的五大支柱。這位苦行修士就念出了信仰的宣示：「我見證，除了上帝之外別無他神，我見證，穆罕默德為其使者」，然後就不說話了。財主問：「其他四項呢？」對此，這位苦行修士回答說：「其他四項呢？你們這些財主，已經不奉行朝聖和救濟兩功，而我們這些窮苦行修士，也已經不奉行祈禱和守齋兩功，那麼，除了上帝獨一和穆罕默德是使者之外，還剩下什麼呢？」

對於回教徒來說，宗教並不只是一個信仰、崇拜和共同生活的組織，它也是認同的終極根本，忠貞的聚焦之處，以及唯一合法的威權來源。而對於生活在回教政府治理之下的非回教徒

——主要是猶太教徒和基督教徒——情況也是如此。回教世界裡有族裔式的民族，諸如阿拉伯人、波斯人和突厥人；也有領土國家，諸如埃及的素檀國和鄂圖曼的素檀國，還有波斯沙王的王國。可是，這些概念在傳統的回教國家中，從未像它們在歐洲的政治和文化生活中那樣重要。領土的主君或是民族的領袖，都不曾想要限制宗教的威權和得到正當委任的宗教闡釋者的權威，更遑論擠壓他們了。

第十三章　文　化

中東是個古文明地區，也是世界上最古老的文明之一。然而，要是我們把中東文明和其他有著上千年歷史的文明譬如印度和中國的文明相比，我們會立刻看到中東文明中的兩個卓然不同的、使它出眾於其他文明的特徵。

其中一個特徵是它的多元性，另一個是它的不連貫性。中國綿延數千年的歷史，從最悠遠的上古到最近的現代，都有一些連續的因素貫串其間。雖然其間發生了許多變化，可是現代中國和古代中國用的是同一種語言的互通版本，寫的是同一種文字的各種異體，遵循的是同一種宗教和同一種哲學的歧異形式。從中國文明最遠古的紀錄開始，一直到現代的人民共和國，都可看到一種自我意識存在，儘管各個地方有不少差異，但中國文明的整個區域都共有這一份自我意識。在程度稍次的標準下，印度的情況也是如此。雖然印度文明不像中國文明那樣獨樹一幟或是具有同質性，但印度文明一直是一股和諧團結的力量。印度教、那加書寫體（Nagari script）和梵文古典文學作品，一直是印度文明和印度自我認同中的有力因子——實際上可說是主導因子。這使得印度文明自古至今始終是一個貫串的整體。

然而在古代中東，卻看不到這種一致性；而從遠古到現代，也沒有這種連續性。就算是在古代，中東文明也是高度多元的，並沒有像中國文字或是那加文字、儒家哲學或是印度信仰這樣的共通連結因子。中東的文明從幾個不同的地方開展，循幾條不同的路線演進。雖然這些文明最後逐漸地彼此靠近，但它們仍然在文化、信仰和生活方式上，保有顯著的歧異。

不過，比這些早期的歧異還要重要的，是中東地區的文化史極為不連貫。當印度和中國因為不曾間斷的學術傳統而依然珍視著、研究著本身的古史紀錄時，上古中東卻已經喪失了、被遺忘了，並在文字上被埋葬了。上古中東的語言已經死亡，寫下來的東西被困鎖在沒有人看得懂的文字當中。古代中東的神明和信仰崇拜，只屬於遙不可及的古代，只有少數的專家和學者知道。中東地區甚至沒有一個整體的名稱，像是印度之為印度，或是中國之為中國那樣。這就是為什麼在我們這個時代，這個地區會被安上一種沒有形狀、沒有個性、沒有色彩、而純然是個相對性的稱呼，諸如「中東」和「近東」。這些稱呼首先出現在西方世界，然後世界的其他地方也跟著使用，到頭來，這個地區的民族也這麼稱呼自己。這些名稱顯然缺乏像印度和中國這些名稱所具有的那種高尚、富有境界，以及可喚起人心共鳴的力量。

差異一旦被提出來，其原因就顯而易見了。古代中東文化和傳統的沉潛，是一連串巨大波折的結果。其中最主要的是希臘化、羅馬化、基督教化和回教化這前後相連的歷程，大部分古代中東的書寫文化，就在這些變化之中被抹去了。這四次歷程都留下了痕跡，在今天仍然看得到；而其中的第四項，也就是中東的回教化，從第七世紀開始塑造了這個地區。最遠古的語言——埃及語、亞述語、巴比倫語、西台語、古波斯語以及其他——都已廢棄不用，一直沒沒無聞，直到從事東方研究的學者把它們發掘出來，加以解讀闡釋並重建，它們才再度為人所知。復原工作是為了歷史研究，或者說，是為了歷史編纂的需要，最後才歸結到住在這個地區的民族身上。長久以來，這個成果清一色不是中東本地人做出來的，甚至到了現在，絕大多數也是如此。在中東民族的集體自覺中，他們和先回教時代的古文化的想像連結，仍舊是細若游絲；到了近期，這種連結又受到一場回教中興的積極挑戰。

而中東與歐洲地區的比較，或許更富有啟發性。那些蹂躪了西羅馬帝國的外族，花了很大功夫去至少保持羅馬帝國的形式和結構。他們接受了西羅馬帝國的基督信仰，學著使用它的拉丁語文，並且很努力地將他們自己的統治，套入羅馬帝國政府和羅馬帝國法律的形式當中，希望透過這些承襲，為自己加上一點合法性。然而在第七和第八世紀，於中東和北非占領了基督教羅馬帝國大塊領地的阿拉伯回教徒，並沒有這樣做。相反地，他們把自己的宗教（回教）、自己的語言（阿拉伯語）和自己的經典（古蘭經）帶到這裡來，建立了他們自己的帝國政府。這個國家雖然不免會受到之前的非回教政府和非回教鄰邦的影響，但是，回教主控權的來臨無疑清楚地標示了一個新社會的開始，更確切地說，是一個新政治體制的開始，在這個政治體制之中，回教不只是身分地位的基礎，也是合法性和威權的來源。阿拉伯語在這個新近成立的回教世界裡面，有著希臘語在希臘化世界、拉丁語在歐洲、梵文和中文在南亞和東亞文明中所具有的地位。在某些時候，阿拉伯語的確是政府、法律和行政的唯一用語，也是商業和日常生活的唯一用語。隨後當其他的書寫語言如波斯語和突厥語在回教世界出現或是重現之時，這些語言都採用阿拉伯文字的書寫系統，並且接受了阿拉伯的詞彙。它們接受阿拉伯語詞彙的廣度和重要程度，好比西方語文中所包含的拉丁語和希臘語成分。

是的，在回教的土地上就像在基督教世界一樣，有許多先阿拉伯和先回教時代的舊秩序仍然存在。但是，在回教土地上和基督教世界不一樣的是，這些留存下來的事物得不到公開承認，也不帶有合法性。在回教時代的阿拉伯用語中，可以找到先阿拉伯和先回教時代的語彙痕跡。這些語彙主要出現在各種方言之中，這點並不足為奇，因為後者在取代那些口語時，自然也保存了其中的一些因子。可是，這些遠古語彙也出現在標準的古典阿拉伯語中，甚至在古蘭經裡也能找到少數。絕大多數的遺留語彙，都是屬於比較近期的先回教時代，可以確定是中東地區遠古語言遺存的語彙，數量很少，而且問題很多。這些語彙遺存的主體，是些來自敘利亞語和希伯來語的神學用語，來自希臘語的哲學用語，來自拉丁語的法學和行政用語，以及各式各樣來自中部波斯語的社會和文化用語。

這些語彙遺存對於古典阿拉伯語的發展以及其他受到阿拉伯用詞塑形的回教語言的發展，相對來說不甚重要，但是他們可以為文化調適的過程提供有用的證據。有些語彙的源頭一望可知，譬如 kimiyā（化學〔chemistry〕）和 falsafa（哲學〔philosophy〕）；有一些則經過些微改裝，譬如 shurṭa（巡察）是來自羅馬時代交付予巡察任務的輔助小隊，而ʿaskar（軍隊）一字，則可能是來自拉丁語 exercitus。一個值得注意的例子，是在古蘭經第一章就吩咐回教徒要遵循的「直路」（al-Ṣirāṭ al-Mustaqīm）。Ṣirāṭ當然不可能是借自其他源頭，一定是從羅馬的「道路」（strata）一字轉過來的，因此，該字和英語的「街道」（street）是同出一源。有一些詞彙則是間接轉借的。比方說，回教指稱土地稅項的法律用語 kharaj，在先回教時期的亞蘭語中作 keraga，這又是來自希臘語的 khorēgia，那是一種市民繳交的捐課，用以支付在莊嚴的官式場合中公眾合唱隊的開銷。

這些轉借詞中，有一些借的不是詞彙，而是翻譯。舉一個現代的例子，那就是拿古典阿拉伯語的 kahrabāʾ作電力（electricity）解。這個字出自波斯語，原意為「琥珀」（kahrabāʾ），這個字如今這樣用，清楚地反映出西方使用希臘語「琥珀」（ēlectron）一字的語意學發展。一個更為經典的例子，是用來形容麥加城和古蘭經的Umm al-Qurā（「眾城之母」的意思），極可能是從希臘語的mētropolis直譯而成的。

到了中古時代末期，中東和北非的宗教和語言分布，已經固定成今日的形式，只有一些例外。有三種主要的語言，阿拉伯語、波斯語和突厥語，各以幾種方式在幾個國家中應用。阿拉伯語有一個共通的標準書寫形式以及眾多的口語方言，它已經不只是阿拉伯半島上的主導語言——阿拉伯語首先在此使用——它在「肥沃月彎」也成為主導語言，包括了今天的伊拉克、敘利亞、黎巴嫩、約旦和以色列。阿拉伯語同時也在北非沿海諸國廣泛使用，從埃及到摩洛哥，並向南延伸到撒哈拉沙漠以南地區。

波斯語（zabān-I Fārsī）是法爾斯省（Fārs or Pārs）的語言，希臘人對於這個國家的稱呼便是由此地而來，西方世界再隨之稱呼。波斯語的口頭語和書寫體應用於伊朗地區（伊朗是這個國家的古名），並向東延伸入部分中亞地區，包括今日的阿富汗和塔吉克共和國（Tajikstan）所在地。塔吉克語以及阿富汗兩種官方語言之一的答利語（Dari，另一種是帕士頓語〔Pashto〕，也是屬於伊朗語系），正是波斯語的分支。

土耳其語或突厥語是一組關係密切的語言，使用於起自黑海南北岸橫越亞洲以達太平洋邊緣這片廣大的地區。其中的鄂圖曼土耳其語，是最西支的代表。

除了這三種主要的語言之外，還有一些其他的語言在地方上使用。有一些是比較遠古文化的遺留，諸如亞蘭語和科普語，如今由非回教徒、大多是基督教徒的少數族群在使用，使用的範圍愈來愈小。其他的語言像是柏柏語和庫德語，仍然有很多人廣泛使用，但是，這些語言並沒有標準的書寫形式，因此也缺乏一個書寫傳統所能提供的穩定性和連續性。希伯來語原來在猶太人少數族群中，以一種宗教和文化語言的形式留存下來，於現代再度以口語形式出現，最後成了一種國族語言。

在古典的觀念中，只有文學可以躋身於文明藝術之列，而從事文學創作的人，才值得人們注意和尊敬。玩音樂的——包括演奏家和作曲家——都是些奴隸或是其他社會低下人物，而音樂之所以重要，只是因為它是一個媒介，可作為詩歌吟唱時的搭配。我們所知道的音樂家名字很少，而我們之所以知道這些名字，也是因為文學作品中曾經提到。視覺藝術則是手工匠人和工藝師傅的作品，這在不允許人像表現的時期和地方，尤其是如此。在最早期，這些工匠大多是非回教徒，主要自征服地的當地百姓中抽調而來。後來，隨著回教化的歷程，信仰回教的工匠和建築師愈來愈多，可是在整個中世紀的大部分時間裡，我們對這些人的了解並不多。畫家要等到幾百年後，才在鄂圖曼王朝的土耳其和薩非王朝時代的伊朗宮廷裡，得到受人敬重的地位。我們知道許多畫家的名字，有一些還有生平資料，以及可以確認是他們創作的作品。其中一些畫家甚至形成了畫派，並且教練學徒。建築師則是個特殊族群。在鄂圖曼王朝時代，大多數的建築師是軍官，他們除了擁有工藝技術之外，也是組織人員和行政人員，在大工程中發號施令，手下有大批工作人員，為政府、宗教、城市提供一些基本的需要：為政府建造宮殿和碉堡，為宗教建造清真寺、修院和學校，為城市建造橋梁、澡堂、市場、客棧和各式各樣的住房等。重要的建築師不只是盛名在外，他們也受到歷史學者、甚至於傳記作者充滿敬意的關注。

在中東住家內部，傢俱的位置並不顯著，無論是宮廷的傢俱，抑或私宅的傢俱。在古代中東常用的桌子和椅子，到了中古時期已經很少使用了。人們改用羊毛和皮革，這些可以隨時自遊牧民處取得。室內的傢俱，基本上包含的有地毯和床墊（mattress）、厚坐墊（hassock）和軟靠墊（cushion）。在室內布置方面，人們製作並使用各式各樣的金屬、玻璃和陶土物件作為擺飾，有托盤、燈座、碗、碟，和形形色色的各種用具。金屬雕刻和金屬切割製品，以及彩繪的瓷器和玻璃，是中古回教世界重要的工藝品。人們主要以各種富有創意的織品藝術來裝潢室內，往往還加上精心鏤刻的木簾和木窗門——由於木料稀少而珍貴，木工師傅對於這些木料都珍而重之地小心處理。

我們所知的阿拉伯人主導時代的最早繪畫，也是為了裝飾而繪製的。現存的烏邁耶王宮內的壁畫，生動地展現出一定程度的文化延續，在許多方面如技法、裝飾主題和圖像描繪習慣，都與當時仍然朝氣蓬勃的拜占庭工藝傳統，以及先回教時代的波斯工藝傳統相近。不過，在這方面也和在其他的方面一般，古老的傳統逐漸受到同化，而成為一種新創作的一部分。繪畫就像它所表現的文明一樣，內容豐富了，可是卻不再由早期的傳統主宰。它開始去迎合阿拉伯品味，在一個由阿拉伯人創立並統治，而且是奉獻給回教信仰的政治社會裡面，迎合回教價值觀的需求。

早期的壁畫以及壁畫上那些一絲不掛的女性圖像，幾乎不能說是回教式的，不過，回教徒已經開始把舊有的主題，轉接到新的目的上去。譬如他們用拜占庭工匠描畫基督教「宇宙之王」（kosmo-kratōr）的姿勢來繪製信回教的哈里發像。沒多久，這些裸體人像就從回教徒的壁飾及室內裝飾上消失了，就連所有的人像都消失了，取而代之的是裝飾性的設計圖案，尤其是書寫圖案。壁畫要到幾百年之後，才在薩非王朝時代的波斯，以及更晚期的鄂圖曼土耳其的一些宮廷和聽政閣中再度出現。回教繪畫的下一個發展階段，也可說是最重要的階段，是書本繪飾的形式。這種藝術在阿拉伯社群中相當蓬勃，而在波斯人和突厥人當中更是臻於極盛。對於表現人的臉部和人像方面的諸般顧忌，看來都克服了，於是回教的繪畫裡面，出現了許許多多這樣的肖像。從中古晚期開始，我們已經可以看到單獨出現的圖像、素描和彩畫，大多是畫在紙上，但已不是書籍的一部分。這些畫主要流行於土耳其和伊朗地方，以及受到突厥人或波斯人統治或影響的國家。塑像仍被有效地禁止，甚至於根據人體描繪的二度空間的肖像畫也會受到質疑，雖然這種畫作不是沒有。

有幾位鄂圖曼王朝的素檀曾請土耳其畫師為他們畫像，更有少數素檀聘請歐洲的畫家為其製像，此中最值得注意的是征服者麥何密。貝里尼（Bellini）曾為征服者麥何密繪製一幅著名的肖像畫，如今掛在倫敦的國家藝廊（National Gallery）裡。在麥何密素檀過世後，他那虔敬的兒子和繼承者巴耶系德二世，則把這幅畫和其他畫作一併沽售。為皇室人員作畫，雖然在官面上是禁止的，有時候還是可以得到後期的鄂圖曼素檀和其他主政者的私下贊助。回教徒主政者不會把肖像鑄在錢幣上面，或是後期的郵票上面——雖然有極少數的例外，但這種舉動還是極端不尋常的。一七二一年以鄂圖曼王朝大使身分前往巴黎的麥何密額芬迪（Yirmisekiz Çelebi Mehmed Efendi），在他的報告中記下：「根據這裡人的風俗，國王會把自己的肖像鑲上鑽石，發給大使們。可是，我解釋說回教徒是不可以有圖畫的，於是他們改授我一條鑽石腰帶」。麥何密額芬迪接著細細地描述他這份禮物。他的報告中有兩行，提到國王親自帶他去參觀畫廊。把圖畫掛在牆上並不是他所屬的文化。於是他口若懸河地談論掛毯（tapestry），他比較同意這種藝術形式。他對於歐洲掛毯所達到的寫實程度，印象非常深刻：

一位看來笑著，表現出他的愉悅；另一位愁眉苦臉，表現出他的難過。一位表現出他因恐懼而戰慄，又一位在哭泣，再有一位受到疾病的煎熬。所以，一眼望去，每個人的情況都很清楚明白。這些製品的美，是不可言喻、無法想像的。[1]

除了有限的一些苦行修士團之外，回教的敬拜並不使用音樂，於是回教地區的樂師就沒有基督教樂師享有的天大好處，亦即教會的贊助和貴族的支持。宮廷和高門望族的贊助雖然無疑是有助益的，但是這些支持都是斷斷續續間歇性的，而且全賴有權有勢者的意向而定。回教樂師並沒有發展出一套記譜的標準體系，因此他們的創作只能經各式各樣可能記錯的記憶媒介得知。古典回教音樂並沒有留下可以和歐洲音樂傳統相提並論的樂集。古典回教音樂所留下來的，是廣泛論樂的理論文學，一些文人藝匠對於樂師和音樂場合的敘述和描繪，在不同時期保存下來的幾種古老樂器，當然還有人們腦中對於久已過去的表演的鮮明記憶。

根據傳統的紀錄，古典阿拉伯詩歌的歷史開始於公元第六世紀，此時阿拉伯半島上的部落創

1 Mehmed Efendi, *Paris Sefaretnamesi*, ed. Ebuzziya (Istanbul, AH 1306), p. 109; French translation, *Le Paradis des in-fidèles*, ed. Gilles Veinstein (Paris, 1981), p. 163.

制出一種共通的正式書寫語文，並把「頌詩」（qaṣīda）的形式和主要的變體改良完備。頌詩是沙漠營地的吟唱歌謠，長久以來都是阿拉伯詩歌的主要媒介。

許多現代的阿拉伯世界和西方世界的學者，都對流傳至今的阿拉伯古詩集裡大部分內容是否真確表示質疑。按照這些說法，現存的文獻頂多只有在素材上是古代的，而我們今天所看到的形式，應該是公元第八世紀的新古典復興或浪漫思潮復興時期的詩人或是語言學家的創作——選擇的判準大概是根據詩的水準。那些被認為是回教早期的詩歌，也遭到同樣的批判，一直要到敘利亞的烏邁耶哈里發時代，我們才有一組真確性沒有疑問的當代詩歌。

這些詩歌絕大多數是敘利亞的宮廷詩人和富有詩才的哈里發所作的「頌詩」。根據一些學者的說法，烏邁耶王朝的「頌詩」承續自回教時代之前的「頌詩」；而根據另一些學者的說法，「頌詩」是後期的新古典主義者回溯其詩風於遙不可及的遠古時代的原型。不過清楚明白的是，現存烏邁耶時期的「頌詩」，是按照一個當時已經是很古老的傳統，和一個已經定型化的格式進行創作的。最早期的「頌詩」原來是自誇之辭，詩人在詩中作為自己部族的發言人，誇耀自己的族人，自己的牧畜，自己的嘉德、勇武和功業。按照傳統的說法，這些詩歌是為了在節慶的歌謠大賽中公開朗誦而創作的，而這些慶典則是在游牧民的季節遷移時，於分道揚鑣之前舉行。「頌詩」以一段感性的序曲開始，詩人站在將放棄的營地舊址上沉思默想，回想己族和他的情人的部族在此毗鄰而居的快樂時光。在這段序曲之後，詩人接著誦讚美的正文。這種誇耀在烏邁耶王朝以及後代的宮廷「頌詩」中，變成了阿諛和奉承，詩人歌頌的不再是自己的部族，而是他的君主或主公。

序曲傳達的是少數幾個一再出現的主題。詩人來到放棄的營地，沉浸在回憶的歡愉當中，其喜悅不可言狀。他對所有的友伴略述該地，並因快樂時光已逝而不盡傷感。他的友伴有時候會盡量寬慰他，或斥責他再難過也是於事無補。詩人往往會哀悼分手的淒涼長夜，並責備緩緩到來的黎明。情人的身影也會在夢中與他相會，甚至還和他喁喁細語，使他醒來以後更為心酸。通常，序曲中包括詩人敘述自己在兩部營地相接之時夜半過營相會的故事。這個敘述有一部分是自虐性質的回憶，而一部分是單純的自誇。因為他的情人不是本族人，甚至可能是個敵對部族，所以他得冒著性命危險去見她，在對方族人的帳幕之間匍匐前行，來到她的帳幕所在，或者是沙丘背後的約會地點。兩人無時不提心吊膽，提防不測，這些不測包括了想要保護女孩名譽的監護人如丈夫、父親或是兄長，還有嚼舌根的人（wāshī），這些人會散布惡毒的謠言，並且設法讓這對情侶不和。後來，這兩種敵人又再加上第三種，也就是「糾察」（raqīb），在序曲中「糾察」也表現得對這對小情侶心懷惡念，可是在表面上他卻是公眾道德的執法人。

分手的主題與分道揚鑣是連在一起的。春季的放牧期結束了，部族要轉場了。大喉嚨提醒族人要準備動身，物資都載上駱駝了，營房也拔起了，各部朝向不同的方向開拔，留給柔腸寸斷的情侶的只有回憶。這個可怕的日子來到之前，有著陰沉的惡兆和預感，尤其是代表分離的烏鴉飛過，牠淒厲的叫聲宣示著情侶不久將要別離。

情諸可以作為古典回教詩歌的最佳代表，它處理的是人類普遍共通的主題，因此這是來自另一個文化的外邦人最容易感同身受的詩歌。由於情人分合的社會情景不斷地在變化，這些情諸還反映了社會史以及文化史中的場景轉換。

烏邁耶時代在傳統的「頌詩」之外，尚有新式的情詩出現——漢志地方（Hijaz）的情慾詩詞。阿拉伯人的廣泛征服為阿拉伯本土帶來數不盡的財富，於是漢志地區的城鎮——尤其是麥地那城——出現了一種新的社會，這個社會富裕、有教養、愛尋樂而無節制。讓虔敬者目瞪口呆的是，這座聖城竟成了珠光寶氣的貴族集團嬉樂的地方，在高門大戶的深處，女奴、歌伎、舞孃和有著自己身分的阿拉伯仕女們，競相吸引那些信仰戰士的放蕩後裔的目光。

在漢志地方寫成的眾多情慾詩詞中，只有少部分留傳到今天。研究這些詩詞有著特殊的困難。只有極少數有名有姓的詩人留傳下了完整的詩集。大多數的詩詞只能見諸詩詞選和文學史中保存的片段和徵引，而這些詩詞選和文學史，許多是較後期的作品。後代的傳述為此期的人物和經歷加上浪漫迷霧，使得斷定這些斷簡殘篇的真實性尤其困難。其中許多詩歌連它是全本詩篇，或是摘自長詩的節本都說不準，而其中某些甚至有可能是其他部分已經不存的「頌詩」的殘篇。這些詩歌的主題和正式的「頌詩」序曲大同小異，可是也有一些變化。沙漠的場景通常省略，刺激的冒險換成了城裡的大戶千金。詩人在談到自由身分的阿拉伯仕女時，就像在「頌詩」裡面一樣地小心翼翼，通常不會指名道姓，有時候甚至還讚賞其德行。詩人在談到奴隸和酒肆姑娘時，則會大膽坦白得多。

回教的律法為男性的性需求訂下寬大的條款，故此它在撻伐不合宜的戀情時，口氣也就特別強烈。久而久之，遂限制了先回教時期男性部民較無拘束的生活，使情諸中部分的熱情充溢稍為收斂。據說哈里發烏默爾甚至曾禁止創作情慾詩詞。於是，我們看到詩人愈來愈常表彰貞節，結果造成單戀的苦悶大行其道。我們在自高自大卻感覺遲鈍的尋覓者身邊，看到千里迢迢追來、拜倒石榴裙下的欽慕者，交出了一種較為昇華的情感，下一個世紀的學者稱這種情感為「巫得利」（'Udhri）。這個語詞和「巫得利」（'Udhra）部族相關，據說該族男子會為不求多、不求結果的愛情捨棄性命。「巫得利」詩人甚至照著傳統的脈絡，寫他夜裡偷偷地到心儀女子的帳幕探望，他所期望的不過是一個微笑、握握玉手，或是說上幾句話，然後他又會為了所欽慕女子的冰貞玉潔而感到讚賞和羞愧交加。這種所謂的「柏拉圖式」的「巫得利」愛情和現實的情況是否符合，則是另當別論。法國學者柏拉謝（Regis Blachère）認為古典「頌詩」作者所表現的露骨放蕩，和

「巫得利」詩人之間的差別並不大。而阿拉伯學者齊南昵（Kināni）則認為，這種「巫得利」是感官的愛與新宗教道德之間的折衷，此說頗有見地。

阿拔斯系的哈里發取代了烏邁耶氏，以及自敘利亞遷都伊拉克這兩件事，在回教歷史上開展了一個新的時代，同時也在阿拉伯詩史上揭啟新的一幕。一個新的、國際性的官吏和地主執政菁英，取代阿拉伯征服者的部落貴族集團主宰帝國。原先在各部之上有一個大首領，如今東方式的主君依照遠古的模式統治著組織日益分明的巴格達朝廷。雖然，當政的是阿拉伯的王朝，阿拉伯文仍舊是政府、社會和文化各方面的唯一語言，可是阿拉伯地方的品味和傳統卻不再受到風然景從。阿拉伯女子在大城市和大朝廷裡，失去了原有的階級和自由，淡出幕前，隱退到深宮之中。在重重守衛和太監的看管下，私會並非不可能，但也十分危險。女奴和女伎則把安排私會當作是本務之外的善行。舊有的文學風尚還維持了好一陣子，城裡那些從來沒有見過阿拉伯地方的詩人，繼續在想像中的營地上流連哀悼，讚嘆文學戀情中虛構女神的純美。而另一詩人，則試著把舊有的主題轉接到現實情況上來。一位記事者敘述，一位住在巴格達城的詩人，寫了一首情詩給城裡的一名女子，用陳腔濫調乞求她在自己孤單思念的夜晚，能派出身影來到自己的夢中加以慰藉。這位女子回答說，要是詩人肯送三個金「第納」幣給她，她就會親自前來給他慰藉。

然而，阿拉伯詩歌颳起了新風。無以數計皈依回教的改宗者當中有許多波斯人，他們雖然接受了征服者的信仰和語言，卻也公然瞧不起阿拉伯人的習俗和傳統。波斯詩人和其他詩人為阿拉伯詩歌——包括了情詩——引介了新的主題和新的風尚。在這些詩中，詩人愛慕的對象通常是女奴，這些女奴往往被教養成歌伎，她們是城市社會中的女性因子。暗中進行此事幾乎是不必要的，於是關於暗地幽會和私下分手，我們要在另外的文字中才能看到。若說回教對於通姦的禁令已經形同具文，那麼回教對於飲酒的禁令對劉伶們仍然是根肉中刺，詩人私下奉獻真心而在黎明時暗中揮別的，不是女子而是酒瓶。

雖說回教禁飲酒精飲料，但阿拉伯詩歌描寫杯中物者比比皆是，而在回教世界中發展出的波斯和突厥詩歌，更是如此。回教徒不得造酒、賣酒和喝酒，回教國家裡面受到寬容的非回教徒臣民則可以造酒、賣酒和喝酒，所以想要喝酒的回教徒，就非得去找異教徒才要得到酒。於是基督教的修道院在阿拉伯詩歌裡、祆教徒的居停在波斯詩歌裡，幾乎便是「酒館」的同義詞。戀愛和美酒這兩個主題往往是一體兩面，而有的時候還染上了宗教的意義，波斯詩歌和突厥詩歌尤其如此。蘇非詩人往往把醉酒和縱欲的想像拿來象徵信眾與上帝的神祕結合。用情欲的手段來達到宗教的目的並非新事，希伯來聖經「雅歌」當中的「猶太—基督教」傳統，便是異曲而同工的。

另一個有著豐富文化資訊的類型是行獵詩。這些詩歌有時候還有肖像畫增飾，波斯人和突厥人尤其會如此做。打獵在終止作為食物的重要供應來源之後，仍然有很長的一段時間保有重要的社會、文化甚至於軍事功能。希臘化世界的比賽和體育活動在回教時代幾乎絕跡，而賽馬、賽駱駝、鬥雞、駱駝角力和人力摔角，則提供了一些公眾娛樂，至於箭術和騎術這些武藝，則一直是軍事階級的專業技術。可是，在發展出大量運動和消遣的娛樂之前，打獵顯然是結合運動、休閒和有用技術訓練的最普遍活動。規模、歷時、人數都很龐大的大型皇室出獵，有著特殊的價值，這些出獵是最接近訓練近代軍隊作戰的前近代戰爭遊戲和軍事練習，在組織和行政，器具和供應，調遣移動、發號施令和掌控約束，以及在某種意義上的戰技方面，都提供了練習的機會。

眾多文學都反映了這些。詩人口若懸河地、有時候還不厭其煩地敘說其騎獸（馬匹、駱駝、有時候還有大象）、武器（刀、弓、矛）、副手（獵鷹、獵狗、獵豹）和獵物。他們歌頌與獵者的戰友之情、敵對之慨，有時候還有浪漫的事蹟、追捕的刺激、獵中的狂喜，當然還有接下來的慶功歡宴。

詩歌也有著重要的社會、公眾、甚至政治功能。奉承和諷刺兩項，是許多詩人的壓箱法寶，前者尤其是混飯吃的絕佳手段。在沒有傳播媒體和廣告、宣傳和公共關係的時代之前，詩人可以完全做到這些功能。對詩人來說，這並不是個新角色。羅馬皇帝奧古斯都在羅馬聘有宮廷詩人，他們的作品廣泛地為羅馬帝國做公關，個別地為羅馬皇帝做形象，而其他的古代主政者亦莫不如此。在回教的中古時期，頌揚的藝術達到頂峰，詩人用琅琅上口並且一再重複——有人會說是聲韻鏗鏘——的詩句來讚美主君，由此改善了主君在國內的形象。

詩歌宣傳可以是正面的，也可以是負面的。阿拉伯語稱「諷刺」為hijā'，這與聖經的希伯來語詞hegeh相類，而後者是作法或下咒之謂。諷刺並不等於輕侮和辱罵，諷刺的輕侮和辱罵，乃是為了實際的目的。部族諷刺家做出敵對宣傳的故事，可以追溯到很早的時期，或許可以推溯到先回教時期。傳統的傳記便稱先知穆罕默德本身敏銳地覺察到詩歌宣傳的價值和危險性。雖然大眾普遍非難詩歌——古代偉大的阿拉伯詩人伊姆爾蓋斯（Imr al-Qays），被人稱為「邁向地獄之路的帶頭人」——但先知穆罕默德自己也雇用了一位歌頌人，逐步對付那些作詩攻擊自己或譏諷自己、並且散布這些黑詩的人。在一個案例當中，不只是作諷刺詩的被處決，歌唱此詩和朗誦此詩的歌女也一併被殺。

烏邁耶王朝的哈里發們早在回教時期的頭一百年，就已經雇用宮廷詩人，在他們之後，實際上所有的回教主政者都有雇用宮廷詩人。這個作法，也不只限於主政者們。有一些沒有主政者名號的角色，也雇用詩人為自己廣告和做公共關係。如此這般，作詩就成了一門得到認可的職業，編年史和文學史也記錄了其報酬的方式和等級等詳目。這方面顯然大體上是要看贊助人的立場和詩人的技巧而定。作詩和其他的行業一樣，同樣的材料可以一用再用，作來頌揚一位主子的詩歌在換了老闆之後，可以調整一下再賣給他人。有一些主政者以獎勵詩作聞名，也就是說，以他們的大型宣傳工作聞名。第十世紀時興起於北敘利亞的哈馬丹王朝王公賽夫・道拉（Sayf al-Dawla of Hamdanid）手下有相當多的詩人，他們可以說是為他賣命至今，因為他們誤導了許多不細心的歷史研究者。法蒂瑪系的哈里發們一如人們所料想的，豢養了許多意識形態的詩人，他們呈現的是法蒂瑪式的世界觀，以及抨擊敵手阿拔斯系的一面之詞。有時候，編年史家會提到官方詩人的名單。一位中世紀後期的埃及裔百科全書編纂者告訴我們，法蒂瑪家系成員在內省外緣養了一群詩人，這些詩人又分為兩組：一組是遜尼派的詩人，創作陳義高尚的遜尼式頌歌；另一組是亦思馬因派的詩人，製作符合亦思馬因派伊瑪目的詩歌，極盡奉承之能事。

各式各樣的反叛者和宗派分子、政治派系分子與其他的派系分子，也都運用詩歌宣傳，有時候還是為個人的目的而用。詩歌甚至可以達成經濟目的，這可以見於兩個事例，兩者都是出自第九世紀時的阿拉伯歌謠集《跌宕集》（*Kitab al-Agh ānī*）。其中一個故事描述，第八世紀時有一位伊拉克地方的總督為了擴充公眾灌溉體系，強行徵收了一塊土地。著名的詩人法拉茲達克（Farazdaq）就站在被強行徵收土地的地主一方，作了一首詩攻擊總督，控訴他的暴虐。事情結果並沒有記錄下來，地主付了多少潤筆金，也沒有記錄下來。第二個出於同一史料的故事，故事脈絡是重複的：

一位庫法城的商人，帶著許多面紗到麥地那城來賣。面紗沽清，手上只剩下黑色沒賣掉。他是達里彌（al-Dārimī）的朋友，於是向他訴說此事。那時達里彌已經閉關清修，不再碰音樂和詩歌了。達里彌對這商人說：「別擔心，我會幫你把這些都解決掉，你會大發利市。」然後，他寫下了這些詩句：

去問那戴黑面紗的
你對虔敬修士做過些什麼？
他已經為做祈禱束起了衣裳
直到你在清真寺外，出現在他面前。

達里彌把詩句譜上曲子，書吏辛南（Sinān）也為這首詞譜上曲子，於是這首曲子便開始流行。人們都說：「達里彌又下海了，他不再清修了。」而麥地那城中的貴婦，沒有一位沒買上一條黑色面紗的，於是這位伊拉克商人出清了存貨。達里彌聽到這個消息後就重拾修道的生活，回到清真寺裡頭去了。[2]

[2] Abu'l-Faraj al-Isfahānī, *Kitab al-Aghānī* (Cairo, 1372/1953), vii, pp. 13-4.

這或許可以說是我們所知的廣告歌謠的濫觴。

阿拉伯人在中古時期並不廣泛創作敘事詩。此時除了一些夾詩夾文的長篇通俗愛情故事——這不被視為正式的文學——和少數短篇的戰爭作品之外，並沒有什麼可以和古典時期及中古歐洲的史詩（epic）或是吟唱詩歌（ballad）相提並論的創作。史詩在回教中東重生，是發生在波斯地方，此地現存的先回教時期波斯詩歌殘篇，證實了有一個古波斯的史詩傳統存在。這個傳統的復興是波斯民族文化覺醒的一部分，也是新式回教波斯語的出現。《王書》（*Shāhnāma*）是一首長篇的敘事詩，敘說的是古代伊朗神明和勇士的歷險傳奇，作者是第十世紀的詩人費爾道西（Firdawsī），此詩在「波斯—突厥」文化中，和《伊里亞德》（*Iliad*）、《奧德賽》（*Odyssey*）、《長征記》（*Aeneid*）在西方世界所占的地位同等。《王書》也和這些西方史詩一樣，有許多人仿作，於是產生大量素質不一的波斯語和突厥語史詩。後者中值得注意的，有中亞突厥民族所作的英雄詩歌。波斯人和突厥人經常創作的另一種敘事類型，是韻文體的愛情故事。這種故事的篇幅通常有一本書長，講的是一對情侶的歷險（通常是不愉快的歷險）。這些史詩和愛情敘事，又為回教的書籍裝飾藝術提供了大半的創作空間。

阿拉伯文學有一種獨特的類型叫「瑪喀瑪」（maqāma），這個阿拉伯語詞的意思，略同於一個特定時期或是一個特定情境。「瑪喀瑪」作為一種文學表現形式，指稱的是一篇短小的作品，用一種叫做「撒只」（saj'）的形式寫成。「撒只」是一種協韻且往往是抑揚頓挫的散文，中間偶爾插入詩句。「瑪喀瑪」通常是「瑪喀瑪」集子（maqāmāt）中的一篇，文中會出現兩位虛構的人物，也就是敘述者和某位英雄人物。這些「瑪喀瑪」把散文和詩歌、旅行紀錄和對話、說教和議論合在一起，還包括了大量的社會評論——這些評論往往是以幽默的形式表示。有一些「瑪喀瑪」集子，確實能算是阿拉伯文學的傑作。「瑪喀瑪」也有用波斯語和希伯來語仿作，然而其形式依舊富有特殊的阿拉伯風格，一望即知。

波斯語和突厥語的詩歌完全是回教徒寫作的，阿拉伯語的詩歌主要是回教徒寫作的，但不盡然是回教徒寫作的。阿拉伯語的詩歌中，有著很重的基督教成分，尤其是在極早期和極近期。也有猶太詩人用阿拉伯語寫詩，但是極為少見。猶太詩人作的主要是抒情詩和宗教詩，用的是希伯來語——這種語言已經不再用作白話，但是仍然是宗教語言、學術語言和文學語言，甚至也是世俗詩歌用語。在回教土地上的希伯來詩歌，其詩體、結構、主題和文學習慣，都緊密遵循著阿拉伯詩的模式。

「瑪喀瑪」並不是古典阿拉伯語文學中唯一的娛樂形式。這種文章的藝術已經達到了高度的交織程度。而較為輕鬆的娛樂則寫成虛構小說的形式，有短小的軼事趣聞以至於長到一本書篇幅的故事——這些小說與其說是短篇故事，倒不如說是寓言故事。這些故事有許多勾勒和敘述的是幻想與奇遇，不過也有一些十分生動地描繪了在哈里發治理下，不同地區和不同社會階層的生活風貌。

在小說文學中，幽默是個重要的因子。中古的阿拉伯作家在尖刻的軼事與機智的應對中，表現得妙趣橫生。而且，看來他們對於改作詩文有特別的偏好，在每一種阿拉伯作品裡，甚至連至為神聖的故事裡，都可以開個無傷大雅的玩笑。這裡舉兩個例子就足以說明。哈里發手下的公務員就和其他地方、其他政權底下的一樣，寫文章是出了名的重複不已、笨重臃腫。一本十一世紀時的滑稽烏龍集中提到一則關於一位阿勒坡地方的王公的故事。這位王公派駐安提阿城的總督有一位愚昧的文書。話說有兩艘回教徒的大型划船（galley）在海中遇難，水手全數喪生，這位秘書代他的主子報告此事給王公知道。他寫道：「奉安拉之名，至慈至憫者。願王公了解──上帝給他力量──有兩艘大型划船，我是指兩艘船隻，由於波濤洶湧，也就是海浪的力量太大，進水沉沒，那就是說沉了，而船上人口無存，也就是說都沒頂了。」阿勒坡城的王公回覆他的水師將官說：「貴信收到，也就是它寄到了，此事知悉，也就是說，我們讀過了。鞭笞你的文書人員，也就是打他，而且把他換掉，也就是叫他走路，因為他愚蠢，那就是笨。再見，那就是說，這封信到此結束。」[3]

另一個故事說的是一位叫阿施阿不（Ash'ab）的人，他是回曆頭一個世紀時擅說滑稽故事的名嘴。有一次，有人責備他不應深陷於這種輕浮的作為。那人問他：「為什麼（譯加：要這麼做呢）」，難道沒有人告訴你先知的誡條，告訴你『聖訓』，告訴你該怎樣做個好回教徒嗎？」阿施阿不於是按照傳統的方式，開始念出一連串敘述者的名字，因為這個誡條是他們所傳述的：「這是納非額（Nafiʿ）告訴我的，而他是從伊本·烏默爾（Ibn ʿUmar）那裡聽來的。上帝的使徒曾說：『天下有兩個要素，要是同時擁有兩者，此人便是上帝揀選的朋友之一。』」問話人曉得這的確是一則好誡條，於是他問他這兩個要素是什麼。阿施阿不對此回答說：「納非額忘了其中一個，而我把另一個給忘了。」[4]

娛樂文學如同其他的阿拉伯古典文學類型，也傳到了波斯人和突厥人手中，他們在此採取了稍微不同的形式。一般故事和寓言故事大大地興盛，而長文與語錄改頭換面，沒有那麼遊戲人生，也沒那麼趣味盎然，說教和道德意味更形沉重。這些改變，表現出一個較為嚴整認真的社會。

劇院可能是因為它在遠古時代與異教儀式有所聯繫，所以才在回教的中古時期自中東地區消

---

3 Ghars al-Niʿma al-Ṣābiʾ, *Al-Hafawāt al-Nādira*, ed. Ṣāliḥ al-Ashtar (Damascus, 1967), pp. 305-6.

4 Ibn Qutayba, op. cit., vol. 2, p. 55.

失，要到好幾百年以後才又出現。有一些話劇表演的因子耳熟能詳而且廣泛流布，譬如說話人利用劇場效果的藝術、模仿笑劇的藝術、小丑逗樂的藝術和舞蹈的藝術。還有一些例子，顯示當時甚至有由表演者即興創作內容的短小喜劇。這些是老百姓最主要的通俗娛樂，而宮廷的獎助偶爾也鼓勵較精緻的版本出現。有時候，這種精緻的版本反而是為了達到一個比較粗俗的目的。在十二世紀中期，拜占庭的公主安娜．康尼娜（Anna Commena）描述她得了痛風的父親亞歷西歐一世（Alexios I Comnenos），如何地受到塞爾柱宮廷的演員調侃：

那些野蠻人，那些天賦聰穎的即席創作者，戲謔其苦痛。痛風成了喜劇的題材。他們扮演醫生和看護，介紹「皇帝」出場，再把他放在床上大開玩笑。他們看了這些幼稚的表演，皆捧腹大笑。[56]

另一位拜占庭皇帝，也就是曼紐二世（Manuel II Palaeologos），他在自已於十五世紀初期訪問鄂圖曼王朝的巴耶系德素檀宮廷的描述中，亦提到眾多樂隊、歌團、舞群和戲班子。

戲劇演出（play）這個概念首見於十四世紀，尤其是在埃及和土耳其。它指的是一種劇情相連、有個敘事脈絡以及或多或少在事先寫定腳本的表演。劇中角色是用傀儡表演的，或是由投影在一方布幕上的影子來扮演，再由傀儡師傳口述台詞。劇情通常是喜樂，有時候是詼諧的，但往往都含沙射影，有著尖銳的社會批評甚至政治批評。有數的戲劇流傳到今天，部分的作者亦留名青史。

早在遠古時代，人們就開始玩傀儡了。皮影戲應是自東亞傳入，它在回教地方的中部甚為流行，其傳入的時間可能是在突厥人或蒙古人統治的時代，這兩個民族打開了聯繫東亞和西亞的新交通路線。

在嚴格定義下的劇場，也就是有事先寫定的劇本，由人類演員在不斷進行的劇情中扮演角色的劇場表演，是從鄂圖曼王朝的時候引進的。這些劇場演出大多確知為十五世紀末到十六世紀時候，從歐洲遷來的猶太難民的作品，他們主要是從西班牙來的。我們也知道猶太人的江湖戲班在宮廷和其他慶典中表演，後來亞美尼亞和希臘的基督教徒江湖戲班也加入了，表演用的語文應該是突厥語。

然而，這一切劇場表演在規模和效果方面都是極其有限的。將劇場表演當作是一種藝術形式

---

5 Anna Comnena, *Alexiad*, 15.1; trans. E. R. A. Sewter (London, 1969), p. 472.

6 譯按：突厥回教徒政權與拜占庭皇帝不咬絃故有此舉，末句的「他們」指突厥觀眾。

真正引進中東的時間，只能從十九世紀歐風東漸之時算起。

另一種有著遠大影響的戲劇表演，是膾炙人口的「哀悼劇」（taʿziya）。這是什葉派的感性戲劇，紀念的是胡辛全家在卡爾巴臘殉難，每年在此事的周年忌日、也就是慕賀藍月的第十天都會演出。雖然「哀悼劇」在現代的什葉派宗教儀式中處於中心地位，但相對來說它又是滿現代的，因為對於這些表演的最早描述，是在十八世紀後期。

古典散文作品絕大多數是為了傳達訊息和教導而創作的，並不是娛樂用。此類文學大部分是為了保存和傳遞關於過去的知識，諸如歷史紀事、人物行傳和文學史。回教作為一個宗教和一個文明，幾乎在一開始就染上了強烈的歷史感。一位十五世紀的埃及學者在捍衛「歷史」時，說上帝自己敘述了關於過去人群的故事，而古蘭經本身也確實充滿了從歷史得來的教訓。「我們向你們講述信使們的故事，以此加強汝等心念，因而帶給你們真理，這是給遵信者的勸誡和紀念。」（古蘭經第十一章第一百二十節）最早期的誡條描繪一群人深深地了解到先知在啟示的歷史脈絡中的地位，以及人類在從創世到審判這個偉大藍圖裡的處境。穆罕默德的行教使命是一則歷史事件，其目的和意義經過記憶和紀錄保留下來和傳遞下去。公意這個教旨則賦予回教社群的行為與經驗一個承續的重要意義，因為它說明了上天的指引在先知過世之後，傳給了回教社群整體。

「先知友伴」和繼先知之後的幾位繼承人的威權和聲望，使得這些「友伴」和繼承人的後裔能在後期的奮鬥中，維持強大並且不斷激發出的動力。這些奮鬥，是在探詢、有時候是調整、偶爾也是重新發現那些與回教降世和哈里發國興起相關的人與事的真實現象。

回教主政者在很早的時候，就已經認識到他們在歷史上的地位，並且關心自己的作為留給後代的紀錄。他們對先輩的所作所為很感興趣，並且汲汲於記錄自己的所作所為以留傳後世。歷史編纂於是從先知穆罕默德及其友伴的行傳開始，還有阿拉伯諸部的英雄傳奇。在此之後，歷史學家最感到幸運的，是幾乎每一個統治回教徒的朝代——就算是在最原始的地區——都留下了某種年鑑或大事紀。實際上，歷史著作在許多國家是從回教傳入才開始的。對遜尼回教徒來說——什葉派的觀點不同——上帝的社群是上帝為人類定下的藍圖的具體呈現，而上帝社群的歷史是由天意引領的，反映出上帝的目的終歸實現。因此，對於歷史有個正確的認識是極其重要的，因為歷史知識可以是最深刻的宗教問題以及最實際的法律問題，提供富權威性的指引。

歷史是重要的，這說的是回教徒的歷史。非回教徒的國家和社群由於不接受上帝的最後啟示，也不遵從上帝的律法，其歷史並不能提供此等指引，因此也不擁有此等價值。所以，回教徒史家對於非回教徒的歷史興趣缺缺，無論是基督教歐洲鄰邦的歷史，或是本身的基督教、祆教和其他非回教徒祖先的歷史，都不感興趣。在古代史中真正重要的，都保留在古蘭經和聖傳裡面。剩下的都被遺忘了，就古文字而言，也往往隨之埋葬。

回教中東的歷史記述涵蓋廣泛，極為豐富和多樣，形形色色，包括了地方上的、地區性的、帝國式的和全世界的歷史，有古史、有今史，有人物行傳、也有極少數的自傳；有詩人和學者的歷史，士兵和從政者的歷史，官員和書吏的歷史，法官、神學研究者和神祕主義者的各種歷史。歷史作品的種類還有不同。敘述英雄事蹟的傳統，植根於先回教時期的阿拉伯半島，講的是崇拜偶像的阿拉伯人作戰和侵伐。這種紀事在敘述先知穆罕默德對付偶像崇拜者的軍事行動時，以及早期回教徒完成廣大征服時，形成一種新的形式。後來，這種形式的歷史記述逐漸墮落為奉承言語或是宣傳文字，然而有的時候仍能達到接近史詩的形式，譬如薩拉丁的阿拉伯文傳記，和關於蘇里曼大帝的戰爭與征服的突厥文紀錄。

另一種歷史編纂是法學上的，甚至在某種意義上來說是神學性的。這種歷史編纂的目的是為了保存先知穆罕默德行為與言語的紀錄，或是在必要的時候重建關於先知言行的紀錄，以及早期「正確引領」哈里發們的決定，以便作為先例，來闡發回教的「聖律」，尤其是關係到公共政策事項的部分。到了阿拔斯氏的時代，出現了一種更為複雜的、接近文學形式的歷史作品，其對象應是針對廣大、日漸茁壯的公務員族群，告知他們一套稍微不同的政府先例——沒那麼宗教性、比較實際、往往甚至於十分官僚。這套先例中，還包括了非回教徒的例子，尤其是波斯人的例子。

曾經有一段時間，所有回教的歷史創作無論地區或是作者皆以阿拉伯語寫成。然後，由於共通的回教文明裡面發展出一種新的文學語言，文學作品中也就看到了對於本身獨特文化自覺的新形式，這尤其展現在詩歌和歷史著作當中。其他的變化亦是有的。遜尼回教在第十世紀到十三世紀之間，勇敢地對抗三種敵人，大都取得了勝利：什葉派的異議分子不是馴服就是被降服了，基督徒的十字軍被驅逐離去，而異教的蒙古人則改宗回教並被同化了。在這些奮鬥的過程，以及同時發生的遜尼派大舉復興當中，回教的國家、社會和文明都轉化了，文化生活開始導入新的管道。這些改變生動地反映在文學裡面，尤其是在當時的歷史著作裡面。歷史無疑仍然是公務員教育中一個不可或缺的部分，而且很清楚地，歷史在某個程度上也是以這個觀點寫成。可是在後塞爾柱時期受「學院」訓練的虔誠官吏，和阿拔斯王朝時代那些優雅又世故的書吏是很不一樣的人物。值得注意的是，許多中古後期的偉大阿拉伯史家，他的主要興趣和在同儕之間的名望都在於歷史學科以外的領域——往往是在宗教學科。歷史從來沒有納入「學院」的課程，可是出身「學院」的史家卻愈來愈多。

這個改變有著莫大的意義。在戰後時期，君王體制較為穩定和持久，鄂圖曼帝國和伊朗尤其是如此，於是，國家便益發密切關心歷史寫作，歷史工作者也就在國家的資助、獎勵甚或是雇用之下工作。這導致歷史學者一貫的關注縮小了。在此之前，史家原是個史料編集者以及考證真偽的人，注重的是史實正確，以及他對於這些事實的闡釋乃秉於至誠。不過，較古老的傳統仍然存在，雖然形式上有些修訂。這尤其見於鄂圖曼帝國，該國出了一連串傑出的史家。這些史家雖然有著帝國史官的頭銜和地位，他們在敘述君主的嘉德功業之際，也會同時描述其短處和過失。鄂圖曼史家的處理鄂圖曼軍自十七世紀以來連吃敗仗這個問題上，便是學術為天下公器的模範。

中古回教世界也可以看到許多其他學術分支的發展。回教不像基督教，回教並不鼓勵製作神聖經典的譯本，來幫助不能閱讀原文的信眾。大相逕庭的是，一些回教的權威人士甚至譴責製作譯本的企圖為不虔誠，甚或是褻瀆神祇。因此，古蘭經沒有波斯語、突厥語，或是其他回教語言的官定譯本，像是聖經有敘利亞文的簡明本（Syriac Peshitta）、拉丁文的通俗本（Latin Vulgate），或是路德本和詹姆士國王的聖經版本那樣。[7]有一些非正式的古蘭經翻譯在偽裝為註釋的形式下存在，但是無論回教徒的母語為何，都得要用阿拉伯語來研讀古蘭經和誦讀古蘭經，而且只能用阿拉伯語。這使得文法研究和辭學研究有相當的進展。這些研究的根本目標是要讓所有信眾都可以讀懂這部神聖的經典。這些研究的影響，是發展出前所未有的語言學研究。其他的回教語言不久也和阿拉伯語一樣受到這種影響，而至少還有一種非回教的語言也受到這種影響：在回教土地上的猶太人照著回教徒的作法而發展出對於聖經希伯來文的內文考據和語言學研究，這使得母語不是希伯來文的人，也能夠閱讀聖經。

中古時期的重要阿拉伯文辭典列出了語詞的不同意思，並且在古典文獻中摘出例句來說明這些語詞的用法，這是個重大的成就，也是所有接下來在這個領域中的歷史語言學的基礎。這些辭典也是其他以字母順序排列的參考著作的典範，後者包括了地理辭書（gazetteers）——書中往往有長篇文章談論書中提到的城鎮、國家或是地理特徵——和各種的人物小傳辭典。這些傳記辭典有用國家分類的，有用世紀分類的，也有用專門行業或職業來分類編排的等等。

在學術以及更廣泛的科學和研究發展上的一個重要因素，是翻譯者在第九世紀及其以後譯出了一系列劃時代的阿拉伯文譯本。他們所翻譯的，是在數學和天文學、物理學和化學、醫學和藥理學、地理學和農藝學，以及許許多多的其他學科方面的重要希臘文著作，其中包括了重要的哲學著作。這些著作有一些是由地方上的非回教徒保留下來的，而其他的則是特別從拜占庭國進口的。別具意義的是他們並沒有翻譯希臘歷史學家的作品，因為關於古代異教徒的那些沒有意義的漩渦，毫無意思也毫無價值。他們也沒有翻譯詩歌，因為他們自己有豐富的詩歌文學，而詩歌本來也是沒有辦法翻譯的。

7 譯按：Peshitta 又做 Peshito，中譯為「伯西托」，意為「簡明」，是用古敘利亞文寫成的早期聖經版本。拉丁文通俗本是羅馬公教會的拉丁文聖經標準本。路德本即神聖羅馬帝國馬丁．路德所譯的日耳曼方言本。詹姆士國王的聖經版本是英王詹姆士時代欽定的英譯本。

翻譯者的興趣所在，當然還有贊助他們的皇室或是其他人士的主要興趣所在，是有用的東西，包括了哲學——那個時候人們認為哲學是個有用的學科，它可以幫助人類去面對今世的問題，並且為來世的審判預做準備，這真是後世的幸運。許多在未開化的而自己也沒多大興趣的西方世界暫時失去或是永久失去的重要希臘人著作，是靠阿拉伯譯本留傳後世的，之後才依據這個譯本，弄出拉丁文的版本。絕大多數的翻譯者不是回教徒，他們是基督教徒、猶太教徒，尤其是神祕宗派「薩比厄」的成員（Sabians），[8]因為恐怕只有他們具備必須的語言知識。有一些文本是直接從希臘文翻譯過來的，其他則從敘利亞語譯本重譯過來，這些敘利亞語版本，是根據希臘的原本寫成的。這些翻譯作品大多是直接或間接譯自希臘文，也有少數是譯自其他材料，譬如從先回教時期的波斯作品翻釋而來或是改寫而來，甚或是自印度的作品譯寫而來。今日所知的，只有一份作品是從拉丁文翻譯過來的，那是後期的奧羅修斯（Orosius）編年紀。這部書為西班牙的回教徒歷史，提供了有用的背景知識。

此後，就看不到回教徒對西方世界有什麼興趣，直到幾百年之後學者和科學家為了有益的實際目的，才首次把目光導向西方。兩個例子可以說明這個新興致的不同層面。一個是把法國從古至一五六〇年的歷史翻譯成土耳其文，這是由鄂圖曼國的大宰相官署中的主任祕書下令進行的，於一五七〇年完工。這個譯本有一部抄本傳世。此後要再過幾百年，才再有可以和此事相提並論的對於西方歷史的探索。另一個對於西方世界表示迫切關心的，是名叫巴哈．道拉（Bahā al-Dawla, d. c. 1510）的波斯醫生。他在一本叫做《經驗的精粹》（*Khulāṣat al-Tajārib*）的書中提到一種新的病症——這顯然便是梅毒——他叫它做「亞美尼亞之痛」（the Armenian sore）或是「法蘭克痘痘」（the Frankish pox）。他說，這種病源出於歐洲，從那裡傳至伊斯坦堡，並往東方傳去。這種病在一四九八年出現於亞塞拜然地方，再從那裡擴散到伊拉克和伊朗。到了十七世紀，人們對於這種在土耳其語以及大多數的其他回教語言中叫做「法蘭克之疾」（frengi）的梅毒，有更詳細的討論。這些討論大體上是奠基於已經刊行的歐洲作品。

中古回教科學的成就並不限於保存希臘的學術，或把古老東方和遙遠東方的因子摻合成一個整體。中古回教的科學研究者由於自身的努力和貢獻而大大地豐富了他們傳遞給現代世界的遺產。整體上來說，希臘科學是比較理論性了一點，而中東中古的科學則實際得多。中古中東的實驗和觀察，把醫學、化學、天文學和農藝學方面的古典遺產明晰化並加以補益。數學是個好例子，可用來清楚說明這些補益過程。所謂的「阿拉伯數字」這種應用「零的記號」的位置記數法，係來自印度，可是，應用這個計數法作為新算術起點的是中東人士，時間至遲在第九世

---

8 譯按：名稱來自阿拉伯語 sabr，在古蘭經中被列為一神信仰者。

紀。回教的幾何學是在希臘人的基礎上建立的，也受到印度學說的影響，但是算學家們加入了許多新的、有原創性的東西，在勘察測量、建造工程和武器製造方面體用兼備。三角學大體上是中古中東新創的，而代數學則完全是中古東新創的。著名的發明家有代數學大師烏默爾・黑亞姆（'Umar Khayyam/Omar Khayyam, d. 1131），他在東方以其算學著作聞名，在西方則以其四行詩（quatrain）聞名——那是他在有空的時候即興創作的。這些科學家中，有很大的比例是基督教徒和猶太教徒，醫師尤其是如此。這些基督教徒和猶太教徒大多是本地人，也有些是為了逃避在歐洲的迫害而來到中東的難民。他們和回教徒同行共同組成了這個單一的學術社群，其著作也是中東地區共同的中古回教文明的一部分。這些偉大的回教作家中，有些人的作品譯成了拉丁文，歐洲人據之研讀，於是這些偉大的回教作家對於現代科學的發展便做出重大的貢獻。舉例來說，雷（Rayy）地人穆罕默德（Muḥammad ibn Zakariyā al-Rāzī, d. 920）可以說是最偉大的世界中古醫師，他寫了一本關於天花的名著（雷地在今德黑蘭附近，他在歐洲被稱為芮吉茲〔Rhazes〕）。傑出的布哈拉人伊本・西納（Ibn Sīnā），編成了《醫藥大典》（*Canon*）一書。這部書是大套的醫藥百科，在十三世紀之時被克雷莫納地方的傑拉德（Gerard of Cremona）翻譯成拉丁文——伊本・西納在歐洲被稱為阿維森納（Avicenna）。此書在翻譯之後，主導了歐洲往後數百年的醫學研究。

中東醫事學科對於西方醫事學科的貢獻，除了科學方面之外，還有實際的貢獻。蒙塔古夫人瑪麗（Lady Mary Wortley Montagu）於一七一七年在愛第尼（Edirne，即亞得里亞堡）寫信回國，描述了土耳其人用來施行天花免疫的方法：

> 給病人的良心建議：我現在要告訴你們一件事情，我很肯定你們聽了會很希望身在此方。在我國那普遍流行的奪命天花，在這兒完全無害，因為他們發明了「植入」手術（這是他們所稱的術語）。有一群老太太，以進行這項手術為業。每到秋天九月的時候暑熱退去，人們便奔走相告，看誰的家人需要種痘。他們為了種痘而舉行聚會。當他們聚在一起的時候（通常是十五到十六個一起），老太太就帶著一個裝滿最好的小痘種的小容器來了。老太太問他們喜歡開哪條血管，便用一口大針立刻劃開了你指給她看的血管（不痛，不過像一般抓傷一樣），然後用針頭挑起一點點毒液放入血管。完成後用一個中空的蓋子覆蓋那小傷口，如此這般，開了四條或五條血管……然後，他們就開始發燒，臥床休息兩天，很少要睡到三天……他們在八天之內就完全康復到發病之前的狀況……每年都有數千人進行這項手術，法國大使滿心喜悅地說道，這些人在這裡處理天花，就像他們在其他國家處理羊水般易如反掌。[9]

---

[9] *The Complete Letters of Lady Mary Wortley Montagu*, ed. Robert Halsband (Oxford, 1965), vol. 1, pp. 338-9.

就在次年，瑪麗夫人讓自己的小兒子接受預防，她對這個程序印象十足。這種疫苗接種的辦法隨後引介入英格蘭，日後又介紹到西方世界的其他國家去。

有兩個新事物大大地幫助了文學和學術的進展，更普遍地說還有教育的進展。這兩個新事物，都是從遠東來的。紙是中國的發明，傳統上認為是在公元七五一年以後引進中東的，那時阿拉伯人和中國軍隊在中亞有個小衝突，戰役中俘虜了一些中國的造紙匠。這些造紙匠把他們的手藝引進回教世界，用紙、然後是造紙遂迅速向西傳遍中東和北非，在第十世紀之初傳到了西班牙。那些使用效率不彰的書寫材料如莎草紙、羊皮紙，於是被紙張取代了，這在幾個方面影響到中東社會。一方面，紙張使得書本可以便宜地、快速地生產，對於學術研究以及教育事業都有好處。而在另一方面，紙張鼓勵、便利了公務和商業的文書業務增生。一部阿拉伯的編年紀記載，哈里發哈倫·拉施德下令諸官署應使用紙張，因為寫在紙張上的文字若有塗改或是擦掉都不可能全無痕跡。

另一項遠東的發明是印刷術。中東的回教社會對於這項新事物就排拒得多了。鄂圖曼國並非沒看到十五世紀時歐洲發明或是中興了活字印刷，然而素檀巴耶系德二世卻在一四八五年下詔，不得進行印刷業務。這種書籍製作的新技術，數年後才又由來自西班牙的猶太難民傳入。到了十六世紀早期，這些猶太難民在伊斯坦堡和薩羅尼加（Salonika）[10]設立了印刷所，接下來幾年又在好幾個其他的土耳其城鎮設立印刷所。他們之所以得到設立印刷所的許可，是有條件的：他們不可以印刷土耳其文的刊物，也不能用阿拉伯字母印刷——這可能是因為他們認為印刷會褻瀆了回教徒的經文甚至於回教徒的語文。文書和書法家是強大的既得利益者，他們也可能在這個禁令背後做了一番手腳。因此，猶太印刷所的業務限制在印行希伯來文的書籍，以及少數歐洲語文的書籍。一五六七年伊斯坦堡成立了一間亞美尼亞印刷所，負責人是阿格巴・提比爾（Agbar Tibir of Tokat），他曾經在威尼斯研讀活字印刷。麥塔薩斯（Nicodemus Metaxas）在一六二七年設立了一所希臘印刷所。這位仁兄是卡發隆尼亞（Caphalonia）人、牛津大學巴利奧學院（Balliol College）學士，其印刷機和印刷活字都是從英格蘭進口的。這些亞美尼亞和希臘的印刷業者，也都要遵守和猶太人一樣的禁約。

十六世紀初期設計出阿拉伯文的活字，阿拉伯文的印刷所也成立了，不過地點是在義大利。這所印刷所的出品，主要包括了以阿拉伯語印行的聖經、祈禱書和其他的宗教書籍，這些書是給東方世界使用阿拉伯語的基督教徒用的。現存最早的阿拉伯文印刷書籍，是一本基督教的祈禱書（horologium breve），這是一五一四年在教皇國法諾地方（Fano）印行。歐洲也刊行了一些不屬

---

10 譯按：位於希臘。

於宗教、甚至於不是基督教的文字，其中最有名的當屬伊本．西納的醫學大全、一些地理著作，以及一部阿拉伯文文法——在巴黎刊行，時約一五三八年。隨著東方學研究的興起，在歐洲付梓的古典阿拉伯著作也日漸增多。後者有一些進入了中東國家的私人藏書樓中。

可是，要到十八世紀早期，中東地區才得到官方許可以阿拉伯字母來印刷，創議的是一位叫做賽伊額芬迪（Said Efendi）的年輕人。他於一七二一年隨父親前往巴黎，因為他父親是鄂圖曼帝國駐法大使。賽伊額芬迪似乎是在那裡對印刷術產生興趣，也相信印刷的好處。他回到土耳其以後便設法取得大宰相的支持，在首都設立一所土耳其文的印刷所。在推動成立印刷所一事上，他雖然是受到了來自保守力量和專業人士的一些反對，可是他還是成功了。他最主要的合作夥伴，是一位名叫易卜來欣．默特法里卡（Ibrahim Müteferrika）的先生，後者創設了世界第一所土耳其文印刷所，並擔任董事。易卜來欣在匈牙利出生，可能是一位東儀公教徒（Unitarian），他改宗回教，奉職於鄂圖曼王朝，與賽伊額芬迪合夥草擬了一份文件談論印刷的好處，上呈大宰相。支持又來自一個意想不到的方面。首都的大穆夫提，也就是鄂圖曼帝國的回教宗教體制的領袖，聽從勸告發出了一道「斐特瓦」，准許用阿拉伯字母來印行宗教以外課題的土耳其語書籍，可是印行古蘭經以及關於古蘭經註、聖傳、神學和聖律諸書仍然不在此列。最後，在一七二七年七月五日，宮中下詔（ferman）准許在「崇高上帝所看顧的君士坦丁堡」設立一所土耳其文印刷所，刊行土耳其語書籍。一開始時，印刷機和活字是從已經在該城執業的猶太教和基督教業者那裡拿來，操作的也是猶太教的鑄字人和排字工。後來，印刷機和活字改從歐洲進口，尤其是來自巴黎和尼德蘭的萊登（Leiden），這兩個地方原來都有阿拉伯文的印刷所。它們刊行的頭一部書，是一本上下兩冊的辭典，那是在一七二九年刊行的。上冊的卷首是編者的引言，接下來是准許設立本印刷所的王室詔令全文，大穆夫提宣示印刷事業是合法的「斐特瓦」，以及帝國兩位大法官和其他顯貴同意的許可證書。在這些文字之後，接著的是一篇談論印刷好處的論文。

這個印刷所在一七四五年易卜來欣．默特法里卡去世之時，總共已經印製了十七部書，包括有文法、軍事、地理、數學以及歷史著作。所刷的種數很少，印量也不多——頭兩部書各印了一千套，第三部印了一千兩百套，剩下的各印了五百套。然而，它們卻標誌著回教世界的學術生活，開始了一個新的時代。

中東地區的回教文明在高峰時代，是傲視群倫地氣派——在許多方面，它都是人類文明發展到當時的最高點。當時也有其他先進而且多姿多采的文明，譬如中國文明、印度文明，也可以算上歐洲文明。這些文明在某些個別的層面或領域可能超前了回教文明，可是，這些文明在本質上都是地方性的，充其量也只是地區性的文明。回教並不是第一個其發言人宣稱託付給他們的真理為普世而獨特的宗教，他們並認為自己是上帝最後啟示的唯一監護人，他們有義務把這個最後的啟示帶給普世大眾。但是，回教徒卻是頭一個為完成這個目標而做出巨大進步的群體，他們締造出一個宗教文明，它超出了單一種族、或是單一地區、單一文化的界限。中古盛期的回教世界是國際化的、種族多元的、民族多樣的，甚至可以洲際連結的。

用已故的戈以庭（S. D. Goitein）恰到好處的說法來說，回教世界是個「居於中間的文明」（the intermediate civilization）——在時間和空間上，都是處於中間。回教文明的四方疆界各在南歐、在中非、在南亞東南亞和東亞，於是回教文明便兼納了這所有文明的元素。回教文明在時間上也是處於中間的，它處於古代和現代之間，和歐洲共享希臘化和「猶太—基督教」的文化遺產，又加入了遠地和遠方文明的元素，使之更為豐富。相較於從上古延續到現代的希臘化文明，回教文明走的是另一條路子，我們可以說在向現代的普世文明邁進一事上，提供了更大展望的並非是希臘人或拉丁式的基督教世界文明，反倒是阿拉伯人的回教文明。

然而，當中東地區的回教文明失去創造性、精力和能量時，精益求精、不斷增強的，是基督教歐洲那萎靡、地方性和單調乏味的文化。回教文明接下來的發展充斥的是在損失中的日漸醒覺、尋求其衰弱的原因，以及熱切想望欲恢復其昔日之榮光。

第五部——現代的挑戰

第十四章 挑戰

以西力東漸來界定中東現代史的開端，曾經在一段時間內相沿成習——這和界定世界其他地區的現代史開端一樣。再精確一點來說，是用歐洲帝國主義的影響來界定其開始，指的是西方勢力的來到、擴散及所引發的轉化過程。西力東漸開始的日期，有許多個說法。對於某些人來說，這影響是從法國遠征軍於一七九八年到達埃及時開始的；對於其他人來說，這影響是從俄羅斯戰勝土耳其、後者簽下喪權辱國的凱納甲湖條約（Küçük Kaynarca）時開始的；對於另一些人來說，這影響則是從一六八三年土耳其人在維也納城外功敗垂成時開始的。

回教徒的文明在這個文明本身的認知中，是由宗教來界定的。他們稱開化的世界為「伊斯蘭之舍」（Dār al-Islām），指行回教法律以及由回教徒政府統治的所有土地。在這個「伊斯蘭之舍」的外緣，環繞的是「戰爭之舍」（Dār al-Ḥarb），那裡住的是還沒有接受回教信仰或是臣屬於回教徒統治的異教徒。不過，反映在史學著作和地理作品中的是，回教徒世界對於回教邊界以外的地區的看法，有著明顯的差別：回教世界的東方和南方有著多種民族，有些是開化的，別人可以從這些民族那裡學到不少有用的東西；而有些民族則是粗野的。可是就信仰而言，那兒並沒有一個勢力相當的競爭者和回教爭長，就世界強權方面，也沒有個勢力相當的對手和回教的哈里發國對立。這些林林總總的異教徒，無論是開化的還是粗野的，都被看作可以教化的，有潛力成為回教世界的一分子——而這也的確是大多數這些人的命運。

在東方並沒有威脅。中國和印度的大型文明從來沒有大大地招惹到回教世界，遑論威脅。那一場東方異教徒——也就是蒙古人——的大舉入侵——雖然有著無遠弗屆的影響，可是到頭來由於征服者本身的皈信與同化，也融入了回教世界，成為回教世界的一部分，還是一個很重要的部分。

在西方的情況差異甚大。這個西方要說得比較精確一點，是回教世界的西北邊疆，位於歐洲基督教世界的土地上，包括了希臘式的和拉丁式的基督教世界。回教徒在這裡碰上一位對手，那是一個世界性的宗教，有著和回教徒相似的使命感，信仰那個宗教的人，也相信自己保有上帝的最後啟示，而他們有責任把這個啟示帶給全人類。這個信仰在基督教世界就像回教在回教世界一樣，創建了強大的王國，後來更締造了大帝國，於是得到政治和軍事方面的支持。他們運用戰爭的方式以及其他的方法來推行其主張，久而久之基督教徒便成了最突出的異教徒，而信仰基督教的歐洲則成為「戰爭之舍」的原型。回教徒滿尊重拜占庭人，他們把拜占庭人當作是希臘古文明和基督教羅馬的繼承者。回教徒尊重他們，可是並不懼怕他們，在回教和拜占庭長期的相互關係中，故事的主軸是拜占庭不斷後撤，最後在一四五三年土耳其人攻下君士坦丁堡後劇終。在早先的幾百年，回教徒並不懼怕或是尊重北歐和西歐的粗野異教徒，在他們眼裡，這些人是笨拙的原始人，沒造成威脅也不能引人注意，除了用來充作奴隸，並沒有別的用處。這個想法由於西方的基督教徒反攻而開始轉變——基督教軍隊收復了南義大利和伊比利半島，並且以十字軍的姿態回到地中海東岸，嘗試重據基督教世界的各個聖地，此舉最終仍是沒有成功。

兩個世界體系的長期相峙，回教徒在頭一千年左右占了上風。沒錯，他們是有失利的時候，十字軍來到地中海東岸時，回教徒有個暫時性的挫敗，而在丟掉西班牙、葡萄牙、西西里這件事上，又受到較為永久性的挫敗。可是，當土耳其人推進入東南歐，並且在基督教徒的土地上建立了一個新的回教徒勢力時，這些都補回來了。土耳其人還一度威脅到歐洲的心臟地帶。

在十字軍運動以前，就可以看到歐洲世界和回教世界之間的社會連結和文化連結，而十字軍運動開始之後，這些連結益發廣泛而眾多。回教文明對於歐洲的貢獻甚為巨大，這包括了回教文明本身創造的事物，以及此文明從東地中海的古文明及亞洲的遠地文化轉借而來的事物——後者對這些轉借事物，已加以重編調適。希臘的科學和哲學由回教徒保留下來並且精益求精，在歐洲卻被遺忘了；印度的數目字和中國的紙張、柑橘和檸檬、棉花和蔗糖、一整系列的其他植物及其培植法，這些都是中古歐洲從地中海回教世界那個先進得多並且高級精緻的文明那裡，學來或得來的眾多事物裡的少數幾項。

歐洲對於回教世界，也有少數的貢獻。長期以來，這些貢獻主要是物質方面和技術方面。中古歐洲的藝術文學和科學哲理，能讓回教徒感興趣的並不多，對於那些來自他們認為已被取代的宗教和原始社會的觀念，回教徒多半也預持了排拒的態度。不過歐洲人手巧，做出了許多回教徒發覺好用而採用的東西。中東地區在十五世紀的時候就有了用來量度時間的鐘錶，用來加強視力的眼鏡片和望遠鏡，這些事物可能在更早的時候就已經來到這裡了。甚至還有一些糧食作物也是從歐洲引進的，舉例來說，阿拉伯文和土耳其文至今仍然用義大利文的稱法來稱呼豌豆。發現美洲，以及玉米、馬鈴薯、番茄和菸草陸續引進回教土地之後，先是從西方世界進口、然後是移種引入的食物與其他植物的項目急速增加，其中菸草最是影響重大。反向輸出亦有，但是數量相對為少。可是，西方世界對於回教世界的生——和死——作用最大的，顯然是在武器研製方面。早在十字軍的時代，人們就已經用法蘭克的戰俘來建造防禦工事，他們的技術也傳給了他們的主子。薩拉丁在給哈里發的信中，說明了他容許歐洲商人在他從十字軍手中收復的海港繼續往來是合宜的。他的解釋是，這些人有用，因為「他們沒有一個不帶戰爭武器前來出售，這不利於他們，而有利於吾等」。[1]那個作法在十字軍運動、鄂圖曼人推進與後撤期間都沒有間斷，並且延續到現代。

無論是歐洲政府或是教會方面，不時有些人士譴責這種軍火交易，並且想要終止之。政府指責他國政府容忍甚至於鼓勵這種交易，教會則是直截了當地表示漢賊不兩立。例如十六世紀和十七世紀時的教廷詔書寫著：「把所有將馬匹、武器、鐵、鐵絲、錫、銅、銅鋅合金、硫磺、硝石，以及所有其他可以用來製火砲的，以及可以用來製防禦器械、兵器和機動裝置之事物，帶給撒拉森人、土耳其人和其他與基督教敵對的人，而使他們能用這些東西反過頭來對付基督教徒的，皆開除教籍並且革出教門……還有把繩纜、木材和其他航海用品，以及其他在禁止之列的器物帶去者，亦一併處理。」[2]這個貿易以及想要阻止它的努力，都不斷在進行。

顯然，最重要的西方武器裝置進口物自然是火器：攻城用的加農砲、野戰砲，和各式各樣的火銃。一開始，人們對於使用這些不合武德的異教徒武器是有些抗拒。不過鄂圖曼人大規模地接

1 Abū Shāma, *Al-Rawḍatayn fī Akhbār al-Dawlatayn*, ed. M. Ḥilmi Aḥmad and M. Muṣṭafā Ziyāda (Cairo, 1926), 1/ii, pp. 621-2.
2 Cited in B. Lewis, *The Muslim Discovery of Europe*, p. 193.

受了這些武器，也因為如此而取得龐大的優勢，與其他回教強權競爭中東地區的領導權。

回教和基督教這兩個世界之權力關係的轉捩點，就像其他的歷史轉捩點一樣，很難確切地做出時間定位。就像這類轉變經常發生的狀況那樣，新秩序的開始是在驚天動地的大事使這個變化明朗化之前就看得到端倪。同樣地，舊秩序的絕大部分在它於表面上被廢止之後，仍然長期運作。所有這些的「轉捩點」，都在不同程度上是武斷的和人工的，「轉捩點」是個歷史研究者的工具，而不是件歷史事實。不過，這些工具是很有用的，確實是歷史討論的必要輔助事物。在眾多標誌著歐洲與回教世界關係轉變的重大事項中，發生於十七世紀末期的那些事件，或許能提供最佳的說明基礎。

一六八三年九月十二日，駐紮在維也納城外的土耳其軍隊在圍城六十天之後開始撤軍。這次是他們第二次想要攻下維也納，也是他們第二次的失敗。在這兩次攻城之間，有個極大的不同。一五二九年蘇里曼大帝的軍隊首次來到維也納城下，這標誌著征服浪潮的頂峰——這道征服浪潮在過往幾個世紀中已經吞噬了整個東南歐，眼下又威脅著基督教世界的心臟地帶。蘇里曼沒能打下這座帝都，不過這場失利也絕對不是最後一戰或是大勢已去。土耳其人撤軍井然有序，並非兵敗如山倒；這場圍城開啟了往後一百五十年的拉鋸戰，哈布斯堡和鄂圖曼這兩個帝國在這段期間之內為了控制匈牙利而交戰，最後又為了控制中歐而戰。至於第二場圍城以及第二次撤軍，則是另當別論。這一回土耳其人的失利乃明白而不容爭議。土耳其軍隊自維也納撤出後，接著是在戰場上被打得潰不成形，又丟掉了許多城市和省分，最後則是鄂圖曼軍隊全體覆沒。

一六九九年一月二十六日簽下的卡洛維茨和約（Treaty of Carlowitz），不只是在鄂圖曼帝國和哈布斯堡帝國的關係上標誌著一個新的階段，它更深遠的意義，是標誌著基督教世界和回教世界關係的新階段。這個關係的轉換，可以在條約的內容和商談這個條約的過程中看到。對鄂圖曼王朝來說，這是個嶄新的外交。在鄂圖曼人推進到歐洲的早期階段，並沒有嚴格意義上的條約，協商也很少見；所謂條約，只是戰勝者把條款口授給戰敗者而已。一六〇六年在希特瓦托洛克（Sitvatorok），鄂圖曼人第一次和敵人以對等的身分進行協商。而在卡洛維茨簽的和約，轉變更是劇烈，因為這次鄂圖曼人被迫簽下一項戰後和約，而在此役中，他們毫無疑問地戰敗了，而和約的條款，基本上也是由戰勝的敵軍決定的。為了緩和這場敗仗的結果，他們採用了新的策略，尋求西歐國家的幫助，特別是英格蘭和荷蘭，來為他們從中緩頰，並且平衡抵銷其附近鄰邦的勢力。這個建立在新的軍事關係基礎上的新外交，為接下來的幾個世紀訂下了模式。在維也納碰到的挫敗在卡洛維茨寫成定局，自此以後，回教徒在基督教徒的勢力跟前，有很長一段時間威風不再。

鄂圖曼人對於發生之事了然於心。用當時的土耳其編年史家的話來說：「這次是一敗塗地，自鄂圖曼國開國以來，從未遭到如此慘敗。」[3] 值得注意的是，鄂圖曼在慘敗之後，幾乎是馬上就開始檢討其原因。從回教光輝時代的早期開始，談論國家和世界出了哪些問題，就一直是回教徒的宗教、文學，甚至於政治文學中常見的話題，而如今這個討論首度用上了「我們」和「他們」這兩個詞——何以那些先前總是被回教常勝軍打敗的可憐兮兮的異教徒，現在贏了天下？回教的軍隊，又為什麼會在他們手裡落敗呢？這場辯論在十八世紀之初，就在鄂圖曼的政府公報上展開，不過有相當長的一段時間，只在鄂圖曼官員、胥吏和學人的小圈子裡面討論；廣大百姓，尤其是帝國內地省分的百姓，仍舊歡天喜地的過日子，不知世態已經轉變。不過，這類討論還是逐漸從上流社會傳布到普羅民眾，從土耳其人傳布到回教世界的其他部分——土耳其人一直是回教世界對抗基督教世界的長槍盾牌。這項對於情勢改變的警覺，一方面是由於歐洲武力的穩步推進——先是俄國人，接下來是西歐人——而加強，因為歐洲人在眾多回教地方建立了主導地位而加強；再來則是由於商業貿易上的巨大改變，後者對於回教地方造成莫大的傷害。西方世界的產品好用，西方人的殖民附屬地又生產廉價的產品，於是價廉物美的織品與其他商品充斥中東各地的市場。後來甚至連原先是中東出口到西方世界的主要產品，如咖啡、蔗糖和棉花，也在西方國家的殖民地生產，再由西方的商人出口到中東去。

在伊朗地方，薩非王朝雖然在十六世紀初栽在鄂圖曼人手裡，仍然當政了兩百多年。在這個時期，我們看到了幾項重要的變化——薩非王朝立什葉派思想為伊朗人的主流宗教，伊朗人也普遍接受了什葉派思想，最後什葉派成了大多數伊朗人的宗教；歐洲的商貿活動擴展到伊朗，於是歐洲的商業和政治對立也隨之帶到了伊朗；薩非王朝仍與鄂圖曼王朝延續政治、軍事、宗教方面的爭鬥；與此同時，回教國家又與遠東地區的中亞和印度，發展出一個新的關係體制。薩非時期的藝術成就超卓，尤其是建築、繪畫和工藝美術。可是，薩非王朝的國家與社會在這個擺出來的表象之下，卻各方面都急遽地衰落。到了十八世紀早期，阿富汗從東邊、鄂圖曼人從西邊、俄羅斯人從北邊入侵伊朗，已呈不可挽回之勢。

北方兩大基督教勢力所造成的新威脅愈來愈大，有甚於中東回教勢力敵對的危機。這裡指的是奧國和俄國。數戰之下，兩國自鄂圖曼王朝和伊朗那裡占到了不少土地以及其他的好處。奧國人原先關心的是規復早先被土耳其人占走的奧地利和匈牙利土地，然後再多占土耳其人一些便宜。由於奧國人小心而謹慎地滲入巴爾幹半島，所以得到航行多瑙河的重大利權，可以一直通航到河口。奧國人也是第一個進入摩拉瓦河（Morava）流域的，這是通往伊斯坦堡的小徑。

更為重要的是莫斯科勢力的南進。俄羅斯帝國的南向擴張，在十八世紀邁入一個新的階段。

---

[3] *Silihdar Tarihi* (Istanbul, 1928), vol. II, p. 87.

最先，情勢發展得不是很順利。俄羅斯軍隊在一七一〇年越過了普魯特河（Prut），與鄂圖曼帝國接壤，可是後來被迫後撤，放棄所征服的地方。一七二三年，俄羅斯人乘伊朗內亂再度進軍，推進到高加索地區，占領德本（Derbent）和巴庫（Baku）兩城。這一次，俄國人和鄂圖曼人的動作若合符節，因為鄂圖曼人想要防止俄國人出現在土耳其東疆和北疆，而且想在伊朗國確實要崩潰時分上一杯羹。不過兩國的成功與占領，卻是曇花一現。納迭爾汗（Nāder Khan）這位傑出的軍事領袖，使伊朗國開始振衰起敝。納迭爾在伊朗主政者於一七三六年去世時成為新沙王，在東方和西方都大勝了幾場，把阿富汗人、鄂圖曼人和俄羅斯人從伊朗國趕出去，甚至入侵他國、征服新地。

雖然鄂圖曼軍和伊朗軍隊都有所斬獲，回教國家及歐洲對手間的勢力均衡卻在無情地轉變著。到了十八世紀的後半期，局勢對雙方都已明朗化。一七六八年，俄國對鄂圖曼帝國展開新一波的攻勢，這一次是傾力而為、勢不可當。俄軍所向披靡，俄國海軍小隊繞航歐洲，來到地中海，甚至威脅到安那托力亞和敘利亞沿岸。

這次攻勢下簽訂的凱納甲湖條約（一七七四），記錄了鄂圖曼人顏面掃地，在廣泛的意義上又標誌著歐洲和中東關係的轉折點。俄國女皇凱薩琳二世（Catherine II）正確地描述此約為一項「俄國前所未有的」成功。

俄國在這個條約中得到的好處，可以歸為三個大類：領土獲得、貿易利權和勢力擴張。割讓給俄國的領土雖然面積不大，但是都是主要的戰略要地。俄國人在十八世紀初兼併位於塔干洛灣（Gulf of Taganrog）灣口的亞速夫（Azov）之後，就在黑海北岸得到了一個落腳點——黑海在此之前完全是在突厥系回教徒的掌握之中。凱納甲湖條約為俄國增加了兩個據點：一是克里米亞半島東端的克曲港（Kertch）和葉尼卡港（Yenikale），這兩個港口位於塔干洛灣和黑海的交接處；另一個是位於聶斯特河（Dniester）河口的欽奔堡（Kinburn）。與此同時，克里米亞半島也宣布獨立。此地幾百年來一直是一個韃靼汗國（Tatar Khanate）的居留地，原來奉鄂圖曼素檀為宗王。於是，韃靼汗王以及他在黑海北岸、克里米亞以東以西各地的屬國，都脫離了鄂圖曼帝國的控制或影響。這為俄國進一步的擴張廓清了道路，這次擴張中最重要的是一七八三年兼併克里米亞半島。

此舉帶來了極大的改變。土耳其人在早先對奧地利的戰事中，被迫退出本國幾個歐洲省分。不過，這些地區絕大多數是新近征服而來，居民主要是基督教徒；但克里米亞半島卻另當別論。克里米亞半島上的居民是講突厥語的回教徒，通常被稱做韃靼，雖然這是不正確的。這些韃靼人在十三世紀蒙古征服的時候，或是稍早時期，就住在克里米亞半島上了。俄國兼併克里米亞半島，是回教徒固有的土地人民頭一遭被基督教徒的征服者占走，這對於回教徒的尊嚴是個迎頭痛擊。這個恥辱在一定程度上，用一個保全面子的說法緩和了。按照這個說法，克里米亞的韃靼人並沒有轉到俄國的控制之下，他們只是獨立了，鄂圖曼的素檀雖然不再是韃靼人的宗主，他仍然因為身為哈里發或是回教世界的領袖而對韃靼人保有宗教上的權威。然而韃靼人獨立與鄂圖曼人行使宗教裁判權，皆為時甚短。

俄國從凱納甲湖條約得到的第二個好處，是在貿易方面。俄國得在黑海及經由海峽[4]進入地中海自由通航和自由經商，亦能使用鄂圖曼帝國歐亞大陸各省的海港，並在諸省進行陸上貿易。這也是十九世紀時歐洲列強向鄂圖曼帝國進行商業滲透所邁出的一大步。

俄國得到的第三個大好處，是俄國在鄂圖曼國內取得勢力和影響力。有著立竿見影的重大意義的，是承認俄國在多瑙河上的摩達維亞（Moldavia）和瓦拉齊亞（Wallachia）公國——即今羅馬尼亞（Romania）——有著特殊的地位。這些公國雖然在原則上仍受鄂圖曼王朝羈縻，現在則得到許可，有更大幅度的內政自主——俄國在此的影響力也默允加強。俄國也得到在鄂圖曼國諸城任意設立領事館的權利，這個特權，西方列強長期以來苦求不得。俄國又取得了在伊斯坦堡建立一座俄國教堂以及「凡為新教堂利便之事，可提出抗辯」（第七條）的權利，這是一個看起來較小的讓步。

若說鄂圖曼政權作為哈里發向韃靼人行使的宗教威權起不了作用的話，他們相對對俄國女皇所做出的讓步則是正好相反。雖然條約的文字限制在首都只能建一所俄國教堂，可是這個抗辯的權利經過小心謹慎的扭曲闡釋後，便擴大成可代表鄂圖曼素檀治下所有東正教臣民出面干預的權利。

一七八三年俄國兼併克里米亞半島，開展了俄國領土擴張的新階段。俄國人從克里米亞迅速地同時向兩個方向推進：一是順著黑海的北岸沿途降服先前由突厥人、韃靼人以及其他回教民族所統治和居住的土地，並且殖民該地；向東方則在一七八五年於高加索地區建省，因此加強了他們對於該地諸族以及這些民族的領袖人物的統治。此舉導致俄國與土耳其開戰。土耳其人在一七九二年戰爭結束之時，被迫承認俄國兼併了韃靼汗國，並且接受兩大帝國以切爾卡斯地區的庫班河（Kuban）為界。一七九五年，俄國人在先前的韃靼汗國境內，建立了奧德薩（Odessa）港城；而後再度與土耳其人交戰，於一八一二年兼併了鄂圖曼王朝的比薩拉比亞省（Bessarabia），此地現今叫做摩達瓦（Moldava），終結了回教徒這幾個世紀以來對黑海的主導權，如今可從鄂圖曼帝國的東西兩端，同時威脅其邊疆。

俄國人對伊朗也構成威脅。一七九四年伊朗地方有個新王朝崛起，即卡札爾王朝（Qājār）。[5]

---

4 譯按：指博斯普魯斯海峽和達達尼爾海峽。

5 譯按：Qājār是一個突厥部族的名稱，來自土庫曼地方。波斯人稱「突厥人」為「土庫曼」，在中國史書中譯為「突厥蠻」。這裡用的是現代約定俗成的譯法。

卡札爾王朝在國內重建了一定的統一和威權之後，便試著要收復被俄國人占去的高加索領土，但是並沒有成功。波斯人[6]的入侵使得信奉基督教的古喬治亞王國居民向俄國尋求保護，以對抗回教徒的征服行動。俄國沙皇的回應是在一八〇一年一月宣布把喬治亞地區併入俄羅斯帝國。接下來在一八〇二年，俄國把達吉斯坦（Daghistan）——指的是喬治亞與黑海之間的土地——重組成一個受俄國保護的本地領袖聯邦。最後，俄國人在一八〇四年歸併了畸零地伊美里西亞（Imeretia），那是另一個喬治亞地區的小國。

如今道路廓清，俄國可以進攻伊朗本土了。一八〇四到一八一三年及一八二六到一八二八年的兩次俄伊戰爭，造成俄國人取得後來組成亞美尼亞與亞塞拜然蘇維埃共和國的地區。俄國人部分是從當地的主政者那裡、部分是從伊朗國那裡，取得這些地區。

俄國與伊朗在一八二八年簽下和約後的一個月，向土耳其宣戰。這是以支持希臘人的名義發動的，希臘人在一八二一年便展開了本族的獨立戰爭。俄軍在一八二九年九月已經來到愛第尼，距離土耳其的首都只有兩三天的行軍路程。因此，他們得以簽下一項內容對俄國人相當有利的和約。俄國人除了在兩大帝國之間的巴爾幹地區和高加索地區得到了新領土，還將勢力範圍延伸到多瑙河諸公國的內政，並且再度肯定俄人的商業和貨運權利。

當俄國人繼續南向進入中東之際，另一個來自西方的威脅方興未艾。歐洲從十五世紀下半葉開始就朝其兩端擴張，從俄羅斯方向進行陸地擴張，從西歐方向進行海洋擴張。無論是在東端或是西端，對付回教的進軍已經以規復失土與再度征服的方式展開——對俄國來說是從韃靼人那裡規復失土與再度征服，在西班牙和葡萄牙來說則是從摩爾人（Moors）[7]那裡規復失土與再度征服。再度征服的行動激起了反制性攻擊，因此把戰場帶到敵人的領土之內。俄國人向南向東推進，深入亞洲內陸；而西班牙人和葡萄牙人在從回教阿拉伯人以及摩爾人的手中收復伊比利半島之後，進一步追擊這些先前的統治者至非洲，然後深入內陸。

對於許多人來說，地理大發現的偉大繞航是一場宗教上的競爭，是十字軍運動的延續，是對付同一個回教敵人的再征服行動的延續。當葡萄牙人來到亞洲水域之時，主要的對頭是土耳其、埃及、伊朗和印度的回教徒主君，他們試著要阻止葡萄牙人但是沒有成功。在葡萄牙人之後，其他的西歐海權國家人民也來到這裡，這些人有西班牙人、法國人、荷蘭人和英國人。這些人共同在非洲和南亞建立了西歐人的霸權，一直稱霸到二十世紀。

在葡萄牙人最初的衝擊之後，西歐人在南亞的活動主要是商業和海上的，逐漸才轉到建立政

6　譯按：指伊朗人。
7　譯按：伊比利半島上的回教徒。

治的主導地位。還有，即便在當時，這個政治上的主導主要局限於印度、東南亞和東非地區，對於中東只有間接的影響。西方列強在中東地區的利益仍舊以商業為主。可以注意的是，英國駐伊斯坦堡的大使館一直到十九世紀之初，都是由「東地中海公司」（Levant Company）來維持和支付薪水的。「東地中海公司」是一間得到特許的公司，乃是英國人在這個地區貿易的主要機構。

荷蘭和英國在亞洲鞏固勢力，使得中東地區受到西歐人兩面夾擊，經紅海和波斯灣的香料貿易銳減也是因此造成，未必是由於葡萄牙人先前環行非洲成功。在歐洲國家於亞洲和非洲的統治未能直接侵犯中東地區之時，西方人的確對於穿越中東的關鍵路線興趣濃厚。革命戰爭和拿破崙戰事的全球性質，為這些考量帶來新的深刻感。英國人與法國人彼此關注，兩國又都很在意俄國人，這使得西方勢力插手干預中東的心臟地帶。土耳其人不再只是和奧國及俄國打交道，而是得要同時應付四強——英國和法國如今也包括了進來。

於是，法國派出了一支遠征軍來攻打中東地區的心臟地帶，這是在十字軍運動之後的第一次。一七九八年拿破崙指揮的法國軍隊在埃及登陸——這時的埃及是鄂圖曼帝國的一省——沒花多少工夫就占領了埃及。可是，他們想要把法軍占領地從埃及擴展到巴勒斯坦的嘗試卻失敗了，法國人於是在一八〇一年撤出埃及。造成這個結局的不是埃及人也不是埃及的土耳其宗主。爭長的兩造主要是英軍和法軍，而本地因素扮演的角色相較來說並不太重要。法軍占領的時間不長，埃及隨後又重歸回教徒管治。法國人的到達，反映了即使是一個西方強權派出的一支小小的遠征軍，也能輕而易舉地征服和占領中東地區的一個心臟地帶。法國人的離開，又顯示出只有另一個西方強權能把他們趕出去。這次事件是個不祥的雙重教訓。

在十九世紀前半葉的大多數時間裡，西歐諸國在中東地區所關心的主要仍然是商業和外交，尤其是諸國之間彼此敵對的商業和外交關係。由於列強在中東地區的活動在很高的程度上往往是干涉內政，所以他們不久便停止進攻腹地，倒是傾向於蠶食邊疆。一八三〇年——那是俄土簽訂亞得里亞堡條約後一年——法軍入侵阿爾及利亞並兼併該地，接下來，此地又由一個承認鄂圖曼王室為宗主的自治王朝統領。就在這個時候，英國人在阿拉伯地方也建立了勢力，於一八三九年占領可以用作為印度航路中繼煤站的亞丁（Aden）。英國人也在同類的商業和策略考量下，在波斯灣逐步建立其海軍強權。英國和當地主政者簽訂「一八五三年條約」（Treaty of 1853）之後，其波斯灣至尊地位已大致底定。

到了十九世紀的中葉，俄國再度向鄂圖曼帝國施加極大的壓力。在一次十分複雜的外交危機當中，俄國於一八五三年七月入侵多瑙河上諸公國。英國和法國支持土耳其，於是在一八五四年三月成為土耳其的同盟對付俄國。這場戰爭習稱為「克里米亞戰爭」（Crimean War），兩年後戰爭結束，締結巴黎條約（Treaty of Paris）。俄國在巴黎條約中做出一些領土和其他方面的讓步，而列強則同意讓土耳其國加入「歐洲協調」（Concert of Europe），並且著手尊重該國之獨立自主和領土完整。這是土耳其帝國首次與西歐盟友併肩作戰的戰爭，這些盟軍在此役中，有相當多的兵員來到土耳其的領土上。這些土耳其人和西方世界的直接接觸，帶來了巨大的改變。

俄國在中東受挫，於是把注意力轉往中亞，他們在中亞，有些重要的進展。幾百年來，裡海以東到中國邊界的這片地區，分成三個信奉回教的突厥系國家：布哈拉王國（Amirate of Bukhara）、浩罕汗國（Khoqand）和基瓦汗國（Khiva）。這三個國家在連續幾次閃電戰爭之下，全歸於俄國掌控。三國部分的領土被併入俄國，剩餘的國境則由「本土王公」治理，皆受俄國占領和保護。

一八五六年的和約限制了俄國在黑海的行動，一八七〇年當西歐受到普法戰爭牽絆之時，俄國就藉這個機會突破這些限制。這遂展開了俄國向土耳其施壓的新階段，這次施壓在一八七七年四月二十五日宣戰達到最高峰。土耳其人由於各省動亂以及中央政府發生體制危機分散了注意力，所以擋不住俄國軍隊的推進，俄國軍隊一直來到聖斯泰法諾（San Stefano，今名耶西奧村〔Yeşilköy〕），距離首都不過數哩。俄國在此向土耳其素檀提出了內容嚴苛的條約。到了這步田地，只有西方的外交斡旋——主要是英國的斡旋——才能拯救土耳其於萬劫不復，而一八七八年的柏林條約，再度為俄國對土耳其的侵占設下限制。

俄國人於是又一次轉向東方，在一八八一年展開新的推進，這次的推進行動，以正式合併外裡海地區為終結。俄軍在同一個十年中，也平定了裡海到烏滸水之間的地區，並在一八八四年攻下木鹿城，其帝國勢力遂遠達伊朗和阿富汗在中亞方面的邊境。

從東歐發出的推進行動，這一次又是和從西方發出的擴張浪潮平行並進。法國在一八八一年占領了突尼西亞，接下來的是英國人在一八八二年擴張至埃及。就像在俄屬中亞的一樣，這些地方的本土君主政體和政治系統，幾乎是原封不動地保留了下來，可是受制於軍事占領和全面的政治、經濟控制。

英國在中東地區的外交，是基於保存「鄂圖曼帝國的完整和獨立自主」的原則而進行的。這是一道盾牌，以防他國垂涎印度商路，然而攻擊仍是不斷，法國幾次攻入鄂圖曼帝國，俄國也做了較小限度的攻擊。而自一八八〇年以降，早已成為英國主要敵對帝國的德國，也開始對中東地方表示出愈來愈濃厚的興趣。德國在鄂圖曼幾代君主當政期間，得到了不少有利的事物，這看在英國人的眼裡，簡直有如芒刺在背：德國的金融業者和工業家，得到了一些讓步；鄂圖曼的軍隊，由德國的軍官訓練和重組；德國的科學家和考古學家，在鄂圖曼帝國的亞洲領土上進行探究。一八八九年，著名的「巴格達鐵路」開始興築，最終的構想是途經伊斯坦堡、阿勒坡、巴格達和巴斯拉諸城，以聯繫柏林和波斯灣兩地。

英國人認為德國人在北方不懷好意，這個想法是英國決定要繼續占領埃及的主要考量因素之一——英國人占領埃及，最初只不過是暫時性的。類似的關注也使得英國和俄國在一九〇七年達成協議，把伊朗劃分為俄國勢力範圍和英國勢力範圍。這個設計是為了防止德國從鄂圖曼王朝治理之下的伊拉克地區，進一步向東方和南方擴張勢力。

推進行動在一九一一年又展開了一個新階段，這次是俄國軍事侵入伊朗北方的省分。從這個時候開始直到第一次世界大戰爆發，伊朗雖有反抗，但實際上是由俄國掌控的。此際法國勢力也伸入了摩洛哥，在一九一二年建立了一個保護領（protectorate）。法國占領突尼西亞讓義大利人洩氣不已，法國在摩洛哥的進展也讓義大利人有所警覺，於是義大利在一九一一年九月向鄂圖曼帝國宣戰，並且宣布兼併鄂圖曼的黎波里坦尼亞省（Tripolitania）和昔蘭尼加省（Cyrenaica）。[8]這兩個地方，於是都成了義大利的屬地。

回教中東如今陷入了歐洲擴張所形成的鉗形行動當中。這個鉗形包圍是由於歐洲自十六世紀開始在兩端擴張而形成的，鉗子的一腳是俄國，它從北方南下，緊緊鉗住了土耳其和波斯兩國，而西歐方面，他們先是環繞過非洲，然後是渡過地中海，深達阿拉伯世界的內部。

---

8 譯按：兩省皆在利比亞。

第十五章 改 變

歐洲人在中東地區的經濟和政治影響力，也在同一時期取得巨幅成長。這就和政治和軍事層面的勢力坐大一樣，主要是由於力量日漸懸殊所造成的。相對於歐洲來說——無論是東歐或是西歐——中東在十九世紀的時候比起其十六世紀的輝煌時代已經是國勢頹唐。有些跡象——雖然並不能十分肯定——顯示，中東經濟力量的走向下坡，不僅是相對的，也是絕對的。

這項改變是由幾項因素相互作用而成。在對歐事務方面，中東地區受到軍備和戰爭日益複雜以及因此增加的軍費影響。中東的境內經濟，受到十六世紀和十七世紀大型通貨膨脹以及此後物價飛漲的負面影響。而中東的境外貿易，則吃到越洋貿易發展的惡果，橫越大西洋、橫跨南非、再進入南亞水域的貿易造成轉口貿易大多轉向，中東地區的相對重要性也下跌了。這種情勢下的另一個因子，是鄂圖曼帝國與其東面諸國的貿易平衡一直不利於前者，於是黃金和白銀慢慢地東向流入伊朗和印度。這些歷程也由於中東內部的農業、工業和運輸缺乏技術進步而加速進行。

當時還有其他的變化。其中一個是土地持有制度的轉變。由於政府需要現金來支付水漲船高的行政費用和戰爭費用，於是放棄了傳統的軍事封地制度，改採撲買法，這對地方和中央都有不利的影響。另一個改變是人口數急速下降，特別是在村莊裡，而尤其是在十八世紀的時候。從我們所能得到的資料來看，土耳其、敘利亞和埃及的人口數在一八〇〇年時，恐怕都比一六〇〇年時來得低。

物價大幅波動似乎是在十六世紀下半葉開始的。這是一個更廣泛的歷史進程在中東的倒影，而這個歷史進程有一部分是由於美洲金銀流入的混亂影響所造成的。這些貴重金屬在鄂圖曼帝國內的購買力要比在西方世界高，可是比起在伊朗和印度，則又來得低。鄂圖曼地方和歐洲地區對波斯貨物尤其是波斯絲品的需求非常大，可是，波斯對於鄂圖曼在任一產品，都沒有等量的持續性需求。穀物和織品是鄂圖曼帝國對歐出口最重要的兩項，後者一度構成製造物的大宗。不過，織品貿易逐漸衰退，中東地區向歐洲出口的重要商品中只有棉布持續稍久。當歐洲把紡織製成品包括印度的棉布拿到中東去賣，又從伊朗進口原料、棉花和馬海毛紗，尤其是絲品時，貿易均衡就完全倒向了另一端。因此，雖然有金銀自西方世界流入中東，鄂圖曼王朝的文獻依舊反映出貴重金屬長期匱乏，連鑄幣都不敷使用。

中東農業除了從西方世界引進的新作物上得到某些好處，此外的整體情勢，是技術與經濟方面的停滯。歐洲的農業革命在中東國家並沒有看到同類例子，歐洲的工業革命能在中東國家找到同類例子的就更少了。中東的工業仍舊處於手工業形式，雖然一直興盛到十八世紀後期，但在技術方面卻看不到多少發展。

科技落後最嚴重的兩個領域是造船工業和軍火工業。鄂圖曼帝國在十八世紀的時候就已經任用歐洲的海軍技師，並且向瑞典國和美國購買民用和軍用船隻。但在帝國內部，國家並沒有花多少心思去改變道路網和運河網路。中東大部分地區在十九世紀之初，都不大懂得使用有輪的運輸工具。交通運輸仍舊幾乎完全是靠馱獸，或是靠行走河道及運河的船隻。城裡是有少數顯貴有座車，鄉下也有少數農人用馬拖車，不過主要集中在土耳其人的地方。

貿易的利權也在轉變當中，而且是轉向不利於鄂圖曼帝國與其他中東國家的那一端。大洋航路的開拓與發展，繞過中東而行，甚至連波斯絲品這項重要的貿易如今也轉向了，絕大程度被西歐商人所控制——這項貿易可以取得原料，也是土耳其一項重要的稅收。在黑海發生的同步改變，進一步削弱了土耳其的地位。俄國勢力在黑海北岸的擴張，導致東歐人去該地區經商的數量大大增加。俄國因凱納甲湖條約得到的商業利權，使得俄國商人和小商船船長可以直接和鄂圖曼王朝的臣民進行交易，並且穿過兩個海峽直航地中海，於是繞過了土耳其的首都。[1]其他的歐洲列強不久也提出並且取得俄國人所得到的權利，於是黑海貿易大半就從土耳其人手中轉到歐洲人手中，尤其是希臘人手中。

整體說來，歐洲貿易中土耳其的分量低落得可以。土耳其與法國的貿易在十六世紀末期滑落一半，到十八世紀末期已落到二十分之一，土耳其與英國的貿易在十七世紀中是十分之一，到十八世紀末是百分之一。與此同時進口遽增，尤其是從法國和奧國進口。歐洲貨品價廉，有時候品質還稍勝，於是把許多土貨排擠出市場之外。

就在這個時候，買賣鄂圖曼帝國的農產品在歐洲打開了市場，尤其是主要信奉基督教的巴爾幹諸省所生產的農產品。這對於鄂圖曼帝國人民，有著嚴重的社會後果。傳統工藝品的沒落，使得匠師的生活陷入困境，淪落到非技術工人的田地。這些匠師大多是回教徒。然而信奉基督教的少數族群，卻多了做農夫、商人和跑船的新機會。這些新工作加上他們的商業夥伴歐洲列強對他們表達的好感和鼓勵，為這些人帶來了財富。這些基督教徒有了財富就可以念書，也就能得到財富和教育所帶來的權力和影響力。不久之後，鄂圖曼帝國和歐洲之間的大多數貿易都轉到了歐洲人或是少數族群的手中，後者大多是基督教徒，偶爾也有猶太教徒。

經濟衰退的現象在阿拉伯省分比土耳其本部要糟。伊拉克、敘利亞甚至是埃及的耕地和人口數都減少了許多。譬如，據估計埃及的人口在羅馬時代有約八百萬人，在十四世紀時下降到約四百萬人，而在一八〇〇年是三百五十萬人。人口大幅減低看來是發生在鄉下，可是城市人口也有減少，史料也證明工業不只是沒有進步，實際上還退步了。大多數城裡的工匠人數及其製成品的品質都在下滑，而一些重要的海港則萎縮到無足輕重。

中東地區發生的這些改變，在一定程度上是受到政治因素的影響。這些政治因素中比較顯著的有王命不行，地方上幾近自主的統治者崛起，以及原有的遊牧民和自外界引進的軍士對諸省的破壞。普遍來說，軍人和官僚的統治集團，對於推動當地的經濟發展興趣缺缺，他們就算是做出了一丁點兒的努力，也會受到歐洲人的經濟利益所阻撓。這個衰退部分也是由於長期性的經濟因素造成的，顯著的是長期短缺木材、礦產和水。燃油和能源短缺抑制了交通運輸與工業的發展，以及任何值得開發的科技的發展。就是連水力磨坊、風力磨坊，以及較能利用動物的牽引力的馬具改良這些早期的科技發明，在中東地區也沒造成什麼衝突，中東此時在這些方面遠遠落在歐洲後面。所有這些加上歐洲的林場、礦產、水力和交通較為豐富發展，都讓中東在類比歐洲之下微弱得多，也有助歐洲人在中東地區建立經濟主導地位並維持之。

1 譯按：伊斯坦堡於是失去轉口港之利。

鄂圖曼帝國的衰弱不盡然是由於國內的變化所造成，反倒是因為他們沒能與西方在科學技術方面、戰爭和平的藝術方面、政府和商業方面的急速進步並駕齊驅。土耳其的領袖曉得問題所在，也想出了些好點子來解決這個問題，可是他們對付不了不願接受新方式和新觀念的體制和意識形態的巨大壁壘。一位有名的土耳其史家稱：「科學的浪潮打向文學和法學。」[2]鄂圖曼帝國無法適應新的環境，於是就被浪潮衝垮了，情形就和我們今日的蘇維埃帝國大同小異。

人們在比較鄂圖曼帝國的命運和蘇維埃帝國的命運時，主要都把注意力集中在政治和意識形態元素，諸如民族意識和自由意識的爆發力，舊式意識形態的前途無亮，以及原有政治架構的崩解等。在這些方面，俄國人的確是亦步亦趨走著土耳其人的老路。要是俄國人走運，他們就會找到一位凱末爾（Kemal Atatürk），[3]為其國族歷史掀開新的一章。可是，鄂圖曼帝國的衰弱有另外的一面，和它今日的難兄難弟不一樣。中東地區的經濟弱勢不是由於中央控制太緊，這與蘇維埃帝國的情況有異。相反的是，中央控制在鄂圖曼帝國幾幾乎完全不存在。鄂圖曼帝國是有些經濟方面的規範，主要是在手工業行會與鄉下市集的層次，不過在調配經濟力量和部署經濟力量方面，鄂圖曼世界相對於西歐而言是瞠乎其後。中東地區亦已經成為一個主要是以消費者為取向的社會。

相對來說，在以生產者為取向的西方世界興起的重商主義（mercantilism），幫助了歐洲的貿易公司達到在東方世界前所未知和前所未有的商業組織層次以及經濟能量的集結凝聚，而保護、鼓勵這些公司的國家政府也雨露均霑。「市場力量」（market force）在西方的運作，不只是在理論上而且是在事實上不受嚴格的規範。西方的貿易集團加上有生意頭腦的政府協助，呈現為一股全新的力量。所幸這種經濟強勢和經濟意願的日益懸殊，先是西方的商人、接著是製造廠商而最後是各國政府，幾乎能全面掌握中東的市場，最終甚至也幾乎全面掌握了中東的主要製成品。

此際，即使連紡織成品的貿易也受到西方世界擴張的影響，英商把印度棉布以及其他布品帶到鄂圖曼帝國和波斯帝國諸港，進口量愈來愈多。中東的織品以往一度在西方受到高度推崇，如今先是被擠出國外市場，然後更被許多造價廉宜、行銷積極的西方貨色擠出國內市場。商業關係的轉變可以清晰見於我們熟悉的中東飲料：來一杯咖啡。咖啡和用來增甜的糖，一開始都是從中東引介入歐洲的。咖啡在一六七五到一七〇〇年之間，是歐洲從中東進口的一個重要項目。到了一七一〇至一七二〇年之時，荷蘭人在爪哇島種植咖啡，銷往歐洲市場，法國人甚至把他們在西印度群島屬地種植的咖啡，出口賣到土耳其。到了一七三九年，即使是在艾斯倫城（Erzurum）[4]

---

2 Abdülhak Adnan (Adivar), *La Science chez les Turs Ottomans* (Paris, 1939), p. 57.

3 譯按：Atatürk 意為「土耳其之父」，是今日土耳其人對凱末爾的尊稱。

4 譯按：土耳其東北靠近亞美尼亞的城市。

這麼東邊的城市，都有文獻提到西印度群島的咖啡。從西方屬地進口的咖啡要比來自紅海地區的咖啡便宜，於是紅海咖啡的供應遂減到無足輕重的程度。

糖原來也是個東方的新事物。糖先是在印度和伊朗加以精製，歐洲再從埃及、敘利亞和北非進口，後來阿拉伯人把它移種到西西里和西班牙。這次西歐國家又是因為有西印度群島屬地而抓準了時機。一六七一年，法國人在考爾白（Colbert）[5]的命令下，於馬賽港建了一座製糖廠，精製屬地的糖，再出口到土耳其去。自從土耳其人拿糖來為咖啡增甜之後，糖在土耳其的消費量便劇增——這或許是因為西印度群島的咖啡豆味道比較苦的關係。在此之前，土耳其人得要仰賴埃及的糖，可是西印度群島的糖便宜得多，於是很快地就掌握了中東市場。到了十八世紀末期，土耳其人或是阿拉伯人喝咖啡時用的咖啡豆和糖，都是由歐洲人的殖民地出產，並由歐洲人出口到中東。只有開水是出自本地的——而在十九世紀時，就是連開水是否出自本地都很有問題，因為歐洲的公司在中東各城都開發了新的公用事業。

西方人在中東地區的經濟主控，是由幾個方式來支撐和維持的。受到歐洲保護關稅的影響，中東貨品出口歐洲不但備受限制，在某些情形之下更是完全不可能；但是西方人在中東的貿易，卻受到貿易特權制度（capitulations system）的庇蔭，可以自由並無限制地出口其貨物。「貿易特權」這個語詞（拉丁文作capitula，即「篇章」，指一份條例式的文件，今或指條約）在鄂圖曼王朝時期的用法，是指鄂圖曼王朝的主政者以及其他信奉回教的主政者，頒給基督教國家的特權，允許這些國家的公民在回教政區居住和做生意，而不受這些回教主政者加諸本國非回教徒臣民之財政和他項不利待遇所規範。十四世紀和十五世紀時，他們曾經頒過這類的特權給義大利的海權諸國，而在十六世紀時，這個作法延伸到法國（一五六九）、英格蘭（一五八〇）以及其他諸國。關於一五八〇年的英國特權書，有一份當時的翻譯，包括以下的條款：[6]

吾至聖之回教徒皇帝……至強之王公穆拉德汗（Murad Can）……為表示吾國之誼，茲鄭重宣布，現已辭世之英格蘭伊莉沙白女王……此位女王之人民與屬民，可安全穩當地前來吾君之領域，以大船小船自海路、以貨車牲口自陸路，隨同帶進貨物與商品、裝載物，以及其他物品，不受傷害。其買賣不受妨礙，並得遵循該國習俗與秩序……一，若英人移居或通行，無論其人結婚與否，皆不需繳付人頭稅……

5 譯按：法國路易十四時代的財相，創辦法國的東印度公司和西印度公司。

6 譯按：引文為十六世紀英文，今以中國清末文體翻譯。

一，若英人之間發生異議或矛盾，應向本國領事或總督陳情，此行為應自由進行不受妨害，使已展開之爭執按照該國習俗了結……

一，若吾國貴人之戰船在任一時間出航，遇載運商品之英船於海，英船應不受妨害並應受友善對待，不應有無禮之行，即便吾國頒授條款與特權予法國人、威尼斯人，以及其他與吾國相聯繫之國主王公者，吾國亦已予英人相同待遇：國人不應生事，致違反吾國神聖之律法與權益。

……英國女王一方應切實信守本權益中呈現之連結與神聖和平，吾國亦將觀此約之切實信守與否，以執行指揮同等之承諾。[7]

這個關係除了商業以外，還關係到其他的事項。素檀穆拉德三世在一五九〇年六月寫給英女皇伊莉沙白一世的一封信——這是「國家檔案局」（The Public Record Office）所保存的眾多信件中的一封——總結道：

當妳轉過身去朝那些和妳糾紛不斷的西班牙異教徒進軍，有上帝的幫助，妳將戰勝。對於那些端到面前來給刀劍做食物、給利箭做靶子的，不用客氣。在這些事上要是有需要溝通的，別不通知我們。為了讓上帝喜悅——上帝聖明——我們這方不會袖手旁觀；我們將在恰當的時機採取必要的措施，騷擾那些西班牙異教徒，我們也會為你們提供各方的幫忙和援助。謹此。[8]

等到回教諸國的國勢日益衰微，而它們與信基督教的鄰邦之間的實質關係發生改變之時，這些條約所賦予的專屬權益，就比條約原欲賦予的權益多出許多。在十八世紀後期以及十九世紀初期，要是有歐洲強權的保護，便會帶來重大的商業和財務利益，由於歐洲的外交使節團濫用其貿易特權散發「保護令」（berat），這種作法便愈演愈盛。這些憑證原本只是用來保護歐洲領事機構在當地雇用的吏員或經辦人的。由於濫用，「保護令」被出售給或發給愈來愈多的當地商人，這些商人也因此取得了特權和被保護的身分。鄂圖曼政府當局試著要抑制這種陋習，但是徒勞無功。到了十八、十九世紀之交，素檀謝利姆三世（Selim III）由於打擊歐洲列強的領事無效，便決定沆瀣一氣，自己也來發行此類「保護令」——他發行「保護令」的對象不是回教徒，而是鄂

---

7 Richard Hakluyt, *The Principall Navigations of the English Nation*, vol. 5, pp. 178-83.

8 State Papers 102/61/23.

圖曼國內信仰基督教和猶太教的商人。這些「保護令」保護了這些人和歐洲做生意的權利，連同一些法律、財務和商業上的豁免與專屬權益，他的想法是使鄂圖曼國的臣民可以在一個相近的基準點上和外國人較量。「保護令」的作用是製造出一個新的特權階級，由於鄂圖曼國內的希臘人海事技術高超和門路良多，於是很快便在這個階級中取得最主要的地位。十九世紀早期，這個辦法也擴及回教徒商人，不過只有很少的回教徒商人從中獲得好處。

一個相對而言的單純經濟，受到一個比較主動和比較複雜的社會的商業影響而刺激發展，這在歷史上還有其他的例子。中東情況所不同的是，經辦人和直接受益於改變者，都是些圈外人，無論是在國內或是境外。外邦人指的自然是歐洲人，不過，即使是在回教徒國家內的要角——若不真是外邦人的話——也是些宗教少數族群的成員，他們被社會主體看作是邊緣分子。一個土耳其通用語詞分判了「法蘭克人」和「淡水的法蘭克人」，前者指的是來自歐洲的外邦人，後者指的是在表面歐洲化了的地中海東岸本地人。

外邦人和少數族群的成員在二十世紀的頭幾年，於財經事務上的主導力可謂是隻手遮天。在一份一九一二年編製的伊斯坦堡四十位私人銀行家的名單中，就名字來看，有十二位希臘人、十二位亞美尼亞人、八位猶太人、五位地中海東岸人或是歐洲人。一份同類的股票經紀人名單列出伊斯坦堡三十四名股票經紀人，內有十八位希臘人、六位猶太人、五位亞美尼亞人，但沒有土耳其人。

希臘人、亞美尼亞人和住在土耳其的猶太人，不只是因為宗教而與他人區隔，甚至也因為語言不同而自成一格。在說阿拉伯語的國家中，至少沒有語言的分別，因為基督教徒和猶太教徒與其回教徒鄰居所用的都是阿拉伯語。這使得一個新的基督教商業中產階級發跡起來，這個中產階級自一八三〇年代以降在貝魯特港及其周遭地區崛起，到了十九世紀中期，已形成一個原先沒有的、欣欣向榮的、知書達禮且使用阿拉伯語的中產階級。雖然他們仍然受限於基督教徒的身分而沒有在社會或政治方面扮演重大的角色，可是他們對於阿拉伯語的掌握和使用，讓他們能對阿拉伯文化的復興做出主要的貢獻。

這些宗教上的少數族群，也參與了西方勢力滲透的第二種形式，那就是在中東諸國取得權勢地位。俄國人在簽訂凱納甲湖條約之後，對鄂圖曼帝國的東正教社群有了實質上的保護勢力。土國在希臘和巴爾幹半島上的省分，居民絕大多數是東正教徒，東正教徒在安那托力亞以及敘利亞地區，則是重要的少數族群。沙皇取得東正教保護者的地位，這讓俄國人在鄂圖曼王朝百姓中的一個大類群中有著相當的影響力。法國人也對鄂圖曼素檀轄下信奉羅馬公教的臣民，有著同類的保護權。這些公教徒的人數雖然沒有東正教徒多，可是他們並不是些小角色，特別是包括了絕對重要的黎巴嫩馬龍東儀公教會（uniate Maronite church）。英國在這場尋覓宗教少數族群來保護的過程中，和對手法國及俄國相比是有些不利，因為基督教新的社群既少且弱，儘管英國、德國和美國的傳教團努力地增加人數，仍是沒有起色。英國的外相不時試著想把英國的保護擴展到其他族群身上，諸如猶太人或是德魯茲人。這些族群認為有此保護，或是需要這項保護的說詞未必能夠成立，但是猶太人和德魯茲人對於其保護人做出的服務，卻可能是有用的。德國是個信仰新教的強權，因此也碰到同樣的不利情況，可是到頭來，德國把自己的保護範圍擴展到整個鄂圖曼帝國，由是便解決了這個問題。

這種宗教的保護有多種形式。一個明顯的關切點，是照顧信仰這個宗教的鄂圖曼臣民的利益和福祉。十九世紀的情況是，「貿易特權體系」裡明顯呈現出鄂圖曼國為弱勢而歐洲人為強勢的事實，這導致後者對於鄂圖曼王朝的內政幾乎在每個層面都有近乎無限的干涉灌利。再加上鄂圖曼國內的基督教徒和猶太教徒在宗教和教育方面的需求，是由一個縱橫交錯的傳教團、學校，以及其他的教育、文化和社會機構網絡完成的，這個網絡愈來愈遍布全國。這些文教機構大多是基督教的，少數是猶太教的，而一些則被標示為世俗的。它們吸引了少數族群的學生就學，也有愈來愈多的回教徒入學。這些中東地區的西方學校教出的學生，去到西方世界的大學進修，而自十九世紀的下半葉起，一些中東城市也設有西式的學院。於是，教育也就成為擴張出資強權的文化影響力的利器，因此最終也擴張了出資強權的經濟影響力和政治影響力。在這方面，法國人在一開始時是做得最成功的，接下來是義大利人，後來是英國人、德國人和美國人。俄國人的用心經營對東正教徒是重要的，但相對於歐洲列強則嫌小。回教徒顯然是西方傳教團的目標，後者也爭取到幾名改宗者——叛教在回教律法中罪可處死。不過，西方傳教團在基督教徒之中倒是有些影響，有少數的東正教徒、亞美尼亞基督教徒以及其他的東方基督教派別的信眾，便因此改宗新教的其中一種形式，或是改宗羅馬公教。

列強另一個宗教關切是保護耶路撒冷城中的基督教聖地，和在巴勒斯坦其他地區的基督教聖地。這些問題在幾百年來已由當地的教會爭辯得面紅耳赤，作為調人的土耳其當局雖受各方侮慢，但實際上仍達到了調解的效果。但如今，列強各自代表教會的保護人來插手此事，遂把地方性的小爭執提升成國際衝突。列強對於某些事件有些動作，而這些事件後來便導致了克里米亞戰爭爆發。

保護行為是透過大使館和領事館來進行的，大使館和領事館要感謝貿易特權制讓他們在鄂圖曼帝國內取得廣泛的司法權利和勢力。大使館和領事館執行本國法律，有自己的法庭、自己的監獄甚至於自己的郵局。

歐洲人在中東的教育工作中有一項特別重要，那就是軍事訓練。戰場上見真章，表明了當時歐洲的軍事要比回教的軍事高明，這使得回教國家不得不轉向歐洲學習。歐洲的個人前往土耳其碰運氣，出任軍事專家或是軍事顧問，此事源遠流長，其中一些人也做出一番事業。可是到了十八世紀的後半葉，這種民間安排已經不敷使用。一七九三年秋天，素檀送信到巴黎去，附上一張軍官和技術人員的名單，希望從法國延請他們到土耳其來。數年之後，伊斯坦堡又送了第二張更長的名單到「公共安全委員會」（Committee of Public Safety）去。一七九六年，新任法國駐土耳其大使上任時，帶了一整隊法國的軍事專家同行。法土兩國的軍事合作，因為一七九八年到一八〇二年的戰事而中斷，兩國在這場戰役當中是敵對雙方。但是這項合作在法土兩國成為同盟之後又恢復了，並在一八〇六到一八〇七年英俄聯軍攻擊土國時達到了高峰。

一八三〇年代，這項發展有了一個新開始，當時有心改革的素檀馬合木二世（Mahmud II），為了把本國軍隊現代化而向西方政府尋求協助。於是，一支普魯士的軍事團在一八三五年來到土國，一支英國的海軍團在一八三八年來到土國，開展了雙方的關係。這個友好關係貫串十九世紀，一直維持到二十世紀。

埃及在稍早的時候就出現了平行的發展。鄂圖曼王朝派在那裡的總督穆罕默德·阿里大人，想要建立一個獨立的公國。他也從招募軍事和技術的外國個人專家著手，尤其是法國人，然後在一八二四年從法國邀請了一整個軍事專家團到埃及來。這些人待在埃及，等到拿破崙勢力崩潰之後，許多軍事人員就受本地雇用。這個專家團是一長列團體中的第一個。

伊朗遠離歐洲人的權力中心，改變遂比較慢。伊朗首度捲入歐洲政治是在拿破崙戰爭的時候，法國和英國在一八〇七到一八〇八年，以及一八一〇年兩次派出軍事團去訓練伊朗的軍隊。此後，有幾位俄國、法國和義大利的軍官擔任教官，可是作用不大。伊朗軍隊要到二十世紀才真正開始現代化。

軍事訓練主要是來自西歐，以英國、法國和普魯士（後來的德國）為主。也有一些義大利人出任教官的事例，而在美國內戰結束之後，一些美國軍官在國內已經用不上他們的專才，於是在埃及找到另一番事業。俄國人除了在伊朗之外，要到二十世紀才開始在回教世界擔任教習或是顧問。

從軍事訓練衍生出的支脈相當可觀。這包括了派遣中東學生到西方的軍事和海軍學校去學習，邀請西方的軍官來到中東的軍事人員學校裡講習，任用西方人為軍事顧問，有時候還任用他們為軍中行政人員，當然還有自西方輸入武器、裝備及科技。雖然這個進程從未達到一九五〇年代以後的那種規模和聲勢，但無疑是十九世紀以及二十世紀早期列強政治中頗為重要的一環。

歐洲列強在十九世紀的一百年中，也在中東地區的內部經濟事務方面扮演更為直接活躍的角色，於是中東地區的內部經濟又因此更加捲入國際的貿易和金融網絡。此事所造成的改變，幾乎涉及中東生活的每一個層面。

一個立竿見影的後果，是耕種面積廣泛擴大。耕種面積廣泛擴大，乃是開發利用幾百年受到忽視的可耕地，其作法是藉由開墾，或在許多地區構築全面的灌溉系統，來改善先前所忽略的防護建設。人們引進、或是擴大規模經營出口導向的經濟作物，主要有棉花、生絲、菸草、棗椰、罌粟、咖啡、小麥和大麥。從生產民生必需物資轉向經作物這個改變，與法制的西化同時發生，於是又造成土地租佃制的重大改變，後者的普遍影響是村莊的沒落、共用制和部落公有制的衰微，以及歐洲式的「土地終身持有制」（freehold）的蔓延。這個農業上的擴展，原來大體上是本土自發的，部分是由政府展開，部分是由新近出現的自有土地地主所促成。然而，這個農業擴大所必需的資金乃以借貸或是投資的方式取自國外，歐洲的公司又由於得到貿易特權賦予的治外法權，不受政府約束，所以他們遂主導了中東國家的資源開發。

外國企業和外國技術也在服務行業的發展上扮演了決定性的角色。這些服務行業包括有電報，東地中海主要港口的建設，埃及、土耳其、敘利亞和伊拉克各地鐵路的興築，以及公眾事業有如水務、瓦斯、都市運輸以及後來在各主要城市的電力工程和電話服務。

本地的蒸汽客船公司把伊斯坦堡和黑海與愛琴海聯繫起來，不過第一個提供聯繫歐洲航線的，是外國的船公司。先是一八二五年一家奧地利的公司開始營運，法國、英國、俄國和義大利的船公司隨即跟進，在鄂圖曼帝國和歐洲各商港間穿梭往返，也到達鄂圖曼帝國的各個地區。一個重要的新發展始於一八三七年，當時英國的蒸汽輪船公司開始以固定的班次聯繫亞歷山卓港與歐洲、蘇伊士港與印度。在亞歷山卓港和蘇伊士港之間，則有陸路接駁，亦由馬車在新建的道路上奔馳。埃及鐵路自一八五一年開始建造，再加上一八六九年蘇伊士運河開通，這些都使埃及再度成為歐洲和南亞之間的主要通道，也是世界運輸的樞紐。在這些年間，裡海和波斯灣也發展出蒸汽船航行，把伊朗和俄國以及西歐更為緊密地繫聯起來。

歐洲的財務滲透在克里米亞戰爭時期進入了一個新階段。遠在十八世紀後期及十九世紀初期，鄂圖曼政府就曾嘗試在國內舉債以籌集資金。克里米亞戰爭的需要和機會都鼓勵了政府去尋求新一類的貸款，那就是在歐洲的金融市場發行公債。第一筆公債於一八五四年在倫敦發行，共三百萬英鎊，年息六釐，次年又發行了一筆，共五百萬英鎊，年息四釐。在一八五四年到一八七四年之間，鄂圖曼政府幾乎每年都舉外債，帳目總額已達兩億英鎊。中東地區的銀行業在這個時期也有急遽的拓展。英國和其他的私人銀行家在十九世紀前二、三十年，已經在多個地中海港口建立據點。一八五〇年中期開始有著一連串的重要發展，包括了在中東地區設立一些合資的銀行，譬如埃及銀行（一八五五）、鄂圖曼銀行（一八五六）、英埃銀行（一八六四）以及其他銀行，還有英、法、德、義大銀行的分行。這些銀行都是歐洲人開的，他們互相配合運作，主宰了中東財政。地道的土耳其、伊朗、埃及或是阿拉伯人的銀行，要到第一次世界大戰之後才設立，而要到第二次世界大戰之後，才在整體財經業務中掌握夠分量的比例。

由於土耳其看起來不是一個投資報酬率很好的國家，所以貸款的條件通常十分苛刻。得來的錢財，絕大多數是用來支付固定的預算開銷，其他才花在非經濟性的發展計畫上。結果是鄂圖曼政府付不出利息和分期攤還的部分，於是造成了一八七五年十月六日的崩盤。鄂圖曼政府在一些協調之下，與歐洲股東的代表們達成協議，這項協議併入一八八一年十二月二十日的敕旨中，成立了「公債管理理事會」（Council of the Administration of the Public Debt）。這個理事會直接受到外國債權人所控制，並且對他們負責，其任務是確保鄂圖曼政府公債的交易價格平穩。為了維持價格平穩，鄂圖曼政府得把一些國家收入「絕對而不可撤回地」轉讓給這個理事會，「直到債務完全清償為止」。在一九一一年，「公債管理理事會」的工作人員總數高達八千九百三十一人，比鄂圖曼政府的財政部雇員還要多。埃及的負債、破產和接收等相關過程，因一八八〇年的「清算法」（Law of Liquidation）劃下句點。這項法律把埃及總收入的一半交給埃及政府做行政用途，剩下的除了一筆償債基金之外，全交給債務管理單位。這兩個國家在本世紀初還簽下了其他貸款，不過這次的股東們為保障自己的投資，紛紛設立各種團體，以確保這些資金或至少大部分的資金，是投入了正面的運用。

然而在這所有的改變當中，歐洲企業的活動雖然急遽擴展，外國受益人和少數族群受益人的活動亦有擴展，但廣大民眾的地位仍然沒有多大變動。可以看得出重大改變的是人口。人口數字幾百年來皆呈停頓或下滑之勢，到十九世紀開始有了顯著的成長。舉幾個我們手中的數字就足以說明此現象。伊斯坦堡、安那托力亞和鄰近諸島的人口，從一八三一年的六百五十萬上升到一八八四年的一千一百三十萬，而在一九一三年則達到一千四百七十萬。埃及的估算人口在一八〇〇年為三百五十萬，一八四六年上升到四百五十八萬，一八八二年上升到六百八十萬，一八九七年上升到九百七十一萬，而在一九〇七年則上升至一千一百二十九萬。可是，城鄉勞動人口的生活水準卻不見改善的跡象，情況恐怕還更惡劣。上層社會西化之際，下層社會並沒有相應的改變，這削弱了在舊秩序中聯繫兩者的忠貞、義務與共享的價值這個集合網絡，也為新的衝突和新的領導開闢了道路。

各家對於鄂圖曼世界在軍事、政治和經濟方面相對於基督教歐洲的疲弱，曾有多種解釋。一方面，西方世界在地理大發現之後的這段時期有著飛躍的進步，這包括了一連串科技、經濟、社會和政治上的改變，而回教世界中並無相類的歷程。可是，歐洲的進步並不足以充分解釋鄂圖曼世界的現象。在鄂圖曼國內就可以察覺到許多弱點。當歐洲各國政府在鄂圖曼世界取得符合其新角色的財富和力量之際，素檀也正在失去所有的勢力：在首都，其權力旁落給廷臣宦官；在諸省，其權力旁落於自治和世襲的主政者，素檀於是逐漸成為一個幾乎是名義上的主君。

伴隨著權柄下移的，是土地租稅制度的重大變化。在傳統的鄂圖曼秩序中，軍事和土地財政制度的主角人物是「西帕希」騎士，他們握有的撥賜土地叫做「町碼兒」。「西帕希」制度於十六世紀早期和中葉達到頂峰。此後開始下衰，雖然要到十九世紀早期才消失無蹤。當「西帕希」失去重要性時，在戰場上他們為正規軍所取代，在鄉間他們則為撲買商所取代。而當「町碼兒」由於「西帕希」去世或去職空出無主，這些「町碼兒」也愈來愈不再封給新的「西帕希」，通常是併入王田，以確保財稅單位可以得到更多的稅收。不過，這些土地稅收絕大部分也不是由國家官員直接收取，而是劃為「撲買場」來出售。在一開始的時候，包攬「撲買場」固定為一年期，撲買人預先付款，以取得收稅一年的權利。由於諸般陋習，授與「撲買場」的期限愈來愈長，直到最後發展成一種叫做「麻力堪」（malikane）的制度。「麻力堪」是一種租佃形式，雖然在理論上持有一個「撲買場」的時期有限，然而在事實上該地卻成為一種終身擁有的自有土地，甚至變成可以世襲以及轉讓。到了十七世紀末，這個制度已經引進鄂圖曼帝國的許多省分，而在十八世紀雖然是有廢止此制的嘗試，但這時的「麻力堪」已經成為一個普遍的制度了。

「麻力堪」制度為鄉間實際的統治者「艾延」提供了經濟基礎。中央政府衰弱，又失去了各省的實際控制力量，此皆有助「艾延」取得政治勢力，甚至有時候成為自治的當地統治者。「撲買場」以幾種方式轉變成終身持有的土地：向政府購買或是由政府授與，按照因襲的習慣取得，或是在權力真空時就這樣奪取過來。

這些「艾延」出身多樣，有富有的地主、做買賣的，和一些發現這種租佃形式要比軍事封地制更為大利而少風險的「西帕希」。不久，還有一大群朝廷和內苑的執事，也為自己打算，親自或透過代辦來參與這項業務。「艾延」如今開始像個持有自有土地的有地鄉紳，他們自行選擇他們的領袖和代表，這些領袖和代表乃由政府確認而不由政府委派。

由於「艾延」的經濟力量不斷成長，故此「艾延」的職務也擴及維持治安。又因為如此，「艾延」就招兵買馬，成立自己的武力。其中一些「艾延」甚至成為有確定領土疆界的世襲統治者。當「艾延」再強大一點，伊斯坦堡政府就發現將大部分的省政交給「艾延」主持，一些地方城市交由「艾延」代管是水到渠成的。素檀和其政府在一七八六年對於「艾延」日益坐大的勢力感到恐懼，於是想要把他們逐出城鎮政府，另外任命市長。可是，他們很快又不得不廢掉市長，恢復由「艾延」掌政。

「艾延」到了這個時候就已經不只是地方上的鄉紳和行政大員了。從十八世紀之初以降，安那托力亞的本地主政者就開始控制了很大的地區。這些人叫做「谷主」（derebey），出身多樣，一些一開始時是中央政府派在省府的執事，其他的財出身自地方望族。中央政府對他們寬容，有時候也給予承認，他們於是建立了自治的世襲公國，和素檀是臣屬的關係，而不是臣服的關係。在戰時，「谷主」和其他的分隊同在素檀帳下作戰，而素檀的軍隊也逐漸轉由這些半封建的徵調軍人組成。國家（Porte）9給予他們正式的官名，或總督，或省長，但是他們在自己的領地上是實質獨立的。到了十九世紀初，幾乎整個安那托力亞都掌握在幾個「谷主」家族手中，只有「卡拉曼」（Karaman）和「安那多盧」（Anadolu）兩個省分，還留在伊斯坦堡的直接管轄之下。

巴爾幹半島上也有平行的發展。實質的控制是由地方統治者行使的，諸如著名的延尼那地方（Yannina）的總督阿里大人（Tepedelenli 'Alī Pasha）、維丁地方（Vidin）的總督奧斯曼大人（Pasvanoglu Osman Pasha）。他們組有自己的軍隊，徵集本身的稅收，鑄造自己的錢幣，甚至和外國強權有外交的關係。阿里大人的文武隨從有許多是從希臘人當中募來的，所以這些希臘人也就嘗到了獨立自主的滋味，並且學到獨立自主所需要的技能。在鄂圖曼帝國中講阿拉伯語的地區，埃及實質上已經自治，而伊拉克和敘利亞中南部的總督們，在名義上由中央政府指派，實際上就像是獨立的王朝君主，甚至還和地方上的部落酋長、封建領袖角逐勢力。鄂圖曼當局在阿拉伯半島從來就是鞭長莫及，如今又受到新崛起的王朝紹德家族（Saʿūd）[10]公開藐視。這個王朝的興起，是由「瓦哈比」（Wahhābī）宗教復興運動所啟迪的。

在十八世紀的時候，高加索奴隸是為宮廷僕役學校的學員主體，眾多帝國的總督和行政人員，仍舊出自這個學堂。這並不是說高加索人完全替代了出身巴爾幹半島的人，出任他們原先在統治菁英中持有的職位，很多高加索人仍然留在宮中以及其他原是奴隸機構的單位裡。招收學員開放給自由身分的回教徒臣民，這個作法起初是踰矩，後來則是相沿成習。從「童子充軍制」吸收新血的作法減少了，最後完全終止，高加索出身的奴隸只能補充一部分，因此造成公職缺乏適當人手，這又導致先前分隔不同支派的藩籬削弱，以及文職背景的人士擔任起諸省總督甚至於宰相——這些職位原先都是武職和行政奴隸菁英的禁臠。

到了十八世紀的時候，鄂圖曼帝國體系中有兩大文官結構：一個是官僚體制，成員往往是充軍童子的後裔；另一個是各級教士，總稱做「回教教師」。在文職公務各部門都有職務和事業轉向世襲的現象。這在回教教師之間看得特別清楚，這些教師在局勢不安穩之際，應用回教的宗教

9 譯按：法文，轉自突厥文對政府衙門的稱呼 Babi Ali，指「高大的門」。

10 譯按：今稱沙烏地阿拉伯即另譯，指的是紹德王朝的阿拉伯。

基金法來維護家族財產，並且傳給子孫。比方說遠在一七一七年的時候，就有人注意到這點並記錄下來，那就是前面提到過的那位觀察敏銳的蒙塔古夫人瑪麗。她談到回教教師時說過：

這一群人在法律事務和宗教事務方面都能擔任高位，兩項學科鑄為一體，法律人士和神職人員為同義異詞。他們是帝國裡真正有分量的人士，所有的肥缺和教會的收入，都掌握在他們的手裡。殿下雖是人民的王儲，他甭想對回教教師的土地或是錢財動腦筋，這些土地或錢財會原封不動地傳給教師的子子孫孫。他們要是接受了朝廷的職位或是「巴司薩」（Bassa）的頭銜，的確會失去這種特權，可是，這種傻瓜教師並不多。這些人壟斷了這個帝國所有的學問和幾乎所有的財富，其權力一望可知。他們是革命的真正操控者，軍人不過是革命的演員罷了。[11]

因此，就在素檀無法控制各省，各省轉由新近形成的士紳與大員掌握的同時，素檀在中央也被迫要和世代掌權的新族群（或是不只一群）共同掌權。鄂圖曼王朝的素檀長期以來致力於防範產業的世襲階級、甚至於統治者的世襲階級形成，一開始他們相當成功，但最後仍是失敗了。就在這衰微的時刻，新人物出現了，他們擁有土地、收取賦稅、主持司法、互相競爭省區的主控權，到頭來他們也競爭首都的主控權，還有政治的控制權。

根據目前鄂圖曼歷史的研究成果，尚無法精確地歸類和界定出這些族群。然而，我們仍可在混沌之中，察知一些不斷在移轉的綱領，雖是模糊亦可勾勒出相戰各派與互相衝突的利益的輪廓。這些派系和利益的磨擦與結合，決定了十七世紀末到十八世紀伊斯坦堡的歷史走向。

其中一個利益團體是宰相幫，後以「宰相府」（Sublime Porte）[12]指稱，當素檀和皇室會議的實權削弱，「宰相府」就成了威權和政府的實質中心。在大宰相之下有著層級分明的高級官員以及眾多官吏，他們有著共同的專業忠誠，這個忠誠十分的強烈。許多京裡頭的官宦世家一直擔任著這些職位，而這些官宦世家的先世出自巴爾幹半島。這些職位也為首都以及省城裡受過教育的回教徒自由人提供光耀門楣的機會。

宰相系統的大敵是皇宮內苑——「宮裡的」有一部分也成了世襲的社會團體，不過仍然受到高加索奴隸以及非洲奴隸加入的強烈影響。後者專操低賤之事，但做宦官也能爬到掌握大權的位置。「首領黑太監」（The Chief Black Eunuch）稱為「諸女領班」（Kizlar Agasi），是鄂圖曼王宮

---

11 *Letters*, op. cit., vol. 1, pp. 316-7.

12 譯按：見先前按語說明，前句依文意譯為「國家」，此處依文意譯為「宰相府」。

中最有影響力的人士之一。這個宮中派系能夠把持他人面聖的機會，故享有巨大的好處，亦往往能在帝國中行使大權，甚至提名自己人擔任大宰相的職位。同情「宰相府」的歷史研究者，稱呼這些政出內廷的時期為「婢妾宦官亂政」，並且譴責這些宦者及其羽翼自私、貪婪和不負責任。

把爭權奪利簡單描寫為內外廷的衝突，即朝臣和宦者的衝突，乃過於簡化。因為兩幫之中又細分為許多朋黨和派別，有時候又會有暫時性的跨黨派合作。影響權力鬥爭的還有其他的利益團體，如新軍、教士集團、有著自身政策和利益的獨立團體、中央和諸省的官僚體制、地方上的有力人士與王公、商人和巨賈，甚至於封建騎士的殘存者。不少地方上的有力人士與王公，派有身懷巨款的耳目待在伊斯坦堡俟機而動；商人和巨賈主要是些希臘人，他們雖然明裡不能從政，可是他們在王宮和外廷都有「朋友」以及心照不宣的人士。封建騎士的人數和重要性雖在縮減，他們仍能在某些關鍵時期玩上一票。

宦官和朝臣、奴隸與自由人、高加索人和羅美利亞人（Rumelians）[13]競逐政府機構的控制權，強取豪奪。這時鄂圖曼帝國本身在許多人眼中看來，已是奄奄一息了。但是，它並沒有滅亡。鄂圖曼帝國就是在十八世紀那最黑暗的日子裡，也能聚集足夠的力量來保衛國內幾乎所有回教徒省分，使它們不受外敵或是內賊永久占據。更值得注意的是，鄂圖曼帝國仍能有足夠的忠貞廉正分子在首都和諸省擔任公職，使帝國本身的不團結和不安定不至於落到最糟的境地。

可是，到了十八世紀末期，素檀和他的幕僚都十分了解到此誠危急存亡之秋。帝國雖仍有彈性在各省不聽王命的統治者之上恢復表面的宗主地位，但是，他們已無法阻止領土的分崩和威權的縮減。他們也知道自己在對俄和對奧的戰事中獲得小勝，不能說是由於自己的本事，那是由於眾敵互不咬絃互不信任，恐懼普魯士勢力的擴張，以及法國新近動亂的未知威脅。

13 譯按：土耳其國的歐洲部分總稱。

第十六章 回應與反彈

回教徒在幾百年來都習慣於接受一種歷史觀點，在這種歷史觀點之下，他們持有上帝的真理，並負有神聖的任務，要把這項真理帶給其他人。回教徒所歸屬的回教社群乃是上帝意旨在人間的體現，治理回教徒的回教主君則是先知穆罕默德的繼承者，也是監管穆罕默德自上帝處帶到世間來的訊息的監管人。此人有上帝交付的責任以維護聖律和執行聖律，並且拓展聖律所流傳的地方。關於這個履行責任的過程，原則上是無窮境的。在十六世紀的時候，第一部、也是有史以來僅此一部談論美洲的回教徒著作中，其土耳其籍的作者除了描述了歐洲人發現和征服他所謂的「新世界」之外，並至誠地希望這個新世界會在可見的將來受到回教之光的照亮，而成為鄂圖曼國的一部分。

因此，回教國家和其不信回教的鄰邦之間，一直處於持續而強制的戰爭狀態，這個狀態只會在真確信仰毫無疑問地大勝不信者之時，也就是當整個世界都進入了「伊斯蘭之舍」之時，才會結束。在這個時刻尚未來臨之前，回教國家和回教社群是啟示以及真理的唯一持有人，環繞在他們外圍的，是一片未開化和非信仰的黑暗。上帝對於上帝社群的恩寵，在今世以勝利與權力顯示，誠如先知穆罕默德在世之日回教社群便已享有的恩寵一樣。

這些從中世紀承襲而來的信念，受到十五、十六世紀時鄂圖曼人的光輝勝利而大大增強，在那個輝煌的時代，回教軍隊甚至打到了基督教世界的腹地。這個信念，在十八世紀又因為回教武力得到的片刻絢爛勝利而再度振興。對於回教徒來說，接受自己處於一個新的情勢之下，並且得要去適應這種新的情勢，乃是個緩慢而痛苦的調適過程。在這個調適過程中所發生的種種情事，不是由回教國家法定，而是由對頭的基督教國家所決定。而且，在這個調適過程當中，回教國家的生死存亡有時候還得取決於某些基督教政權的幫助甚或是善意。

戰場失利是最強而有力且明白不過的證據。於是，王朝的統治階層在簽訂銘記著鄂圖曼王朝第一次大敗的卡洛維茨條約之後，便著手探究西方的文化形態，試圖找出值得效法之處。

最初，土耳其人認為問題出在軍事方面，於是指出軍事方面的補救辦法。基督教軍隊在沙場上證明了他們優於回教軍隊，據此，要是採用勝利者的武器、技術和教練方法，情況應該會有所改善。鄂圖曼政府在十八世紀這一百年裡，有好幾次設立了歐武戰術的武備學堂，聘請歐洲教官來教導土耳其軍官和軍校學生。於是洶湧的變化之潮就從這個小縫開始滲入。在此之前，回教青年一般都瞧不起這些未開化又不信回教的西方人，而現在，他們見到他們得喊老師，而且還得不學習西方人的語言，閱讀西方人的書籍。到了十八世紀末了，砲兵學堂和機械學堂裡的土耳其官校青年都必須學習法語，以便讀懂操作手冊，也因為他們學會了法語，於是進一步閱讀了其他書籍，而他們從這些書籍中所謂到的某些觀念，可能要比其武備教官所能提供的訓練更具爆炸性。

在軍事改革之後，分隔兩個世界的藩籬，接著又產生其他裂縫。土耳其長期堅守對於印刷所的抗拒，這個抗拒終於在一七二七年撤除了，至少可以這麼說，有一所土耳其文的印刷所得到許可開張了。這個印刷所於一七四二年結束，在此之前，該所的印刷業者已經印行了十七部書。這些書包括有一本關於歐洲軍隊戰術的小書，以及一篇對於法國的長篇描述，後者是一七二一年土耳其駐法大使寫的。

西方的文化影響一直不大。翻譯書籍的數目很少，而且這些譯本大多談的是實用的東西，絕大部分是政治和軍事方面的。然而，歐洲的出口貨已開始逐漸影響了土耳其人的品味，甚至在宗教建築這種文化精髓當中，也可感受到歐洲風的吹拂——鄂圖曼的帝國清真寺便是一例。一個社會的建築相當能夠反映這個社會的本質、這個社會的狀況和這個社會對於自身的看法。伊斯坦堡的帝國大清真寺，就像現代紐約的摩天大樓或是古埃及的金字塔與神廟一般，表現出社會力量和信心的昂揚與勃發。鄂圖曼帝國如同它在中東地區的其他前輩一般，以回教國家作為它最重要的身分，於是這個國家最富特色和最氣派雄偉的建築物，自然莫過於做禮拜的場所。相較之下，長期以來素檀們居住的托普卡珀宮（Topkapi Palace），看起來幾乎是微不足道。是的，托普卡珀宮占地廣大、藏品豐富，但是此宮的主體，是由一組小型建築物所組成，這些小型的建築物，沒有一座特別起眼。這無疑和新素檀即位時歡呼群眾所呼喊的話語有著同樣的精神：「素檀，別自命不凡，上帝比你偉大」。

我們可以從努羅斯曼尼耶清真寺（Nuruosmaniye Mosque）的內部裝飾，看出建築風格發生深層轉變的端倪。此寺建於一七五五年，位於大市場（Great Bazaar）的入口處。其一般結構，是個宏偉的鄂圖曼帝國清真寺，但是其內部裝飾，卻採用了義大利的巴洛克風格。這種異邦的裝飾，出現在對於鄂圖曼國家和社會這麼緊要的帝國清真寺裡，就像是阿拉伯風格的裝飾，出現在哥德式教堂裡一樣令人瞠目。這是自信心動搖的第一個徵兆。

我們在十九世紀，還可看到更多這類的徵兆，其中最震撼的，要算是一八五三年興建的多瑪巴齊宮（Dolmabahçe Palace）。值得注意的改變有二：第一是素檀及其建築師現在大灑金錢並且希望藉此讓外界世界仰止生敬的，不再是清真寺，而換成了宮殿；另一個改變是，以往在鄂圖曼建築上處處可見的傳統價值、傳統標準，以及可以稱得上是高雅的品味，如今幾乎完全崩潰。多瑪巴齊宮的建築簡直像個結婚蛋糕，奢侈華麗，以出乎意想的方式，混合了自歐洲引進的風格和主題，具具體體地彰顯了十九世紀改革目標的大而無當以及其方向的無所適從。

一般說來，西方的影響一直是微小的，接觸到歐洲觀念的也只限於人口中的很小一撮；而且即便是這種極其有限的入侵，也受到反彈運動的節制，有時候甚至會反推回去，例如一七四二年導致第一所土耳其文印刷所歇業的那次運動。如果說軍事失利是改革的主要刺激原動力，其衝力在十八世紀時有了一定程度的削弱，因為鄂圖曼人在那一百年裡，有能力保有自己的戰果，偶爾甚至還可以打幾場勝仗。可是，凱甲納湖條約、割讓克里米亞半島，以及法軍占領埃及等等，皆以銳不可當的強勢，使這個衝擊再度出現。

十九世紀才剛開始沒幾年，鄂圖曼帝國的領土完整就面臨了另一個威脅。除了邊境上有外國勢力進入之外，國內如今也有不少地區出現地方性的領袖和地方性的運動，意欲自治甚或是獨立。一些自治或獨立運動所延續的，是在十八世紀時就十分明顯的走勢，那就是「艾延」、「谷主」和有些不聽王命的「大人」所造成的區域自主，他們在本來被委派去管理的省區切割出一塊公國地自立為王。鄂圖曼帝國政府多次試圖恢復中央在這些地區的威權，結果是引發了地區的反抗。反抗者起初有相當的進展，一八〇八年時曾在伊斯坦堡組織了一個「艾延」和「谷主」的聯盟，他們在那裡與一些中央政府的王公大臣簽下了互相支持的協定，並提出自己宣示的主張。新即位的素檀馬合木二世雖是滿心的不情願，還是批准了這項協議。於是，鄂圖曼素檀在十九世紀之初被迫簽署了一道特許狀，承認鄂圖曼帝國境內的封建特權和區域自主。

素檀在鄂圖曼帝國的中央省分，漸漸能恢復並強化他的威權。但是在稍微偏遠的省分，情況就困難得多。特別是在阿拉伯半島、伊拉克、黎巴嫩，以及埃及這些講阿拉伯語的國家裡，那裡有著各式各樣的獨立主君競爭實際的控制權，他們對於其鄂圖曼王室宗主，只是在表面上做做忠誠。著名的穆罕默德．阿里大人於一八〇五年到一八四八年擔任埃及總督，他便主導了一場對抗鄂圖曼素檀的外交競爭，甚至可說是一場軍事競爭。要不是歐洲列強干預，素檀可能會一敗塗地。穆罕默德．阿里大人成功地把埃及轉變成一個世襲的自治公國，並將它帶上通往現代化的道路。其繼承者一直統治該國到二十世紀中葉。這些繼承者換了好幾次頭銜，先是從「大人」（pasha）換到「哈蒂夫」（khedive），以表示他們在鄂圖曼帝國境內的半君主地位；接下來又換成「素檀」，以宣示其獨立自主，並強調他們與鄂圖曼君主地位平等；後來則是稱做「國王」（king），這是用來強調他們與英國君主的地位平等。

從十八世紀末到二十世紀中這一百五十年間，西方在中東地區的影響和宰制，深深變革了每一個存在的層面。這些變革，在一定幅度上是由於西方統治者以及西方顧問的行動或干預而造成的。不過，整體說來，這些西方統治者和顧問在政策上通常謹慎而保守，因此，最關鍵的變革大多是中東地區的西化分子促成的，而非西方人士。

相對而言，中東統治者在經濟領域所做的直接貢獻並不大。中東的一些國家——特別是土耳其和埃及政府——不時嘗試設計和實行由國家控制的經濟發展計畫，尤其是透過強迫性工業化和快速工業化達成的經濟發展。這些政府認為那就是西方國家富強的關鍵所在。這些計畫在十九世紀的前半業以極大的規模展開，可是並沒有留下持久的影響。到了十九世紀下半葉，諸國政府又把注意力轉移到所謂的「社會間接成本」（social overhead capital）上面，這包括有灌溉工程、交通運輸、通訊事業諸如此類的，而把較屬於直接生產的經濟活動交由私人企業經營——除了農業之外——這通常也意味著交給外國人以及少數族群的成員來經營。

中東諸國政府的致力重點，主要朝向兩個目標：軍事現代化和行政中央集權化。這些環環相扣的施政設計，其目的皆在於恢復及維持政府的威權，藉此在國內對付分離主義者和其他異議分子，在國外對付勢力寖強的敵人。諸國政府為了達到這些目的，紛紛展開了日後將發展成一整套繁複計畫的改革工程。

這個改革工程在一開始的時候純粹是軍事性的，因為中東諸國政府眼下最迫切的問題，就是得在一個由武力強大的歐洲主宰的世界中生存下去。但是，創建新軍不能只靠雇用教官和購買武器來解決訓練和裝備上的問題。現代軍隊需要由受過教育的軍官來指揮，於是進一步引發了教育上的改革；現代軍隊需要由體制部門來維持，於是引發了行政上的改革；現代軍隊需要由工廠來供應裝備，於是造成經濟上的改革；現代軍隊需要支餉，於是展開一系列影響深遠的財政革新和財務冒險活動。

軍事改革者需要做的，不過是在長久以來分隔回教世界和基督教世界的藩籬上，打開一道水閘，這個閘門的空隙不必太大，只要流量穩定即可。然而，他們實際上所造成的結果，卻是一場控制不住的大氾濫。歐洲人的想法，隨著歐洲的武器和技術以及帶進這些武器和技術的人們而傳入，於是遂對舊秩序造成不小的衝擊。人與人之間透過教育、外交、貿易以及不同的旅行形式，產生愈來愈多的個人交流，而這又大有助於新觀念的散播。研習外語人數的日漸增多，譯書量的增加和翻譯書的刊行，又使得這些觀念進一步傳布——自一八二〇年代以降，幫助這些譯作流通的先是定期刊物，後來則是每日發行的新聞紙。

西方武力的衝擊粉碎了中東人民根深柢固的優越感，這在回教社會中釀成深痛的抑鬱。這種抑鬱首先表現在改革運動當中，這些改革運動的目的是要將回教軍隊現代化——也就是把回教國家現代化——以及接納西方文明的部分產物。就後者而言，他們只想在科技這個有限的範圍內進行，可是，外來觀念的滲入與外力的入侵，不要多久就引發了強力的反彈。

反彈動作首先以宗教的形式表現出來。早在十八世紀的時候，就已經出現了兩個重要的新興運動，以不同的方式表達了回教對於西方勢力寖增的反彈。一開始，這兩個運動所攻擊的都是回教內部的腐敗，正是因為這種腐敗使他們遠離了回教信仰的白璧無瑕，於是導致了上述的衰頹。可是到後來，這兩者也都不可避免地把目光轉向外邦侵略這個問題上。

這兩個運動的其中一個，是納克什班迪（Naqshbandi）苦行修士革新教團，源出於蘇非思想。納克什班迪教團自印度引介入中東，先傳到阿拉伯諸國，再傳至土耳其，最後進入了高加索地區。一位來自印度的納克什班迪學者，在埃及為阿拉伯學術復興注入一股主要的推動力，連帶揭開了埃及文藝復興的序幕，直到法國侵入才告終止。另一位來自印度的納克什班迪教士，在阿拉伯半島從事著述，敘說古代阿拉伯人的偉大以及原始回教的純粹，悲嘆後世的增誇扭曲了最初的純粹。這個觀念，可能有助於第二個主要運動的興起，那就是瓦哈比運動，地點在阿拉伯半島中部。這兩個運動都堅決反對蘇非派的神祕主義，認為那是當時回教信仰墮落腐敗的一部分。瓦哈比派在想法上屬清教徒，在行為上卻是戰鬥派，他們占領了阿拉伯半島的大部分地區，並在十八世紀末期，抵達肥沃月彎邊境，向鄂圖曼帝國耀武揚威。瓦哈比勢力於一八一八年被消滅，但是瓦哈比信仰仍然存在。瓦哈比思想在阿拉伯半島上不只一次復興，並且在其他的回教土地上發揮了相當的影響力——雖然這種影響是間接的。儘管奉持全套瓦哈比教義的信徒在中東可能找不到幾個，可是它所代表的宗教復興運動卻影響到許多國家裡的回教徒，灌輸他們一種新式的尚武精神，在接下來對抗歐洲入浸者的奮鬥中，這種精神便可派上用場。當歐洲入侵者來到之時，領導抵抗和喚起抵抗的不是素檀、不是宰相、不是軍士、也不是學者，而是眾望所歸的宗教領袖，他們各自代表不同的復興運動，不僅能夠激發強烈的民眾感情，並且能夠引導這股巨大的能量。

回教對於西方衝擊的第二階段反應，可以在殖民帝國中看得最清楚。這些殖民帝國指的是俄屬中亞、英屬印度和法屬北非，而這個階段的反應指的則是適應和合作。這三個地區都出現了一些領袖，他們懇請民眾學習主子的語言，因為唯有如此才能得到現代知識，而這些現代知識，是民眾進步的必需要件。雖然中東的心臟地帶這時還沒有外國主子出現，可是改革派的統治者和現代化的學者也提出同樣的教導，並把這類教訓帶回國內。

在十九世紀的改革運動和改革活動當中，可以覺察到兩個纏鬥不休的明顯趨勢。其一出自中歐的啟蒙運動，所帶來的觀念較受專制改革者歡迎，對他們來說也比較熟悉。這些專制改革者也像自己效法的中歐對象般，知道什麼是對民眾最好的，不希望在推行改革之際，還要受到所謂的民眾政府（popular government）的掣肘。遲惰的大眾在古老習俗的制約下，還是一副唯唯諾諾、唯命是從的心態，所以當然不能把他們的命運交到他們自己手上。這些大眾得要先接受一些人的教導與指揮，而有資格扮演教導民眾和指揮民眾這個歷史角色的人，正是知識分子和軍人。

另一個觀點是受到西歐而非中歐的啟迪，指的是政治自由主義和部分經濟自由思想。對信從這個趨勢的徒眾來說——先是從土耳其開始，接著擴及其他國家——人民擁有一些受到保障的權利，隨著國家的整體進步，這些權利將由代議政府和立憲政府加以維護。「自由」，被這派人士看成是西方力量、西方財富和西方鴻圖大展的不易之基。

「自由」（freedom）這個字，有好幾層意義。在十九世紀早期，也就是歐洲人的政治觀念已經引介進來、但其人尚未在中東國家建立直接統治之前，中東人並不像後來那樣，主要用這個語詞來指稱一種集體的屬性，即「免於外力宰制」的狀態——更精確的說法，應該叫做「獨立自主」（independence）。此時中東人對自由這個字的用法，比較接近西方人，是用來界定個人在群體中的地位，即公民有權免遭非法或專制政府的行為干擾，以及這個觀念的延伸，即公民有權參與政府的組成和行為。這些觀念的輸入、調適以及某種程度的應用，構成了十九世紀和二十世紀早期一個重要的政治發展。

諮議局（consultative council）和議會（assembly）的最初試驗，可以推溯到十九世紀早期。當時這些諮議局和議會都是官派的，土耳其和埃及的此類諮議局，是召集來討論農業、教育、稅收等事項。一八四五年，鄂圖曼素檀甚至召開了一個各省代表大會，每省選出兩名代表，「自德高望重人所信服者中選出，是為睿智博學之士，通曉興旺之由與眾民之性者。」[1] 雖然這些人具有良材美質，可是這場實驗並沒有什麼後續發展，無疾而終。其後不久，在伊朗也發生了同類的事體。

但是，正當土耳其素檀、伊朗沙王和地方大人在試驗這種委任的諮商團體時，一些臣民已開始玩起更為激進的思想。走訪歐洲的人士稱揚他們在那裡看到的議會政府的優點，於是沒多久，政治流亡分子也成為前往歐洲的常客——在此之前，中東前往歐洲最常見的旅客是學生和官方使節。到了一八六〇年代和一八七〇年代，憲政思想看來已站穩了腳跟。一八六一年，突尼斯（Tunis）的主政者公布了一道憲法，這是回教國家的頭一遭。當時突尼斯是一個自治的王朝國家，受鄂圖曼宗主寬鬆的羈縻。這部憲法在一八六四年又停用了，可是這個趨勢仍在繼續。一八六六年，埃及主政者召開了一個大諮議會，會中有七十五名代表，這些代表一任三年，由間接的社團以有限選舉權選舉產生。與此同時，土耳其也興起憲政運動，較為積極的支持者在一八六七年被迫逃亡英法，但是當一八七六年新素檀阿不都哈密二世（Abdülhamid II）極盡鋪張之能事地頒布鄂圖曼憲法時，這些支持者總算是贏得勝利了。

鄂圖曼王朝的第一次憲政嘗試並沒有維持多久。總共舉行過兩次選擇，而就在議會開始要表現出生氣之際，卻被素檀草草解散。這個首屆的鄂圖曼國會只運作了兩個會期，總共約五個月，而其下一次集會要等到三十年之後。

在阿不都哈密素檀讓鄂圖曼國會休會之後，仍舊施行國會選舉的地方，就只剩下埃及了。埃及一共選了好幾屆國會，而這些國會也都有某種程度的運作，在一八八二年英國占領埃及之後，這項發展仍然繼續下去。一八八三年公布的一道「組織法」（Organic Law），為兩個「半議會形式」（quasi-parliamentary）的團體訂下了有限的選舉權、很少的權力，和短期又罕見召開的集會。這兩個團體在一九一三年合併，取得較大的權力，但是整個選舉和國會作業卻隨著一九一四年的大戰爆發而終結。

與此同時，在中東以外的地方有著更為激進的發展。立憲體制的日本在一九〇五年打敗了專制體制的俄國，這是幾百年來亞洲國家首次打贏一個歐洲國家，此事所傳達的信息實在是清楚得難以否定。就連戰敗的俄國國內也聽到了這個消息，於是，一個具有國會形式的政權便在公眾的壓力之下建立起來。憲政體制是一劑長生不老藥，而且馬上就得要服下。首先拔頭籌的是伊朗，一九〇六年夏天伊朗發生了一場憲政革命，迫使沙王召開一次全國性的議會，並接受一部自由憲法。兩年之後，一群鄂圖曼官員——以「青年土耳其」（Young Turks）聞名於世——強迫不情願

---

1 Ahmed Lûtfi, *Tarih* (Istanbul, AH 1290-1328), vol. 8, pp. 15-7.

的素檀恢復一八七六年的憲法，展開鄂圖曼帝國的第二次立憲和國會政府，這次的壽命維持較長，重要性也較大。

這些早期的憲政改革，顯然是受到歐洲影響和以歐洲為榜樣的結果，其目標自然是期望自己能與歐洲平起平坐。這同時也是一種邀寵的動作——一方面可以取得貸款和其他利益，同時又能擋掉干預和占領。他們在完成這些目標方面，並沒有多大的成就。無論是突尼斯或是時間稍長的埃及議會實驗，都沒能阻止本國陷入破產、失序、受制與遭占領的厄運，於是遂有人認為，議會實驗乃加速此項過程的元兇。

就在憲政改革推行之際，歐洲仍然從兩端繼續推進，中東回教徒對於這些新入侵的反應，再度以宗教方式表現出來。泛回思想（pan-Islamism）的觀念，應該是發源於一八六〇年代和一八七〇年代。泛回思想指的是信仰回教的各民族應組成共同陣線，以對抗基督教帝國這個共同威脅。它可能、至少有部分是受到德國人和義大利人成功統一了其民族和國家而激起的。有一些土耳其人認為，鄂圖曼帝國既然是目前存在的自主回教勢力中最重要的一個，它理應能完成像是普魯士之於德國和皮德蒙（Piedmont）之於義大利的那項偉業。值得注意的是，人們把這種偉業界定成所有回教徒的凝聚與團結，也就是說，形成一個由宗教來界定而非以社群來界定的團體，它不是突厥民族團體，或是其他種族、語言或是領土國家的集結——這些概念在當時對大多數的回教徒來說，並沒有太大的吸引力。

有限而且由政府主控的泛回思想，於是成為鄂圖曼王朝的國策。這在國內很有用，因為它有助於素檀向民眾爭取忠誠，以對付各式各樣的顛覆分子。至於在國外，泛回主義則可以贏取非鄂圖曼國的回教徒的支持，尤其是那些住在歐洲帝國境內的回教臣民。不過後面這項任務所需要的泛回主義，恐怕要比得到官方贊助的鄂圖曼國內版本來得激進和好戰。這種激進版的泛回主義不斷由不同的領袖提出呼籲，而其中有些人並在日後取得相當大的影響力。不過，泛回思想在當時並不是激進菁英政治計畫中的主要成分。當時激進菁英的政治計畫，基本上是籠罩在歐洲的自由主義意識形態以及一種新式的國家觀念之下。

第十七章 新觀念

一八六二年九月，當時的鄂圖曼帝國外長阿里大人（Âli Pasha）寫了一封信給他派在巴黎的大使，信中陳述的是外交家所謂的「全面檢討」（tour d'horizon）。他逐國概論歐洲的外交情況，最後談到的是義大利。義大利此時正身陷於國家統一的水深水熱之中。阿里大人在信中的觀察是：

義大利居民屬於同一個種族，說的是同樣的語言，信的是相同的宗教，然而在統一過程中還是碰到了這麼多的困難。統一運動所帶來的是無政府狀態和社會失序。想想，要是放手讓所有不同的民族去追求他們渴望的自由，土耳其將會成何局面。恐怕得要花上一個世紀的血流成河，時局才能稍為穩定下來。[1]

阿里大人真是位目光準確的先知，雖然他所估計的「一個世紀」，比起實際的情形還是短了些。事實上，與其說他是位時局的觀察家，不如說他是位預言者。因為他懼怕不已——你也可以說他的恐懼是恰當而不過分的——的民族主義這項毒素，已經滲入了政治主體，並且開始肆虐流竄，使得鄂圖曼帝國更形衰弱，終至嗚呼。

這項病毒的來源地，以及中東地區的感染形式和感染時間，都可以找到非常精確的答案，其精確度在歷史研究中實屬少見。它開始於法國大革命的各種觀念，由法國人積極地鼓吹，並由小部分鄂圖曼國民飢渴地接受——一開始，接受的人為數不多，可是與日俱增，從而成為主流。中東回教世界和歐洲基督教世界之間互相交流並非新事。幾百年來，商貨甚至於技術的交換，一直在進行，有時候還是以相當可觀的規模在進行著。在稍早的時期，是中東向歐洲輸出新風尚和新技法，並且教導歐洲人以上的事物。到了較近期，由於歐洲的軍事力量和經濟力量崛興，遂使主要的流動不再是西向而是東向的了。不過，這種東向的流通幾乎全然是物質的，很少發生在思想層面，或幾近於無。在中古時期，觀念的流動一面倒地是自東往西的，西歐那可憐落後的社會，在醫藥和數學、化學和天文學、哲學甚至於神學方面，都是回教世界的學生。可是，到了西方史家稱做「中古」的時期結束之際，回教東方再也沒有什麼可以教導歐洲的了，而歐洲也不再需要回教社會的教導。這時，回教世界對歐洲仍留下的一些影響，主要是在繪畫、文學和藝術方面，可是這些影響相對來說並沒那麼重要。狄福（Defoe）所著《魯濱遜漂流記》（*Robinson Crusoe*），可能就是取材自一部中古阿拉伯哲學小說，這部小說的英譯本在《魯濱遜漂流記》出版前幾年便已刊行。阿拉伯故事彙編的鉅作，即人稱《一千零一夜》（*Thousand and One Nights*）的那本奇書，於一七〇四到一七一七年之間刊行法譯本，從而激起全面的文學改編和仿作，前前後後含括了所有的歐洲語文。西班牙摩爾人的音樂和巴爾幹半島上的突厥音樂，都對其歐洲邊境上的民謠和後來的藝術音樂有著相當的影響。鄂圖曼王朝的大使不時帶著隨員一一走訪歐洲各國首都，使當地的建築藝術、室內裝潢、有時候也包括服裝衣著，都掀起了一股土耳其風（turquerie）的新時尚。

反向的思想傳達實際上是一片空白。中古歐洲沒有什麼能提供給比它先進而複雜多樣的回教社會。然而到了思想以及物質的勢力均衡改變之後，回教世界便失去了它早期所具有的容受性，尤其是不能容受任何來自基督教世界的事物——也就是說，按照回教徒的想法，基督教社會所代

1 Published by Cavid Baysun in *Tarih Dergisi* 5 (1953), pp. 137-45.

表的宗教文明，是一個早期且過時的階段，而回教在這個宗教文明當中，代表的是終極的至善。歐洲文化的輸入物是有的，主要是些與軍事相關的項目，對於這些項目，人們從很早的時候就已公認歐洲是居於優異地位。這些長處包括了一些地理和製圖上的資訊，甚至還包括對於新世界的早期描述和地圖。可是，這些資訊似乎對思想生活並沒有造成多少影響，或可說是全無影響。同樣的情況也發生在用來協助鄂圖曼政府去因應歐洲列強的歷史資料，這些資料的數量十分有限。在中東，關於歐洲歷史的文籍甚少，其影響亦極微。文藝復興、宗教改革、啟蒙運動、科技革命，這些重大的運動，一概船過水無痕，沒人注意，也無造成影響。回教世界在幾個世紀之前，也曾開展過本身的文藝復興，其影響之大，甚至連歐洲也感受得到。然而，回教世界對歐洲的文藝復興卻沒有什麼反應，對宗教改革亦然。所有這些觀念和隨之而來的其他事項，都被歸類為基督教的，因此也不受重視。回教徒就這樣對這些事物漠然處之，既然扯不上關係，也就不必去感興趣。

法國大革命是第一個對中東具有重大意義的歐洲觀念，這個觀念的引進，開始改變了中東民眾的思考方式和行為模式。發生改變的原因之一十分明顯。法國大革命是歐洲第一場並非使用基督教辭彙來表達其理念的重大起事，其部分的說明者，甚至表現出反基督教的傾向。像這樣的世俗主義，對回教徒並不具有吸引力；要說有任何作用的話，那也是反作用。可是，一個沒有沾上那個對立的和已被取代的宗教的污點的運動，一個受到鄂圖曼人在歐洲所有傳統敵人反對的運動，則是另一回事了。至少，民眾可以看看這個運動的優點，它或許會透露出西方富強的祕密，關於後者，回教徒可是愈來愈關切。

法國大革命和歐洲早期運動的另一個明顯對比，是法國人積極且按步就班地在中東民眾當中推廣他們的觀念。一開始的時候，人們對於法國大革命宣傳的反應幾乎等於零，而且主要限於信仰基督教的中東臣民。不過，這些觀念在這些人之間傳播得非常迅速，以至於很快便影響到鄂圖曼帝國的主子和臣民。借用幾位當時鄂圖曼國內作者的玩笑話來說，這些新近得來的法蘭克觀念，就像新近傳來的法蘭克之疾（即梅毒）那樣，傳播得還真快。

對於信仰回教的民眾來說，自由、平等、博愛並不然是新式而陌生的觀念。博愛——即信眾互相友愛——是個基本的原則，這就像信眾彼此平等一樣，不受種族或是貴族特權所束縛。若就實際的生活現況來看，這些特權就像在別的地方一樣，也不免會在回教地方發生，可是，它們的產生是在回教之外，並不是回教的一部分，這些特權在回教地區從未得到像在歐洲那種穩固地位和公眾認同。

至於，信眾和非信眾之間的平等，則是另一回事。可是，即使是那種自願接受的低等資格，也可以隨時透過簡單的皈信行動消除。奴隸和婦女的那種不平等地位，就沒那麼容易擺脫，不過此事在當時，似乎並沒有引發強烈的情緒反應，此後很久也沒有引發強烈的反彈。被解放的奴隸可以升到高位，而素檀的奴隸在許多方面來說，乃是鄂圖曼帝國的真正統治者。至於婦女們那種由啟示而確立、並在聖律中受到奉行的低等地位，在這個時候還沒遭到公開質疑。這個聖律的影響並不是全然負面的，因為聖律也允許回教婦女有著某些權利，譬如在財產事務方面的權益，這可是同時代的西方婦女所未享有的。好幾位從西方世界前來此地的女性訪客，都注意到了這一點。

廢除合法的動產奴隸，主要是因為西方人的統治、干預或是影響而達成的，而且，這事並沒有激發出多少關切或是辯論。婦女解放則恰恰相反，它雖然明明白白是受到西方觀念所啟發，但其各項進展，卻都源於內部主動再加上激烈的內部辯論所促成。在這方面，即便只有小小程度的進展，還是構成了回教好戰者——不論是傳統的還是激進的——的主要困擾之一。回教復興運動所造的一望可知的最主要後果之一，正是婦女的全面回歸傳統穿著——男性完全不在此限。回教革命之後，伊朗男性仍舊穿著西式服裝，但以不繫領帶來表示他們對西方世界的排拒。可是他們對於婦女的要求，可想而知是嚴格得多。

自由（liberty）和平等、博愛的情況正好相反，它至少在政治意義上是個新式觀念。「自由」（free）和「自由權」（freedom）這兩個詞在回教用語當中，其第一層意義是法律上的，第二層意涵則是社會上的。所謂自由的男女，是指不被他人擁有的奴隸。這個名詞，有時也會在行文當中用來指稱一些特權和豁免，諸如豁免於強迫奴役，以及遭受其他的榨取和施壓。然而，「自由權」這個名詞在回教徒進行各式各樣的政府本質討論時，並不被廣泛使用，回教徒也很少用這個名詞來對比政府之良窳。按照回教徒的聖傳，暴政的相反不是自由而是正義。「正義」根本上被看成是統治者的責任，而非臣民的權利。「公民權」（citizenship）這個西方觀念以及相關的參政權和代表權課題，是經由法國大革命的影響或說是衝擊，才為人所知。

從大革命的最初階段開始，法國駐伊斯坦堡的大使館就成為宣傳活動的中心之一。革命文學在此譯做鄂圖曼帝國內通行的各種語言——土耳其語、阿拉伯語、希臘語、亞美尼亞語——革命文學還從法國進口，或是在大使館領地上興建的印刷所內印行。一七九三年，升起法蘭西共和國新三色旗的兩艘法國船，停泊在色拉格里歐角（Seraglio Point）對面，給了土耳其人一個觀看莊嚴儀式的機會。用法國大使的話：「鄂圖曼人和美國人的旗幟，以及那些還沒讓不虔誠的暴君聯盟污染了他們的武器的列強旗幟，都飄揚在這兩艘船上。」[2]欲罷不能的各種慶典，以法國人及

[2] E. de Marcère, *Une ambassade à Constantinople: la politique orientale de la Révolution française* (Paris, 1927), vol. II, pp. 12-4.

親法者繞著「自由之樹」大跳「共和革命舞」（a republican carmagnole）[3]作為結束。這棵「自由之樹」是他們種在土國土壤上的，位於法國駐土大使館的院子裡面。

這些活動令某些人產生了警覺，可是主要是歐洲列強的大使館而不是土耳其人。一位鄂圖曼史家記載，當時奧地利、普魯士和俄羅斯聯名要求禁制法國人在土耳其炫耀其三色帽章以及其他的革命紋章。宰相府的國務卿對這個請求的回答是：

> 朋友們，我們已經和你們說過好幾次，鄂圖曼帝國是一個回教國家。我們的人，沒有一個會注意他們那些徽章。我們把友好國家的商人，看做是客人。他們在自己的頭上，隨他高興戴什麼頭飾，至於他們為何要戴，那不關宰相府的事。你們純然是庸人自擾。[4]

根據另一個版本，鄂圖曼官員回答說，宰相府並不關心外賓的頭飾或是足飾。從這份文獻以及其他早期的文獻看來，土耳其人在一開始的時候，相信他們仍然可以像過去一樣，由於自己的宗教而免疫於西方的傳染。

這些人的想法很快就幻滅了。一七九七年十月，哈布斯堡家族的皇帝簽下康波弗米歐（Campo Formio）條約，被迫與大革命後的法國談和。條約的其他條款終結了威尼斯共和國的悠久歷史，其領地由哈布斯堡帝國和法蘭西共和國瓜分。愛奧尼亞諸島（Ionian Islands）[5]以及普雷維查港（Preveza）和希臘與阿爾巴尼亞相鄰的沿岸，歸為法國人所有。法國人在此地統治的時間很短，先是從一七九七年到一七九九年，再是從一八〇七年到一八一四年，不過，法國統治留下了相當的影響。過去幾百年來，這些領土都是在威尼斯人而不是土耳其人統治之下，可是，居住在這些地區的卻是希臘人。因此在法國短暫統治期間所傳入的激進和革命性改變，對於毗連的鄂圖曼帝國摩里亞（Morea）省分裡的希臘血胤，自然不無作用和影響。

法國人長期以來自許為鄂圖曼帝國的傳統友人。現在這位老朋友成了新鄰居，友誼也就禁不起考驗了。預警的報告很快就開始從鄂圖曼治下的希臘傳送到京城來，報告的是法國統治地區的情況，包括各種剝奪貴族特權、讓農民自強迫勞動中解脫出來、舉行選舉，以及人們普遍在談論著自由和平等。其中最危險的，可用一位鄂圖曼史家的話來說，是「他們用緬懷、追憶古希臘城邦的昔日榮光，來鼓動該地的東正教徒接受共和思想，並且著手敗壞鄰近鄂圖曼帝國臣民的心靈」。[6]

3　譯按：為法國大革命時期的一種法國舞蹈。

4　Cevdet, *Vekâyi-I Devlet-I Aliye* (Istanbul, 1294/1877), vol. 5, p. 130.

5　譯按：指土耳其面向愛琴海那邊的一些以希臘人為主體的島嶼。

6　Cevdet, op. cit., vol. 6, pp. 280-1.

當法國人以出乎意外的速度易如反掌地占領埃及，這個完全是屬於鄂圖曼回教徒的省分，並且在當地展開同樣危險的顛覆性談論，也就是談論昔日的榮光與現代的自由時，這個教訓便以更為尖銳的方式傳回土耳其本國。

昔日榮光與現代自由這兩個觀念的結合，以及以不同的比例所調配成的不同口味，實在是令人難以抗拒。市民權式的自由，是一個人們並不熟悉的外來事物，其吸引力在一開始的時候十分有限。可是當這個觀念混合了其他兩種從歐洲引進的新觀念，即愛國主義和民族主義之後，它的潛力突然暴增。這兩個新觀念，指的是人們接受以國家和民族作為決定認同及忠誠的最重要因素，而不再以宗教為認同和忠誠的核心，因而，國家和民族也就成為合法性與民心所向的決定性因素。

這個危險——尤其是其世俗面的涵義——已經被人們注意到了，而且還引發了反制。一份素檀政府在當時以土耳其文和阿拉伯文刊行散發的反駁文字，提醒讀者說：

> 法國人……不相信天地之主的獨一性……卻廢棄了所有的宗教……他們……假裝……並無復活和報應之事、沒有審判和報復、沒有困惑也沒有答案……他們堅持……在作為人類的這件事情之上，人人平等和彼此相同；沒有人較他人優勝或優越，每個人都是自己處置

自己的靈魂，安排自己的……生活。他們在這種虛無的信念和荒謬的意見之下，樹立起新的原則，制訂了新的法律，他們聽信了撒旦的耳語，推毀了宗教的基礎，把禁制的事物弄成合法，允許自己隨心所欲。他們還誘惑老百姓施行不義，這些人就像精神錯亂的瘋子，在各種宗教之間撒播煽動的言詞，為國王和政府帶來災禍。他們用內容不實的書籍和外表華麗的謊言，對每個人群團體訴說：「我是你這邊的，屬於你的宗教和屬於你的社群。」……其渾然地卑鄙敗德，騎乘不忠不義和胡猜臆測的駿馬，潛入錯失與不虔誠的海洋，在撒旦的旗幟之下會聚一致。[7]

這篇文字在指稱這個挑戰的時候一再地提到撒旦，這個用法適洩漏了天機。用古蘭經最後一章的說法來說（第一百一十四章第五節），撒旦是個「潛在的長舌鬼，在人的心裡搬弄是非」。同樣的主題在二十世紀後期又再度重現，試圖用來反制歐洲人——後來是美國人——的觀念和生活方式。

---

[7] 土耳其文本出自伊斯坦堡檔案局，刊行於E. Z. Karal, *Fransa-Misir ve Osmanli Imparatorlugu (1797-1802)* (Istanbul, 1940), pp. 108ff。阿拉伯文本在由史密斯爵士（Sir Sidney Smith）帶至亞克（Acre）時，還包括有一份賈沙大人（Jazzar Pasha）的傳說：*Taʾrīkh Aḥmad Bāshā al-Jazzār* (Beirut, 1955), pp. 125ff。這兩個版本之間有些出入。

盛行於鄂圖曼帝國的伊朗沙王國當中的傳統政治和社會秩序（在伊朗略有修正），係植根於古典的回教律法和習俗，除此之外，也植根於遠古中東的遙遠文明。這個傳統的政治秩序和社會秩序，就像其他的宗教性文明那樣，立基於明白的不平等之上，因為對於接受上帝最後啟示的人，和依個人意願不接受這項啟示的人給予同等的對待，不僅不適當而且不近情理。一些現代的衛教人士，在稱許傳統回教政權對宗教所採行的寬容態度時，都連帶會稱許它是個平權的體系。其實事情的真相並非如此，而現代平等觀念在當時的確不會被看做是懿行善德，反而是玩忽職守。回教國家在拒絕給予不信者平權這件事情上，走的是當權各教的一般作法。它與其他大多數宗教的不同之處，是在社會上給予這些不信者一個認可的地位，這個地位是由聖律所界定和維護的，也為回教大眾所接受。這種認同的地位指的並非平等地位，但它的確提供了某種程度的寬容，某種在教規中未曾明指的寬容。這個標準一直沿用到宗教不再有力，或至少在公眾事務上的影響不再強大之時。回教徒的宗教寬容，當然只局限於那些接受回教為早期啟示宗教的那些一神信仰者。徵諸中東地區的實際情況，指的是各個宗派的基督徒以及猶太教徒。伊朗也有一個小小的祆教徒社群留存。在鄂圖曼帝國裡，這些少數民族都被納入到一種稱之為「米列特」（millet）的社群單位。

「米列特」是一種宗教—政治社群，因其歸屬之宗教命名。「米列特」的成員遵守該宗教的規定甚至於該宗教的法律，由自己的領袖主持行政——自然，其限度是不能和國家的法律與利益相衝突。非回教徒的「米列特」享有某種程度的宗教自由和社群自主，相對地它也必須要向國家效忠，並接受「點密」身分的限制和缺憾。

鄂圖曼帝國境內有四種主要的「米列特」，依序是回教徒、希臘人、亞美尼亞人和猶太人。四者完全是用宗教來界定的。回教徒的「米列特」也叫「主要的米列特」（millet-I hakime），包括有說土耳其語、阿拉伯語、庫德語、阿爾巴尼亞語、希臘語和多種巴爾幹和高加索地區語言的人。

第二種「米列特」是希臘人的「米列特」。這個「米列特」剛巧相反，成員有種族定義上的希臘人，也包括來自各地的東正教信徒——歐洲的塞爾維亞人、保加利亞人、羅馬尼亞人及阿爾巴尼亞人，和亞洲那些說阿拉伯語和土耳其語的東正教徒。這些人在西方的分類法中，可能會稱做信仰基督教的阿拉伯人和土耳其人。

第三種「米列特」是亞美尼亞人的「米列特」。這個「米列特」較為一致，主要包括了亞美尼亞民族的成員，他們都信仰亞美尼亞式的基督教。然而，這個「米列特」又包括相當數目說土耳其語的人士，他們採用亞美尼亞文的字母來書寫土耳其語。在某些時期，這個「米列特」也包括了埃及科普教會（Coptic Church）與敘利亞雅各教會（Jacobite Church）的信徒，這些教會都因其一神性的基督信仰與亞美尼亞教會有所聯繫。值得注意的是，無論是希臘人的「米列特」或是亞美尼亞人的「米列特」，都沒有包括東儀教會或是其他信仰天主教的希臘人或是亞美尼亞人，或是後期從這些族群中皈信基督教的人士。

猶太人的「米列特」，包括在一四九二年驅逐令前後逃離西班牙的說西班牙語的移民，居住在敘利亞和伊拉克本土並使用阿拉伯語的猶太社群，以及摩里亞地方說希臘語的猶太人，還有一些使用數種其他語言的小小社群。

因此，這種以宗教來界定的「米列特」，每個都包括了各式族群，有時候也包括各式部落群體。這些內容的分門分派，並不是無關緊要的。在政治、官僚、商業和社會的對立上，它們形成了團結各派的基礎。不過這也促成了各種族群刻板印象和種族偏見的產生。這個現象在幾百年來的文學作品中都可以看到，在現在依然很常見。但是，當典型的「米列特」體系仍舊依照它的內在邏輯運作時，這種種族性的團結並沒有界定基本的身分認同，或是決定其終極的效忠對象。被我們稱做土耳其人和阿拉伯人的那些人（他們今天也如此自稱），要到滿近代的時候才用這些名稱來描述自己。雖然他們的語言叫做土耳其語，可是伊斯坦堡以及其他城鎮的文明市民，並不自稱為「土耳其／突厥」（Turk），卻把這個特殊名詞留給安那托力亞的原始農民和遊牧民。以此類推，埃及和肥沃月彎那些說阿拉伯語的居民，雖稱自己的語言為阿拉伯語，卻把作為實名詞的

「阿拉伯」，留給住在沙漠邊緣的貝都因居民。[8]一直要到了現代，識字的城市居民在歐洲人的民族觀念影響下，才開始使用這些種族名詞來描述自己。

這些歐洲觀念所激起的衝擊，自然是在鄂圖曼帝國的基督教族群當中力道最大，也最直接。最先遭到那股嶄新而強勢的民族主義浪頭衝襲的，是希臘人和塞爾維亞人，接著是其他的巴爾幹半島民族，最後是亞美尼亞人。這股浪潮波及之廣，即使連猶太人這個最小、最弱且最不受影響的非回教少數民族，也在日後發展出自身的國族主義。一位名叫猶大·阿勒卡萊（Yehuda Alkalai）的猶太教師，於一八四三年寫了一本小書，書中提出一個新奇的想法，認為猶太人不需等待上天救贖，而應立即回返聖地並動手重建。這位阿勒卡萊老師出生並居住在屬於鄂圖曼帝國的薩拉耶佛城（Sarajevo）。

在十九世紀的時候，鄂圖曼帝國境內的基督徒少數族群，基本上是在追求三個完全不同、也永遠不可能相容的目標。這些目標中的第一個，是享有鄂圖曼國內的平等公民權，也就是與主體回教徒平等的權益。歐洲人極力向土耳其人推銷這種不論宗教何屬皆應享有同等公民權的觀念，有時候其主張甚至與他們在本國境內的作為南轅北轍。可是鄂圖曼國內的自由主義者和改革者，

8 譯按：Bedouin為「貝杜」的阿拉伯文複數型，今依英文約定俗成的方式譯成中文。

卻一秉熱忱地接受了這個觀念。要是做少了其中任何一點，就當時開明意見的標準來看，就是不夠水準和難以接受。

舊式的不平等之所以教人愈來愈難忍受，不只是因為新觀念的鼓吹，也和他們當時新取得的繁榮昌盛有關。非回教徒社群在革命戰爭和拿破崙戰爭期間，以及在十九世紀早期，整體上說來發展得相當不錯。他們的教育程度比起回教徒平均受教程度為高，他們和外界溝通也比較容易。於是乎，這些族群的生活遂愈過愈好。於是，也使得舊秩序加諸其身的社會和政治低等身分，益發難堪。在十九世紀鄂圖曼政府頒布的一系列主要改革詔令中，正式施行了平權。後果比起字面上的規定雖是有點差強人意，可是，絕不只是表面功夫，毫不足取。

鄂圖曼國境內的基督徒益發努力追求的第二個目標，是獨立自主，或至少是在自己的民族土地上享有自治形態的政府。在十九世紀到二十世紀早期那個階段，先是塞爾維亞人和希臘人，然後是巴爾幹半島上的其他民族，都得以在自己認為是本族疆域的部分土地上，建立主權獨立的國家——這些民族對於其鄰國及其他的鄂圖曼領土，也都曾提出了恢復國土的宣示。亞美尼亞人的處境比起來就艱難得多，他們散布在鄂圖曼亞洲領土上的幾乎每個角落，可是卻沒有在任何一個地區形成主體民族。亞美尼亞人奮鬥之艱苦，可從下面這個事實看出，那就是他們從未在現代建立過任何一個主權國家——這和巴爾幹諸民族以及後來的阿拉伯人與猶太人都不一樣。這裡所謂的「從未」，指的是直到蘇聯崩解，原先的亞美尼亞蘇維埃共和國得到真正的獨立之前。

第三個目標是保留「米列特」在舊秩序底下原有的特權與自治地位，這包括了維持與執行本身的宗教律法的權利，以本族的語言控制自己的教育體系的權利，以及普遍上保有本身特殊文化的權利。這個目標很少被挑明出來，但是人們一以貫之地執著追求著。徵兵法在十九世紀隨著其他的歐洲新事物同時引進，又為上述清單加上重要的一項。不准非回教徒攜帶武器這項禁令，在以往被認為是一種貶抑的排除行為，如今則由於可藉此豁免於義務兵役，而成為寶貴的特權。不過政府仍然保留原有的「人頭稅」，並易名為「免役代金」，這或可看成是為這個特權付出的小小代價。

就長期來看，這三個目標是不可能相容的。而即使訴求短期利益，眼下也有些不利之處。公民平權既意味著地位的提升，也代表了地位的下降。當時的鄂圖曼觀察家傑夫代特大人（Cevdet Pasha），在記錄一八五六年二月頒布的大改革詔令時，寫下了下面這段話：

> 教長們……很不高興……原先在鄂圖曼國中，社群是有階級的，回教徒第一，然後是希臘人，然後是亞美尼亞人，然後是猶太人，現在，他們都被放在同一個層次。一些希臘人反對此

舉，說：「政府怎麼把我們和猶太人放在一起。我們可是對於回教的至尊地位十分滿意。」9

「某些希臘人」會有這種回應是可以理解的。早在十七世紀和十八世紀，首都的希臘上層社會就已經和鄂圖曼國建立了幾乎是共棲的關係。特別是一個叫做「法納爾」（Phanariots）的大老家族團體，他們住在伊斯坦堡城內靠近希臘教長轄區的法納爾區（Phanar），因此得名。他們實際上壟斷了鄂圖曼公職中的某些重要職位。這些重要的職位，包括了宰相府的「譯員總領」（Grand Dragoman）——這個職位在名義上只是一位翻譯員，但事實上卻在日常事務方面主管著鄂圖曼帝國的外交關係。每一位派往歐洲的鄂圖曼帝國大使，都有「譯員司」派出的希臘語翻譯隨行，這位隨員亦相應地掌管了不少使館業務。「法納爾」握有的其他職務，還包括了兩個多瑙河上的公國的總督管轄權。這兩個公國，在後來合併成今天的羅馬尼亞王國。

至於對獨立地位乃至獨立自主的要求，則很難不令人開始懷疑這些非回教徒臣民是否忠貞可靠，特別是對國內那些非回教徒公務員。就在希臘人起事之初——此事件後來演變成希臘獨立戰爭——宰相府的「譯員總領」立刻就不明不白地被安上了很可能是莫須有的「通敵」罪名。而一直遲至一八四〇年，這種情形才有所轉變，鄂圖曼帝國政府在那年首次與雅典展開正式的外交報訪，他們派出的第一位使節，是一位「法納爾」希臘人，名叫科斯塔奇·穆蘇魯斯（Kostaki

Musurus），他後來還作了鄂圖曼帝國駐倫敦的大使。然而整體說來，鄂圖曼帝國統治下的希臘人，已喪失了原先在鄂圖曼國中所享有的信任和權力，而且從不曾恢復過。

與此同時，少數族群的相對地位有著其他的改變。在十六世紀的時候，猶太人是唯一擁有歐洲知識和歐洲技術，但國內卻不會懷疑他們對本國的歐洲敵人有所同情的族群。接連幾任的鄂圖曼主君，都覺得猶太人在經濟和政治兩方面十分有用。然而，猶太人也受到鄂圖曼國勢下衰的牽累，這個牽累要比其他任何一個少數民族的社群嚴重許多。猶太人不像鄂圖曼國內的基督教徒那樣，他們得不到歐洲商人的青睞以及歐洲政府的保護。猶太人和鄂圖曼國內的基督教的另一個不同點，是在十九世紀的下半葉之前，他們並沒有經歷那種為基督教社群重新注入活力的教育或思想方面的復興。他們在中央和地方的商業及政府職位，逐漸為基督教徒所取代，這裡的基督教徒，指的是希臘人、亞美尼亞人以及一個重要的新成員：地中海東岸使用阿拉伯語的基督教少數族群。

在這些族群當中，人們愈來愈不信任希臘人；而說阿拉伯語的基督教徒仍然局限於鄂圖曼帝國的遙遠一角，還無法發揮他們後來的那種傑出性和影響力。於是，這些改變的主要受益人是

9 Cevdet, *Tezakir 1-12*, ed. Cavid Baysun (Ankara, 1953), pp. 67-8.

亞美尼亞人。長久以來，他們都被喚做「忠誠的米列特」（millet-I Sadika），不只是鄂圖曼人，連西方觀察家也都認為亞美尼亞人是對鄂圖曼國最忠心的少數族群。亞美尼亞人就像先前的希臘人一樣，由於受過西式教育並擅於掌握商機，因此能夠贏得不少好處，相應地也就興盛了起來。到了二十世紀頭幾年，有一位亞美尼亞領袖與「青年土耳其」團員彼此合作，推翻素檀阿不都哈密二世的專制統治，並且協助「青年土耳其」完成一九〇八年的革命。在革命後的土耳其政府當中，甚至一度有一位亞美尼亞籍的外長。

可是，對亞美尼亞人來說，情況就像希臘人的遭遇一樣，舊有的共棲關係不再可能存在。亞美尼亞人所取得的新興繁榮，為他們帶來了更好的教育以及一場文化復興，而這又使得亞美尼亞人更能接受來自外界世界的新觀念。這些新觀念從東西兩方同時傳來，而彼此之間又往往有著各種衝突和矛盾。來自西方的新觀念，是國族的獨立自主和自由的民主政體，以及一種基督教重獲自信的感覺——後者是由於教會學校的急遽擴張所造成。來自東方的新觀念，則包括俄羅斯提供的保護，以及俄羅斯革命分子的顛覆訊息與顛覆手段。這所有的觀念都有信徒跟隨，對這些信徒來說，「點密」這個地位就算曾經是個很好的安排，如今也已變得無可再忍受了。

鄂圖曼勢力下衰人人可見，這又點燃了新的希望。一八七六年的保加利亞危機，造成鄂圖曼帝國的慘敗以及列強涉入鄂圖曼帝國的國內事務，這事看來似乎為他們的盼望指引了方向。柏林條約（一八七八）第六十一條保留了已失效的聖斯泰法諾條約第十六條條款，其內容可說是既模糊又明確。這項條款提到鄂圖曼政府「不再延宕推行亞美尼亞人居住諸省因地方上的需求所提出的改善和改革要求，以防禦切爾卡斯人和庫德人以保障其安全。為達成此事所採取的步驟，將會定期報告給〔歐洲〕列強知道，而需求申請之審理事宜，將由列強負責」。

末尾的那句話清楚明瞭，而且還得到了事件的補強。保加利亞人就像他們之前的希臘人一樣，經過艱辛但有效果的一連串起事、壓制和干預，終於贏得獨立自主的地位。所以，依當時的情形看來，如果走同樣的路子，應該也可以建立一個獨立自主的亞美尼亞。於是煽風點火燎燒成武力行為，再度點燃長期蟄伏的宗教敵意和種族敵對。從一八九〇年開始，尤其是在一八九五年到一八九六年的時候，造反與鎮壓、恐怖和屠殺猙獰地循環，蹂躪了土耳其東部，甚至還輕微地影響到伊斯坦堡。大批亞美尼亞人遇害，其中許多是被「哈米德軍」（Hamidiye）所殺。「哈米德軍」是一支由地方組成的編制外部隊，素檀阿不都哈密二世授權他們去處理亞美尼亞暴徒和所有涉嫌幫助、藏匿或同情亞美尼亞暴徒的可疑人物。可是其結果卻適得其反，不但沒使革命運動氣餒，反而更激勵了它們。於是基督教徒（指亞美尼亞人）和回教徒（指土耳其人、切爾卡斯和庫德族的村民與遊牧民）之間的侵襲和交戰，遂惡化成無法根治的地方痼疾。

亞美尼亞人在許多方面都要比在他們之前爭取獨立自主的巴爾幹基督教徒倒楣得多。亞美尼亞人占人口多數的城鎮和地區，係以點狀的方式散立於鄂圖曼各地，而不像人口連結成一片、以致可以劃出一塊本族鄉土的希臘或是保加利亞那樣。因此，他們在每個所居住的省分都屬於少數族群，而那些占多數的回教民眾，則愈來愈對他們的渴望和行為感到不安。亞美尼亞人居住的腹地包括其舊都，都已併入了俄國沙皇的帝國版圖。沙皇或許會視情況提供資助或鼓動，但是俄國人並不想建立一個自由的亞美尼亞。

隨著時序的推進，即便是鄂圖曼帝國境內的回教族群，如突厥人、阿拉伯人以及其他民族，都喪失了先前不為所動的免疫力，陸續屈從於歐洲觀念的感染。這些歐洲人的觀念，包括自由思潮、愛國主義和民族思想。這些觀念大大掏空了合法性和忠誠度的傳統結構，因此毀壞了舊有的政治秩序。這些觀念分兩個階段傳入：先是以愛國主義的形式自西歐傳入，再是以民族思想的形式從中歐和東歐傳入。

民族（nation）和國家（country）在傳統的回教世界裡，就像在基督教世界裡一樣，往往帶有強烈的民族認同和地方意識。回教中東的三大民族：阿拉伯人、波斯人和突厥人，都對自己的民族遺產引以為傲。這些民族遺產包括了他們本身的語言和文學、歷史和文化，他們所設想的共同祖源，以及獨特的人文和風俗。人們對於自己的出生地，也會有一種自然而然的歸屬感——熱愛鄉土、以家鄉自豪和遠遊思鄉這些主題，在回教文學中就像在西方文學中一樣常見。可是，這些情感並不帶有政治意味，而且在西方觀念侵入之前，把民族或民族故土看作是一個政治認同和主權單位的觀念，從來就沒有被人接納，甚至不為人知曉。對回教徒來說，他們的認同是回教信仰，而他們的忠誠則歸於奉此信仰之名統治他們的主政者，或是奉此信仰之名統治他們的王朝。

對於回教世界來說，愛國主義和民族主義都是外來的。不管是在君王的名號中或史家的作品裡，民族和國家這兩個詞都同樣既不指涉主權，也不界定身分。如同阿里大人所觀察到的，這些觀念的傳入在影響上可說是流毒千里。

愛國主義在西方文明中可謂根深柢固，早在古希臘和古羅馬便可見其源頭。這裡指的愛國主義，不只是對於自己出生地的自然熱愛，還包括對於本國有著政治和——若有需要的話——軍事上的責任，當本國政府提出要求時，自當義不容辭地挺身履行。愛國主義在英國、法國和後來的美國，又和另外兩種思想相結合：其一為團結國內多樣化的人口於單一的國家忠誠之下，其二為人們愈來愈認識到民眾才是主權的真正來源，甚至是唯一來源。主權的來源不再是教會，也不是政府。

愛國主義把居住在英國和法國的眾多民族——有些語言互異、有些宗教信仰不同——融鑄成團結又強大的國家。一些鄂圖曼的觀察家看到歐洲的這幅景象，感到這樣一個觀念也可以用來聯繫鄂圖曼帝國境內不同的種族社群和宗教社群，聯繫的紐帶是對於鄉土的共同忠愛——連帶地也就會忠於統治這片土地的鄂圖曼政府了。

稍微再晚一點，埃及也接納了愛國這個觀念。埃及在推動愛國主義方面，有許多得天獨厚之處。埃及的地理與歷史，要比中東地區的其他國家有著遠為明確的界線。它的國土是由一條獨貫全境的河谷和三角洲所構成。它的歷史雖然已阿拉伯化和回教化，但是千年以來，一直保有延綿不斷的認同，其同質性和中央集權的程度，也是中東地區絕無僅有的。以國家為界定標準的愛國主義這個新觀念，之所以能在埃及繼續推展，哈蒂夫王朝（Khedivial dynasty）的雄圖偉略實發揮了不小的推波助瀾之功。哈蒂夫王朝已經在埃及建立了一個實質的自治邦國，只在名義上奉鄂圖曼素檀為宗主。哈蒂夫王朝對於區隔民族性和國家性的那種意識形態甚感興趣，因為它有助於促成下面這種觀念：亦即埃及乃一個獨一無二的實體。要用西方式的標準把埃及看成一個民族和一個國家，基本上並不太困難；可是若要從這個角度來理解多語言、多文化的十九世紀鄂圖曼帝國，顯然就不是那麼容易。不過，即便是在埃及，民眾對這個新認同的接納，依然是緩慢、漸進，且頻遭抗爭。就算是到了今天，我們也不能說所有的埃及人都已完全接受了這種認同。

從十九世紀中葉起，愛國主義就由一個非常不同的觀念接續下去，而且後者在絕大程度上取代了前者，那就是民族主義。愛國主義在西歐是個非常好用的觀念，因為對西歐而言，國家／政府與民族這兩者，實際上二而一的。可是愛國主義卻不適用於中歐和東歐那種非常不一樣的情況

——支離破碎的日耳曼，種族分歧的奧匈帝國，以及有「眾民族的囚牢」之稱的沙皇帝國。處於這樣的一種政治實況下，愛國主義意味著支持權力均勢，可是當分歧的數目愈來愈多，均勢也就愈來愈不可能維持。可是民族這個觀念，卻與國家和處境無涉，而是由語言、文化，以及人們所認為的共同始祖來界定的。這些項目和民眾的實際生活較為貼合；和中東的實際情況也較為接近。於是在中東地區，中歐類型的民族主義便要比西歐類型的自由愛國主義更容易明瞭，也較容易接受。

愛國主義和民族主義這兩個觀念傳入中東之時，都結合了自由主義與反對運動。一般來說，愛國主義傾向於增強既有的政治秩序，而民族主義則傾向於顛覆既有的政治秩序。對於一位愛國分子來說，自己國家的獨立是天公地道的，自由主要是與個人在國內的地位有關。對一位民族分子來說，統治他的政府可能是外來的、暴虐的，國家和民族二者都屈從於外邦人的統治之下，有時還可能是分而治之的情況。於是自由對他們而言，就意味著終結這些錯亂，並達成民族獨立和團結的目標。

首先感受到這些新觀念影響的，是鄂圖曼帝國境內的非回教徒臣民——這些人對於自基督教歐洲發散出來的各種觀念，抱有比較開放的心態，他們也比較容易被說服說：他們的政府原來是個異族暴君。新觀念不只影響了他們對政府的看法，在希臘人的「米列特」裡面，也可以看到同樣的歷程，這個希臘米列特在舊制度底下，已經凝聚了鄂圖曼帝國境內的所有東正教徒。在十九世紀的時候，處於教會威權統治下的非希臘裔正教信徒，開始因為高階職務幾乎全由種族上的希臘人一手包辦而感到焦燥忿懣。先是巴爾幹半島上的民族，再來是敘利亞地區使用阿拉伯語的東正教徒，都要求能在自身的社群事務上以及自身的屬靈組織中擁有更高的發言地位。在這件事上，敘利亞的教徒不像巴爾幹半島上的教友們做得成功。新發酵的民族主義不斷地攪擾著希臘「米列特」。這個民族主義觀念，後來更完全摧毀了鄂圖曼帝國。

伊朗由於離歐洲比較遙遠，又受到俄羅斯和鄂圖曼帝國的緩衝保護，所以得免於西方的直接衝擊，因此西方觀念對它的影響遂顯得較慢、較晚又較弱。其形勢也在某些方面不利於西方觀念的傳布。伊朗的沙王就像素檀們一樣，統治著宗教信仰互異、使用語言也不同的廣土眾民。可是，這些語言和宗教上的少數族群，在伊朗的角色比起他們在鄂圖曼帝國內的角色來，顯然戲分輕多了，他們從未對既有的政治秩序和社會秩序造成旗鼓相當的威脅。衡諸鄂圖曼國的情勢，這些非回教徒的少數族群，不但人數較少，順從性較高，同時也沒那麼有力量。其中猶太人和祆教徒在文化上是一體的，他們只說波斯語，其歷史根源可以推溯到先回教時期。可是，猶太人和祆教徒在法律和社會方面都受到孤立，在政治方面也沒享有權力。姑且不論其規模大小，亞美尼亞人可說是唯一信仰基督教的社群。亞美尼亞人在絕大多數的層面，都比同輩的猶太臣民和祆教臣民得到較好的對待。可是，亞美尼亞人和猶太人與祆教徒所不同的，是他們和波斯人涇渭分明。亞美尼亞人和波斯人不只是因為宗教而區隔開來，另一個不同處是亞美尼亞人很自豪於他們獨特的種族、語言和文化認同。伊朗的非回教徒社群，在個別的社群內也有其組織以及一定程度的自治地位，不過，這些社群和鄂圖曼帝國的「米列特」比起來，是微不足道的。

乍看之下，回教徒內部的種族及宗教上的少數族群，似乎具有較大的重要性。伊朗有個小小的遜尼少數族群，以及一個較為積極的少數族群——巴哈伊新信仰（Bahā'ī）的信徒。不過，前者保持緘默，而後者又受到嚴格的限制。在伊朗，使用波斯語者僅略多於人口半數，其他人口組成是各式各樣的少數族裔——西北方的亞塞拜然人和庫德族人，西南方的卡什加人（Kashgai）和阿拉伯人，東北方的土庫曼人，東南方的俾路支人（Baluchi）。這些民族有許多是說突厥系語言，而這些突厥系語言又與那些鄂圖曼帝國疆界以外的突厥語族有關，他們也和那些在俄國沙皇統治之下的外高加索地區和中亞地區的突厥語族有所聯繫。可是，實際上對伊朗人來說，種族差異並沒那麼重要。這些民族全是回教徒，大多數是什葉派，他們之間因宗教忠誠和文化的親密感而緊密地連結在一起。這種連結，要比那從歐洲飄洋過海而來的新課題，也就是民族主義，強大得多。

不過，伊朗在許多方面，是個十分適合接納和接受新觀念的國家——如果不是民族主義這個新觀念，那就鐵定是愛國主義了。伊朗人不像是肥沃月彎、埃及和北非那些後來組成了阿拉伯世界的民族那樣，他們對於本族在先回教時期的過去保有某種自覺，他們對於過去的成就也保持著一定的驕傲。他們對於那段往事的記憶，大多來自傳說和史詩，而不是來自嚴肅的歷史材料，與其說是歷史性的倒不如說是神話性的。可是，這些對往事的記憶，並不因此而失色。這些記憶在文學、藝術、各地波斯人對於自身的看法各方面，都穩據著重要的位置。其二，伊朗人不像阿拉伯世界諸國的是，它保有本身的語文。這種語言是用阿拉伯字母書寫，其中有大量借自阿拉伯語的詞彙，然而基本上，它仍無庸置疑地是波斯語而不是阿拉伯語。自從十六世紀初薩非王朝興起之時，這些人就已經自成一國，統一在單一的皇室政府之下，明白清楚地藉由波斯語言及文化，而與周遭的民族區隔開來。比這種劃分更重要的，是他們信仰什葉派教義，這個信仰在薩非王朝興起之時，就先是成為官方宗教，繼之成了此國的主宰性宗教。他們的鄰邦如鄂圖曼、中亞、阿富汗和印度的回教國家，都是遜尼派的信徒，於是伊朗人的什葉派信仰，遂和鄰邦產生尖銳的對立和永恆的衝突。愛國主義很晚才傳到伊朗來，當它傳入之際，立刻形成了一股難以抗拒的訴求；這種沛然莫之能禦的吸引力量，甚至對什葉激進運動那些反西方、反現代和反世俗的領袖們，也發生了效力。

一八五三年元月九日，全俄羅斯人民的沙皇在聖彼得堡會晤英國大使西摩爵士（Sir George

Hamilton Seymour），並發表了一段談話。根據西摩的報告記載，當沙皇談到鄂圖曼帝國時，他說道：「我們手上有位病人，命在垂危。他要是在這些日子裡有一天滑出我們的掌握，[10]就會大事不妙，尤其是在必需的安排尚未備妥之前。」[11]西摩建議，這位病人應該受到溫柔的呵護，並幫助他恢復健康。他說，這時需要的是一位內科醫生，而不是外科醫生。

大夫很多，國內和國外都有，雖然他們有時會針鋒相對意見不和，但是在協助病人康復一事上，似乎有些進展。要是能夠時間多些和天下太平些，他們很可能就會醫好他了。然而時不我予，這兩項要素都沒給他們活命的機會。

10 譯按：指死亡。

11 As cited in Harold Temperly, *England and the Near East: the Crimea* (London, 1936), p. 272.

第十八章 從戰爭到戰爭

鄂圖曼帝國到它最後解體之前，有一百多年的時間處於不停內外作戰的煎熬之下。其中一場戰爭是和伊朗打的，作戰期間一八二一到一八二三年，那是兩國自十六世紀以來的長期作戰中的最後一場。打這場仗，主要是為了決定兩國何者將主導回教中東，再者，也是為了決定兩國之間的精確邊界究竟應該落在哪裡。邊界問題最後終於由一個聯合委員會做出決議，塵埃落定，界限分明。這個邊界後來也成了土耳其共和國和伊拉克共和國的東部邊界，雖然對伊拉克來說，仍然有些邊境糾紛要處理。鄂圖曼和伊朗兩國在中東地區的霸權爭奪戰，最後以兩敗俱傷、外力入主告結，這兩個國家的敵對與鬥爭，有時候發生在中東區域之內，有時候也發生在中東區域之外。這些敵對和鬥爭，主導了中東政治史約兩百年。正是因為得同時對付這些互別苗頭的外界勢力以及這些外力在當地所扶持的力量，鄂圖曼帝國的後衛戰才會打得這般漫長、慘烈且終歸失敗。

許多戰事是為了對付內敵。其中一些處理的是追求獨立自主的民族運動。這些運動全都是由基督教徒帶動的，而且在外力的協助下，最後幾乎全數成功。另一種叛亂是由富有雄圖大略的鄂圖曼大人們帶頭的，他們想從鄂圖曼帝國的亂象中漁利，並在所管領的諸省裡切割出自治的公國來。最成功的是穆罕默德·阿里大人。他一方面在名義上仍奉鄂圖曼王朝為宗主，一方面也建立了一個新王朝，使埃及變成一個半獨立的邦國。其他的大人們在伊拉克和敘利亞，也做到了類似的自治，只是範圍較小，時間也較短。

這些大人們雖然是在阿拉伯人的土地上活動，可是大多數並不是阿拉伯人，他們是說土耳其語的鄂圖曼人，來自巴爾幹半島或是高加索地區。說阿拉伯語的領袖們，只有在兩個地區能夠取得一些區域性的自治地位。一個是黎巴嫩地方，當地的統治者有一些是基督教徒，有一些是德魯茲教派，他們得以在山區創建一個實質上自治的公國，這個公國在日後形成了「大黎巴嫩共和國」（Republic of Greater Lebanon）的核心地帶。這個公國以及鄰近的地區仍然是在鄂圖曼人的治理之下，而從十九世紀的中葉起，一場阿拉伯的文化與經濟復興，正在此熱烈上演。

阿拉伯人活動的另一個中心區是阿拉伯半島，尤其是波斯灣地區，鄂圖曼人、伊朗人在此地爭執不休，英國勢力也益發介入。從十八世紀後期以降，部落酋長和地方要人就懂得如何把這些對立引為己用，並因此取得很高程度的自治。其中著名的有科威特（Kuwait）公國——「科威特」是印度文「堡寨」的阿拉伯式簡稱——科威特的統治家族沙巴（Ṣabāḥ），約在一七五六年得權。

只有一場阿拉伯運動挑戰到鄂圖曼國的合法性，那就是「瓦哈比」運動。瓦哈比運動的創始人是一位內志地方（Najd）的神學家，名叫瓦哈布（Muḥammad ibn ʿAbd al-Wahhāb, 1703-1787）。他呼籲人們回歸先知時代那種純粹、真確的回教，拒斥讓它腐化、把它扭曲的添附物——諸如迷信、正確的信仰、邪惡的作法等等——並拒斥維護與鼓勵這些增添物的政權。瓦哈布的信眾中，有一位是穆罕默德・伊本・紹德（Muḥammad ibn Saʿūd，正確的拼法是ibn al-Suʿūd），他是內志地方的達爾依亞（Darʿiyya）王公。一些敘述寫道，瓦哈布一方面教導信眾宗教教義，一方面又教導信眾使用火器。這個信仰的新戰士在伊本・紹德的軍事才能領導之下，加上瓦哈布宗教勸示的感召，大約從十八世紀的中葉開始，就征服了大半個阿拉伯半島，後來甚至危及敘利亞和伊拉克邊區。他們為了讓信仰歸於純淨而戰，就像回教在先知穆罕默德及隨後繼承者時代的那種初興擴張的復始，這個行為所表現出來的也是這般意義。可是，就算是鄂圖曼帝國國力薄弱又有著諸般問題，他們仍能不費太大功夫就逐退了「紹德—瓦哈布」徒眾（Wahhābī Saudi）[1]的攻

---

1 譯按：又可譯為瓦哈比派的沙烏地，-i是阿拉伯語中的形容詞語尾。

擊，做到了拜占庭和波斯這些大帝國無能做到的事。在第七世紀的時候，攻擊者與防禦者用的武器幾乎相同，然而在十八和十九世紀之時，鄂圖曼人已享有了火砲優勢。

鄂圖曼的軍力，只強盛到足以擊潰反叛的貝都因人，但不足以逐退歐洲列強。對外戰事部分是由於外界列強插手國內亂事而引發，部分則是因為列強互相之間的對立而形成。俄羅斯在一八〇六年到一八七八年之間，曾與鄂圖曼帝國四度交戰，四戰的結果皆使鄂圖曼帝國喪失大片領土。要不是因為西方勢力的干預和插手，強迫俄羅斯見好就收、別太貪心，否則鄂圖曼帝國的下場恐怕會更慘。

這些干預說明了一項重大的改變，那就是鄂圖曼軍的節節敗退已轉變成外交人士口中的「東方問題」。在這個階段，鄂圖曼帝國的存亡不只要倚靠鄂圖曼軍隊那種頑強雖終歸無益的抵抗，同時還得取決於另一個新因素，那就是歐洲列強為免俄羅斯坐大所進行的插手干預，以及鄂圖曼政府愈來愈懂得辨識這些對立勢力並且能從情勢中牟利。

其實遠自一六九九年，鄂圖曼人就曾在歐洲列強的均勢考量中得到過一些好處。鄂圖曼人在第二次也是最後一次自維也納撤軍之後，於一六九九年開始商議其有史以來的第一份戰敗條約，在條約的商議過程中，駐伊斯坦堡的英國和荷蘭大使提供了相當多的建議和幫助，而這兩者所代表的，自然是密切關注奧地利勢力推進的兩國政府。到了十九世紀，插手干預已成家常便飯，不只是在外交方面干預，也在軍事方面插手。土耳其人在革命戰爭和拿破崙戰爭期間，得英國之助對抗法國，後來又得法國之助對抗俄羅斯。一八二九年時，說服打贏的俄國人不要定下太苛刻條款的，是普魯士的調停者；而在克里米亞戰爭當中，英國和法國則以鄂圖曼同盟的身分，與之併肩對抗俄羅斯。一八七八年，英國以外交干預緩和了鄂圖曼軍事失利的政治後果，這項干預使鄂圖曼帝國的解體延緩到下一個世紀才發生。與此同時，西方盟國也從這位「病夫」的遺產中，取得最初步的一切——這一份並不是鄂圖曼直接治理的諸省，而是比較邊遠的地方，這些地方處於一些當地的行政管轄之下，對鄂圖曼王室只有著模稜兩可的忠誠。

伊朗人在十九世紀和二十世紀早期，也遭逢許多類似於鄂圖曼人所碰到的挑戰。整體上說來，伊朗人需要做的工作比鄂圖曼簡單許多，可是危險性是一樣的。一八〇六到一八〇七年間，伊朗曾經短暫涉入歐洲列強的角力賽中，當時拿破崙派了使節團前往德黑蘭（Tehran），表示願意提供軍力，協助沙王收復被俄國奪去的北方領土，並向南方攻擊印度的英國政府。不過，當一八〇七年法俄在提爾夕特（Tilsit）簽下和約之後，法國人就對伊朗興趣缺缺了。俄國人和英國人對伊朗的興趣倒是一直很高，於是伊朗這一百多年的歷史主線，基本上就是這兩個亞洲最大的歐洲帝國的對立爭長。俄國人占領的是本土王公和波斯沙王的土地，這使得俄羅斯先是在裡海以西、然後又在裡海以東，成為與伊朗接壤的北鄰。英國人在印度的統治鞏固之後，便將勢力伸展到伊朗的東南邊境上，使其影響力到達伊朗的後方。此時俄國的武力向南推進，俄人在德黑蘭的影響力隨之加強，英國人認為這是對其帝國利益的威脅，遂竭力地擴張自己的侵占面，以抗衡俄國人的侵占面。

法國人實際上已經抽手不管了，德國人則要到第一次世界大戰爆發，才將勢力從其鄂圖曼同盟國的領土上移入此地。因此在十九世紀到二十世紀初這個階段，伊朗人總共只面對了兩個帝國勢力，即北邊的俄羅斯和南邊的英國，這和鄂圖曼人那種四面楚歌的情勢大不相同。

在某些層面上，伊朗人比起鄂圖曼人是處於較有利的地位。伊朗境內的宗教少數族群，簡直小得不值一提，尤其是在他們的亞美尼亞省分被俄羅斯占領之後更是如此；而伊朗境內的種族少數族群，雖非經常聽命於伊朗政府，但也不曾想要加入別的國家，或是自創一個國家。這些都是大為有利的情勢。

沙王所採取的各項政策，和鄂圖曼素檀所採取的政策相類似，在一定程度上也是仿效後者而來。這指的是把軍隊現代化和中央化，以及隨之而來的行政和教育的現代化和中央化。其他的政策，還包括建設現代式的基本設施，或是容許其他人從事這項建設，尤其是在通訊建構方面。還有接納最低限度的西方技術和方法，並加以修訂。在進行這些工作的時候，他們也同時利用敵對帝國的勢力抗衡，從而保持本身的獨立地位。

可是，伊朗人不管在對內或對外政策上，眼光都沒有鄂圖曼人來得廣闊，做到的成就也比不上鄂圖曼人。伊朗人在文武兩事上的改革都不夠徹底；將事權收歸中央的諸端措施，也受到地區性和部落性的排他主義妨礙，有時候根本就是以無疾而終收場。這些未竟之功又轉過頭來，使其防止敵對帝國推進的努力受挫。

俄國的壓力絕大多數是軍事性的，其占領與兼併的各個階段，係由一連串的條約所確認。英國人的滲入則絕大多數是經濟方面和外交上的，見諸一系列的國際協定和讓步。不過，這兩強都沒有忽略掉對方使用的手法。有時候，英國人也會從印度調兵前來伊朗，以強行完成英國的意願；反之俄國的商人和外交政客，也逐漸加深加廣俄國人在伊朗的活動力和影響力。一八六四年，英國業者在伊朗開辦了第一家電報公司，作為與印度通訊網的一部分。接下來是一八七二年所謂的「路透讓渡案」（Reuter Concession）。[2]這個讓渡案授與一家英國公司開發伊朗礦藏的專利、設立銀行的專利、安置電報線網路以及興建鐵路的專利。而伊朗的關稅則以付款方式作為擔保。伊朗政府由於面臨實行上的困難和俄國人的強烈反對，最後撤銷了這個讓渡。一八七九年，伊朗成立了哥薩克旅（Cossack Brigade），這可以視為是俄國人的一大成功。這個哥薩克旅顯然

[2] 譯按：路透先生在一八五一年創辦「路透社」，是為世界上最早通訊社，總部設在倫敦，從事電報通訊業務。

是沙王的御林軍，不過是由俄國訓練、用俄國武器、受俄國裝備，部分軍官也是俄國人。俄國人在中亞的推進強固了俄國人在北伊朗的勢力，也為它向南伸展提供了基地。俄國的成功和推進幾乎不曾間斷，只有一九〇一年英國取得的石油讓渡是個重要例外。

一九〇五年不只對伊朗來說是個重要的轉變年代，對整個中東地區而言，都是一個重要的轉變年代。此時俄國剛在日俄戰爭中喪師辱國，而日俄戰爭是歐洲帝國勢力被亞洲國家打敗的頭一遭。這場敗仗為俄國帶來了大麻煩，並導致一九〇五年十月的首次行憲，成立代議制與議會式的政府。在伊朗，這場戰爭的教訓十分清楚。沙皇的專制體制已經被擊潰，打贏的是一八八九年就頒行憲政的日本人，而俄國人自己也在戰後起而效尤，這在在都證明了自由民主的潛力和效力。於是，波斯的立憲革命便在一九〇五年十二月正式登場。在幾番奮鬥之後，第一屆全國會議於一九〇六年十月在德黑蘭召開，草擬了一部憲法，並獲沙王簽署。

然而正當此際，國際情勢卻變得對伊朗大大不利。俄國和英國這兩個宿敵，竟然在懼怕德國勢力崛起的考量下互相邀結，於一九〇七年達成一則協定（entente），把伊朗分為三部，北方劃入俄羅斯的勢力範圍，南方波斯灣附近劃入英國的勢力範圍，南北相夾的中間地帶，則對兩強開放。接下來是一段各方勢力相爭的時期：波斯沙王和全國會議相爭、伊朗內部的反動力量和自由勢力相爭，再加上一直以來的俄國和英國利益衝突，在此時又再度復燃。當大戰於一九一四年爆發時，俄國已經展開入侵和占領伊朗北部的行動了。

一九〇八年的鄂圖曼立憲革命，是在一個稍微幸運的情況下展開的，在當時，這件事似乎顯露出新時代的黎明之光。阿不都哈密素檀的專制已被推翻，擱置了三十年的憲法又再頒布。自由選舉已公告周知，此際，土耳其人與亞美尼亞人、回教徒、基督教徒和猶太教徒都在街頭巷尾互相擁抱，互許以自由友愛的新世紀。一位土耳其的歷史學者在一本刊行於一九四〇年的書中談到那場革命，他評論說：「世界上能振奮起這樣大希望的運動並不多……同樣地，能讓人們的期望以那麼快的速度摔得粉碎的運動也不多。」[3]

鄂圖曼國的基督教徒和歐洲列強都歡迎「青年土耳其」的革命，視之為向前邁進的一大步，但與此同時，鄂圖曼國的基督教徒和歐洲列強，卻不允許這個運動干擾到他們的其他計畫。他們都把這場革命看成是個千載難逢的機會。奧匈帝國毫不遲疑地兼併了波士尼亞和赫塞哥維納（Herzegovina），保加利亞宣布獨立，而在一八九六年希土戰爭後於鄂圖曼帝國之內得到自治地位的克里特島，此時也宣布與希臘合併。一九〇九年，一場反革命兵變，在血腥的戰鬥中被鎮壓了下去。

---

3 Hikmet Bayur, *Türk Inkilâbi Tarihi* (Istanbul, 1940), vol. 1, p. 225.

一九一一年九月，義大利人攻擊的黎波里，這是全新系列戰事的第一場。在這個時候，幾乎整個北非沿岸從埃及到摩洛哥，都在英國人或是法國人的控制之下。只有兩個鄂圖曼省分，即昔蘭尼加和的黎波里坦尼亞未被占領。義大利加入這場帝國主義遊戲的時間非常晚，因此一心一意要在這個病夫的產業上，至少取得一個立趾點（toehold）。[4]於是，義大利在事先取得歐洲列強的同意之下，進行水陸攻擊。義大利軍在北非的推進，出乎意料地碰到鄂圖曼人和當地人的強烈反抗，可是，就在同年的十月，他們放棄了抵抗，因為鄂圖曼人面臨了一個更新、更緊迫也更危險的威脅。

第一次巴爾幹戰爭（Balkan War）在一九一二年十月十八日開打，於一九一三年五月三十日結束。巴爾幹同盟國有保加利亞、塞爾維亞和希臘，他們占領了部分鄂圖曼國的土地，於是獨立國家的名單上，又多了阿爾巴尼亞（Albania）。一九一三年六月至七月開打的第二次巴爾幹戰爭，是前次戰勝的同盟國之間的作戰，這又讓鄂圖曼人有機會收復一小部分失去的領土，尤其重要的是愛第尼到馬里乍河（Maritza River）這片地區。這塊地區此後一直成為土耳其國的歐洲邊界。

「青年土耳其」這個人們寄以極高期望的脆弱民主政體，在這一連串的麻煩困擾下，也逐漸動搖了起來，一九一三年一月發生了一場政變，成立了一個實際上是軍事獨裁的政體。次年，

「青年土耳其」[4]又愚蠢地捲入一場世界大戰，站在同盟國（Central powers）的一方。等到戰爭開打之後，他們才發現自己蹚進的是一場你死我亡的爭鬥，舊友和宿仇在這場爭鬥當中，聯合起來對付他們。

第一次世界大戰是鄂圖曼帝國最後一次以強權之一的身分參加的戰事。土耳其戰艦於一九一四年十月底，在兩艘德國巡航艦的伴隨下，砲轟了俄國黑海沿岸的港口；奧德薩、塞凡堡（Sevastopol）和狄奧多西亞（Theodosia）。素檀兼哈里發宣布，要對所有以武力攻擊鄂圖曼及其同盟者發動「聖戰」。由於英國、法國和俄國這三個主要的協約國家（Allied powers），都統治有中亞、北非和印度的眾多回教徒，因此土耳其人和土國的同盟德國人，都非常希望能策動這些回教臣民響應「聖戰」的召喚，起而反抗其帝國主子。事實上他們並沒有如斯響應，於是鄂圖曼國發現，自己得在東疆和南疆同時對抗俄羅斯帝國和大英帝國這兩大勢力。

一開始的時候，情勢是順應土耳其的希望而走。一九一四年十二月，土耳其人開始在東安那托力亞高原展開攻勢，奪回在一八七八年割讓給俄國的喀爾斯（Kars），又暫時性地自俄國人手中占領了位於伊朗境內的大布里士城。伊朗沙王政府雖然宣布中立，但是卻沒有力量切實執行中

4 譯按：作者幽默，刻意不用立足點（foothold）一詞。

立政策，俄國人遂在伊朗國內為所欲為，故有此事發生。在南方，鄂圖曼軍隊於一九一五年初從巴勒斯坦橫越西奈沙漠，進攻英國人占領之下的蘇伊士運河。

可是，這些成功都只是暫時性的。在東方，俄國人以強力反撲，加上當地居民的幫助，於是打進了土耳其國境，一度控有凡湖（Van）。在南方，土耳其人突襲蘇伊士運河的行動被英國人逐退，英國同時從印度派了一支遠征軍到波斯灣來。一九一四年十一月二十二日，一支英國軍隊占領了當時屬於鄂圖曼人的巴斯拉港。英軍此舉的目的，原只是要保護從伊朗輸出的石油管道，不意出師奏捷，遂引發出更雄圖壯志的計畫。英軍在一九一五年占領了底格里斯河和幼發拉底河上多個地點，並且開始向北朝巴格達推進。

就在此時，鄂圖曼人在近畿地區面對了更為凶險的攻擊。一九一五年二月，英國人在達達尼爾海峽展開一次海上行動，占領了蘭諾斯島（Lemnos），在那裡設立了一個基地。英軍和澳洲的軍隊，在春夏兩季又於加里波里半島（Gallipoli）的幾個地點登陸，主要的目的是要攻破鄂圖曼人於海峽區域的防守，以期與在黑海的俄羅斯人連成一氣。

到了一九一五年底至一九一六年初，事態的發展給了鄂圖曼人一線轉機。俄國人被趕出凡湖地區，英國人兵敗，在伊拉克被迫投降，素檀的軍隊遂又對蘇伊士運河進行第二波攻擊。就在一九一六年初，英軍和澳洲軍隊在苦戰連場損失慘重後撤出加里波里，放棄了進軍海峽的意圖。可是就長期來看，協約國家仍處於優勢。來自東方的壓力在一九一七年俄國革命之後紓解了，可是英國人自南方的推進，顯然已難攔阻。

鄂圖曼帝國的主要臣民在這些爭鬥與動亂當中，無論其所屬之種族和宗教身分為何，皆對本國十分忠誠。然而，這裡還是有兩個例外，那就是安那托力亞地區的亞美尼亞人和阿拉伯半島漢志地區的阿拉伯人。但即便是亞美尼亞人和阿拉伯人，其中多數仍是和平守法的，男丁也為素檀當兵。可是這兩個族群的民族領袖中，的確也有人把這場戰爭看成是推翻鄂圖曼統治的好機會，可藉此達成民族的獨立自主。眼前的態勢非常明顯，這個期望只有在歐洲列強的幫助之下才能達成，而這些歐洲列強如今卻是素檀的敵人。一九一四年，俄國人組成了四大支亞美尼亞志願部隊，在一九一五年又多組成了三支。這些志願部隊雖然基本上是在俄屬亞美尼亞招募的，可是各隊中都有鄂圖曼亞美尼亞人，一些是逃兵，一些是著名的公眾人物，其中一支部隊還是由一位亞美尼亞裔的鄂圖曼國會前任成員率領的。亞美尼亞游擊隊在土國各地十分活躍，一些地方的亞美尼亞居民也揭竿而起，著名的有安那托力亞東部的凡湖城以及西利西亞的賽屯鎮（Zeytun）武裝起事。

一九一五年春，亞美尼亞叛軍已經控制了凡湖城，而英國人也已經兵臨達達尼爾海峽，俄國人則在東方攻擊，另一支英軍顯然是正向巴格達前進，於是鄂圖曼政府決定要把安那托力亞高原上的亞美尼亞人口遞解出境，並且重新安置——這種作法在這個地區自舊約時代便已有前例，真是悲哀。政府宣布某些類別的亞美尼亞人及其家庭可豁免於放逐的命令，這些人是公教徒、新教徒、鐵路工人與軍人。可是居住在安那托力亞地區的廣大亞美尼亞民眾，不管他們離構成威脅的地區有多遠，而其受懷疑的程度又有多低，都在驅逐之列，也都嘗到此舉所帶來的致命苦果。

被放逐者遭到駭人的磨難。這個設防的帝國極缺人手，沒有可資運用的軍士或憲兵，於是護送這些被放逐者出境的任務，就交給了匆忙之間招募形成的地方民團。被放逐者的死傷數目估算不一，不過無可置疑的是至少有數十萬亞美尼亞人死亡，或許還多於一百萬名。許多人死於飢餓、疾病和被遺棄，但更多是由於護送者的粗心大意使他們遭到當地部民或村民血腥屠殺，或是因這些沒有薪餉、沒有食糧又沒有紀律的護送者交相串謀而被殺戮，也有的根本就是這些護送者親自下的毒手。

鄂圖曼的中央政府似乎曾經採取了一些措施，想要控制這類過度行為。檔案中存有來自鄂圖曼高層的電報，內容談的是如何防止對亞美尼亞人施暴或是如何懲治此暴行。這些資料包括了將近一千四百件軍事法庭紀錄，那是鄂圖曼文武人員受審與判罪的紀錄，其中有一些人還因對被放逐者施以惡行而被判處死刑。不過這些努力的影響有限，而亞美尼亞人和其原先和平相處的鄰居在幾十年來的種族與宗教爭執下所累積的仇怨，確實也使情勢更加惡化。伊斯坦堡和伊士麥（Izmir）兩城不在驅逐令範圍內，鄂圖曼王朝治下的敘利亞和美索不達米亞亦然，於是生還的被放逐者，就都被移送此處。

阿拉伯人反抗鄂圖曼的統治，要比亞美尼亞人的更為反叛形勢相宜、計畫周詳且支持充分。亞美尼亞人居住於亞洲土耳其的中心地帶，周圍主要都是回教人口；而阿拉伯人的叛亂則發生在阿拉伯半島上的漢志地方，這是一個半自治的省分，由世襲的阿拉伯統治者「胡笙謝里夫」（aharif Husayn）[5]治理，這個地區純然是阿拉伯人和回教徒，還包括有麥加和麥地那這兩個回教世界中最神聖的地方。這個地區還有其他優勢，它遠離鄂圖曼朝的權力中心，又接近在埃及統治的英國人。阿拉伯叛軍也有些好東西可以提供給英國人：經過長期仔細的祕密研商，這位「謝里夫」先是在一九一七年宣布漢志獨立，後來又宣布自己是「阿拉伯人的王」（King of the Arabs）。英國政府曾經在寫給胡笙的信函中對於界定模糊的阿拉伯人獨立做出某些承諾，等於是為這兩項宣示背書。

---

5 譯按：在漢志地區，「謝里夫」這個尊稱僅限於稱呼胡笙一系的後裔。

幾千名貝都因人組成的非正規部隊，在與數目眾多的正規部隊交戰時，其軍事作用可能很小；可是，一支阿拉伯軍隊與土耳其人作戰一事，卻可發揮十分巨大的道義作用；而聖地的統治者對鄂圖曼素檀及其所謂「聖戰」的指摘，更有著無比的道德作用。這些作用對於大英帝國和意料之外的法蘭西帝國，都具有特別的價值，有助於維持他們在其回教臣民當中的威權。阿拉伯叛亂的時間也很合宜，剛好和鄂圖曼軍隊在各個阿拉伯省分大撤退之時吻合。不過，阿拉伯人最幸運的或許是得到英國這位贊助者。英國人不像俄國人，沒有內部革命的後顧之憂，因此得以全程提供軍事支持。雖然在戰後實現其政治允諾時表現得不太理想，但至少他們在戰時拯救了這些阿拉伯反叛者，使之不受鄂圖曼人報復。

英軍在一九一六年底，開始自埃及進軍鄂圖曼王朝治下的巴勒斯坦，另一支英軍則在伊拉克登陸，再度展開中斷的北進行動。到了一九一七年春天，英軍已經在伊拉克占領了巴格達，在巴勒斯坦占領了迦薩走廊。到了一九一七年十二月，英軍則占領了耶路撒冷，而在一九一八年十月，攻下了大馬士革。經過三天初步的磋商之後，鄂圖曼王朝的代表團於一九一八年十月二十九日登上停泊在蘭諾斯島穆德羅斯港（Mudros）的英國皇家戰艦阿加曼農號（HMS Agamemnon），並於次日簽訂停火協議。

第一次世界大戰可說是回教世界在西方衝擊下的總撤退。伊朗雖然在官面上採中立立場，國土卻受到外邦士兵與外邦軍隊在當地的輔助兵團蹂躪。在鄂圖曼國方面，這場最後的戰爭就像克里米亞戰爭一樣，大大加強了本國與歐洲的聯繫，也加快了一切改變的過程。這場戰爭不同於克里米亞戰爭的，是它吃了敗仗，土耳其人因此被迫將阿拉伯的領土拱手英國和法國。土耳其人只有在家鄉安那托力亞高原抵擋住了勝利者，而在一番奮戰之後，建立了一個獨立自主的土耳其共和國。

一九一八到一九三九年這段期間，在歐洲史上稱做「戰間期」（inter-war period），有些人則把它看成是同一場戰事的兩個階段中間的長期休戰。然而對中東地區來說，這兩種解釋都派不上用場。或許較適當的了解，是把這些年視為中東歷史的一個「過場」（interlude），或甚至是一場外科手術（intervention）。以中東的角度來看，這個「過場」或「手術」的斷限，包含了兩次世界大戰，以及兩戰之間較和平的那些年。

這個時間，是以舊秩序的崩解——或者說得精確一點，是舊秩序的毀壞——開始的。姑不論這個舊秩序是好是壞，它已在中東運作了四百餘年。鄂圖曼人已經在前輩的工程上，樹立起一個可以長久維持的政治結構以及一個運作良好的政治體制。他們也創造出一種政治文化，人們都了解這種政治文化的運作方式，每個族群和每個個人在這個政治文化當中，也都知道自己的位置、自己的權力和權位的限度，以及最重要的，明白什麼事他該辦而事情又該交給誰辦。鄂圖曼的體系也有時運不濟之時，不過，問題雖然重重，但這個體系終究是能夠運作的。它的確失去其信奉基督教的臣民的忠誠與接納，可是，絕大多數的回教徒子民仍舊接受它為合法正統的體系。鄂圖曼秩序在它生命中的最後幾十年，甚且還表現出復興乃至進步。然而，任何正面的發展，都隨著鄂圖曼加入第一次世界大戰以及戰後鄂圖曼帝國的結局而轉向、終止。到大戰結束時，帝國政府已然崩潰，領土亦分崩離析。

中東地區的歷史發展，從拿破崙的遠征軍在十八世紀末來到埃及之後，就深深地受到歐洲列強的利益、野心和行動所影響，而在其陷入危機之際，更是受到歐洲強權的利益、野心和行動所主導。到了鄂圖曼政權終於回天乏術、斷氣西歸的時候，西方列強無疑已成為中東地區的新統治者，各帝國之間的敵對，也開始以一種更直接的新方式進行。

這些敵對可分為三個主要階段。在第一個階段中，英國和法國幾乎掌控了整個中東，於是國際關係的主題，就是英法之間的爭長。到了第二個階段，也就是一九三〇到一九四〇年代，英法主導的局面碰到新的挑戰，第一個挑戰者是法西斯當權的義大利，接著則是納粹德國。在第三個階段，也就是第二次世界大戰期間，義大利人和德國人先後被掏汰出局。然後，先是法國人、再是英國人，也都衰弱到無法繼續稱霸的地步。不過與此同時，在遙遠的彼方正有新的對抗形成，那就是蘇聯和美國之間的對立。對中東地區接下來的局勢發展而言，這顯然是個不好的前兆。

隨著一次大戰結束，以及戰爭煙硝與外交迷霧陸續從中東舞台上散去，我們遂可以清楚看到這裡究竟發生了多麼重大的改變。其中一些改變為在東歐帝國和西歐帝國主宰下的各個民族，帶來了新的希望。在俄羅斯，革命以及接下來的權力從中央釋出，使得自由民族式的回教政權得以在中亞和外高加索兩地建立。而在較南方的地區，英國和法國也允諾當時在其治下的阿拉伯各民族可以自決，並取得最終的獨立自主。甚至在北非地區，民族主義的領袖們也曾於一九一八年十一月宣布成立的黎波里共和國，義大利還曾一度願意表示承認。

可是，這些希望很快就幻滅了。紅軍在中亞和外高加索地區的行動，以及莫斯科對此地控制權的恢復，馬上就結束了這些國家還在進行中的獨立實驗，它們再度牢牢地歸併入俄國的勢力範圍下。義大利人也同樣征服了的黎波里坦尼亞及昔蘭尼加的當地主政者，在此肆行威權。這兩個地區於是淪為義大利的殖民地，最後在一九三四年元月合併，易名為利比亞。

在西南亞，戰後和約沒能滿足阿拉伯人原先燃起的期望，不過，這項和約終究是做成了一筆大交易。英法兩國不再以它們向來的方式把「肥沃月彎」劃分成諸多殖民地和保護國，而代之以多個有著新疆界和新名稱的國家，然後他們再從「國際聯盟」（League of Nations）那裡以託管的形式取得管理權，為它們日後的獨立自主預做準備。英國和法國在這些新國家中，建立了仿效本國的政權。肥沃月彎的東半部，也就是最先稱做美索不達米亞、然後叫做伊拉克的地區，在英國託管下變成一個君主立憲國，由「謝里夫胡笙」的一個兒子費瑟國王（King Faysal）統治。肥沃月彎的西半部，也就是先前很籠統地叫做敘利亞或是地中海東岸的地區，則區分成兩塊，中部和北部歸法國管，南邊稱巴勒斯坦，歸英國管。這兩個委任統治的國家，再在自己的託管地裡進行進一步的細分。法國人在幾度實驗之後，建立起兩個共和國，其中一個叫做黎巴嫩，另一個仍稱敘利亞。同樣地，英國人也把自己的地區分成兩個部分：在東部地區成立一個阿拉伯酋長國（Arab emirate），由謝里夫的另一個兒子阿布杜拉（Abdallah）統治，易名為外約旦（Transjordan）；在西部地區仍施行直接統治，並沿襲舊名巴勒斯坦，不過，此時巴勒斯坦這個名字的用法已經不像以前涵蓋得那麼廣了。

在阿拉伯半島上，事件的發展情形十分不同。除了西南方的英國殖民地兼保護領亞丁，以及波斯灣上的公國之外——這些公國大多曾有一段時間處在各種程度的英國控制之下——半島上的大部分地區都享有實質上的獨立自主。最值得注意的發展，是瓦哈比教義以及奉行此教義的紹德家族的第二度擴張——這次擴張更為成功。一九一四年戰爭爆發之時，當時的家族領袖伊本．紹德（ʿAbd al-ʿAzīz ibn Saud）已經把轄區擴展到東阿拉伯半島的大部分地區，並且和幫助他對付土耳其人的英國人相邀結。伊本．紹德在大戰之後，又展開其征服大業，在阿拉伯半島的南與北占領兼併了更多領土，先前的統治者不是被廢就是被逐。

伊本．紹德十分了解英國人在阿拉伯半島東部和東南部的帝國利益，所以沒有對東部公國採取行動，卻把力量集中在阿拉伯半島的西部和西南部，那裡只剩下兩個有著深仇大恨的邦國。其中一個是漢志王國，由阿拉伯人反抗土耳其的英雄胡笙統治，另一個則是位於阿拉伯半島西南角的葉門伊瑪目國（Imamate of the Yemen）。

伊本．紹德在一九二四年開始展開對漢志王國的行動，到一九二五年底，他已經取得麥加、麥地那和吉達（Jedda），胡笙國王讓位予兒子阿里，而阿里又被逐出國門。於是伊本．紹德在一九二六年元月八日正式成為漢志國王和秋內志地方的素檀。伊本．紹德一直保有這個頭銜至一九三二年九月，其時，這個王國易名為沙烏地阿拉伯（Saudi Arabia）。[6]接下來是一段和平的鞏固時期，伊本．紹德在這段時期和土耳其、伊朗、伊拉克簽下友好盟約。最後，在長期惡性的爭執之下，終究也與外約旦訂下了和約。

一九三四年春，伊本．紹德又開啟了新的戰事。這一次，是攻打葉門。以紹德家族的力量，贏得軍事勝利當然不成問題，不過伊本．紹德也深知應以和平協定為滿足，於是就在英國人的調

[6] 譯按：即「紹德的阿拉伯國」。

解下，取得了他想要的邊界調整，並保留了葉門的獨立。

幾百年來分享或爭奪中東地區領導權的土耳其和伊朗，在一九一八年底卻身陷可能喪失其獨立地位的迫切危機中。鄂圖曼帝國已經被打得一敗塗地，動彈不得，只能眼睜睜地看著首都被占領，看著戰勝國及其衛星國操刀瓜分其領土。伊朗雖然宣稱自己是中立國，可是其領土卻一直被交戰強權當成戰場，土、俄、德、英這些外邦軍隊，在伊朗國土上肆意行動，完全無視於伊朗國的主權。看來，似乎沒有什麼力量可以把這兩個國家從西方列強的手中拯救出來，讓他們免遭其他亞非國家的命運。

不過事實上，這兩國卻都藉由不同的途徑逃開了這個命運。這項改變其命運的轉變開始於一九一九年。當時一位叫做穆斯塔法．凱末爾、也就是後來被尊稱為「土耳其之父」的土耳其軍官，在安那托力亞高原的心臟地帶，組織並領導了一場抵抗外邦侵略者和外邦占領者的運動。凱末爾以一連串傑出的勝利將外邦軍隊逐出國境，廢除勝利者加諸素檀政府之上的苛刻和約。然後，又由於素檀政府拒絕向這些新勢力靠行，他遂廢掉了素檀體制，宣布成立共和政體。共和國在「土耳其之父」的領導下，進行了廣泛而詳明的現代化計畫，以及在回教世界中獨樹一格的俗世化計畫。

在伊朗方面，亦於同一年也就是一九一九年，看到英波協定步入尾聲。這個協定承認伊朗的獨立自主和領土完整，不過也同時為英國人的實質主導提供了有利的條件。沒想到為了確認這項協定而召開的伊朗國會，竟然拒絕承認這項協定，而以布爾什維克（Bolshevik）裝扮在北伊朗重現的俄國勢力，則使得情勢變得更形複雜。於是在一陣混亂之後，一位名叫禮薩汗（Reza Khan）的伊朗哥薩克旅軍官，一九二一年二月奪得政權，建立了一個實際上是獨裁的政體。他在一九二五年宣布廢掉在位沙王，並立自己為新沙王，從而鞏固了這個政權。禮薩沙王（Reza Shah）創建的這個王朝──後來又冠上了「巴勒維」（Pahlavi）這個姓氏──一直維持到一九七九年被伊朗的回教革命推翻為止。禮薩沙王就像「土耳其之父」一般，採行中央集權和現代化的政策，兩者所不同的是，沙王並沒想要廢除政府對回教的支持。

至此，整個中東地區只剩下三個獨立自主的回教國家存在。英法的主導形勢看來似乎十分穩當，唯一的危險是來自兩強之間的爭吵。然而不過就在兩次世界大戰之間，他們想要主導中東情勢發展的意志，便已顯出力不從心的疲態。在經濟衰退以及士氣低落的打擊下，這兩個國家都已不復擁有早先締造帝國的那些前輩們的那種信念或能力。

兩國越是遲疑不決，越是容易在臣民中醞釀出新的反叛情緒。在本世紀之初，日本人藉著打敗俄國，證明了立憲民主政體和工業現代化的那種激勵性特質；如今，土耳其人則藉由將自己從勝利者所加諸的情境中解放出來，而彰顯了民族主義的功效。穆斯塔法．凱末爾領導的土耳其軍隊，完成了亞非地區的第一場成功的民族革命，他們這種違抗戰勝聯軍並打了勝仗的表現，給回教徒和其他民族燃起了新的希望，他們頭一次發現：自己原來可以拿起武器迎抗並擊敗西方人。曾經有一段時間，這個力行現代化的土耳其共和國，就像它先前的鄂圖曼回教帝國一樣，似乎為整個回教世界指出了道路。可是「土耳其之父」凱末爾並沒有這個意圖。他的諸多舉措，例如廢除回教的國教地位，將國家和法律俗世化，以及一再言明要讓土耳其成為歐洲的一部分等等，令許多在一開始時讚揚其勝利的回教徒因不滿而求去。

幾乎在所有的阿拉伯國家都曾出現對抗新主子的暴動，這表示直接統治這種簡單的政策是行不通的。反之，委任統治的列強得要透過各個阿拉伯政府去進行間接統治，才能遂其所願。他們給這些政府一定程度的獨立自主，與此同時又和他們簽訂協議，以確保自己的特權地位，包括在該國國土上保有軍隊的權利。

這個政策十分失敗。委任統治的列強對民族主義人士的要求所做出的讓步，總是既少又遲，根本無法滿足他們。而在簽訂協議方面，簽署的彼方多半都是一些不具代表性的政府，這些政府根本得不到政治活躍分子的支持；要不，就是因為彼此得面對共同的外部威脅。後者有如一九三六年的英埃條約，當時由於義大利入侵衣索比亞，英埃兩方認為它們得共同面對這個潛在威脅，於是才有上述條約的簽訂。

阿拉伯人把他們的失望宣洩在一連串生氣勃勃的民族主義運動中。他們進行的奮鬥十分艱苦、堅韌，不過大體上是成功的，至少，在達成其政治目標這方面是如此。埃及和伊拉克很快就得到形式上的獨立自主，一國原是保護領（protectorate），另一國原是託管地（mandate），這兩個地位都在官面上終止了。不過英國人仍舊待在該地，伊拉克仍駐有英國皇家空軍，運河區和埃及的其他地方也設有英國陸軍基地。民族主義分子的努力仍持續不懈，其目的是把形式上的獨立自主轉化為真正的獨立自主，使外邦勢力全數撤離，並且廢止不平等條約。

託管體系在地中海東岸國家存在較久。法國人一直託管著敘利亞黎巴嫩地區，而英國人雖然允許外約旦王公擁有愈來愈多的自治權，但他們仍持續在巴勒斯坦進行直接統治。

這兩個地區的情況都十分錯綜複雜。自鄂圖曼帝國的亞洲殘骸上生出的幾個新中東國家當中，黎巴嫩是最為特別的一個。它和其他國家不同的地方是，它並非一個全新創立的國家，而是一個存在已久且根基十分扎實的歷史實體，擁有一個自成體系的分離自治傳統，雖然在鄂圖曼人幾百年來的統治之下，這個自治維持得極其艱苦。戰後，法國人就著黎巴嫩原本的中心地帶，加上鄰近地區，也就是山區和接境的相鄰區域，製造出一個「大黎巴嫩」。這個中心地帶的住民主要是基督教徒和非遜尼派的回教徒，此地長久以來，一直是鄂圖曼世界裡一個社會、思想以及某種程度的政治獨立的避難所。十九世紀的時候，信奉基督教的農民在貝魯特以北的地區建立了一個獨立的小地主社群，而且是當時整個中東地區唯一一個名副其實的獨立小地主社群，與此同時，貝魯特港和鄰近地區也出現了一個繁榮昌盛的基督教中產階級。這些中產階級的精力和技術，為阿拉伯復興做出了巨大貢獻，這種貢獻不只表現在經濟方面，也包括政治和思想層面。當回教民族主義興起之後，基督教徒的角色雖大大削弱，但有一段時間，黎巴嫩仍持續作為多神信仰和多元文化的唯一保留地，也是阿拉伯世界中經濟自由和政治自由的唯一保留地。

要是黎巴嫩這個基督教堡壘算是阿拉伯回教世界中的一個例外，那麼緊鄰其南界的地方，又有一個更為戲劇化的例外正在成形。早在遙遠的上古時期，巴勒斯坦地區就有猶太人居住，可是在羅馬帝國晚期，猶太人已經不再是當地人口的主體。隨著時間的流轉，這個地區的猶太居民人數不時因移民而增補，其中大多數的移民行動都是受到宗教的激發。可是當一群年輕的猶太人在十九世紀的最後二十五年，從東歐移居巴勒斯坦時，他們同時為這個地區帶來了一個全新的因素。激勵這群人從東歐前來的力量，是猶太復國主義（Zionism）——這個運動有一部分是來自猶太人的宗教傳統，一部分汲取自當時流行的新民族主義意識形態的猶太版，再加上猶太人愈來愈想要為自己在歐洲以及後來的中東所遭受到的排斥與迫害找尋答案。這些人與其後繼者所建立的居留地，就成了日後以色列國的核心地區。

在第一次世界大戰結束之時，不論是新舊猶太社區都已具有滿大的規模，而英國政府也在一九一七年十一月的「貝爾福宣言」（Balfour Declaration）中，給予猶太復國主義正式的承認，宣示英國政府將支持建立一個未明定的「猶太民族家園」（National Home for the Jews）的計畫。這個允諾中的各項條款，後來都併入國際聯盟的託管當中，英國政府便根據這個規定，來主持巴勒斯坦地區的行政。這個承諾及其實踐，使得阿拉伯人反對英國託管與猶太人存在的抗爭，顯得特別尖銳敏感。

自一九三〇年代開始，西方人在中東的主導情勢面臨了另一種威脅。這個威脅並非來自反叛的臣民，而是來自兩個與帝國勢力競爭的新力量，即法西斯義大利和納粹德國。

在一九三〇年代這個歷史階段裡，自由與憲政體制開始失去了它們原先在這個地區引人矚目的吸引力。這其實並不奇怪，因為它們做得並不理想。自由和憲政體制的擁護者只限於一小撮西化菁英，在整體社會上並不具真正的支持基礎。不管在內涵和外觀上，它們都是外來的，因此在每個方面都使不上勁——它們無法喚起人們對於過去的記憶，也無法回應人們對於現代的需要，又不能照亮人們對於未來的希望。最糟糕的是，這些思想在大多數阿拉伯人的腦海中，都和當下人們所痛恨的西歐帝國勢力聯繫在一起。

德國和義大利在此提供了一個令人心動的替換品。這兩個國家都是最近才以強迫解放和強迫聯合多個小國家的方式，完成其統一大業。這兩國的例子，對於用類似的條件來觀察自己處境與解決之道的民族領袖而言，是一個很好的啟發。

最妙的是，這兩國還是英國、法國，以及在巴勒斯坦地區逐漸坐大的猶太勢力的對頭。他們同時在政治上、戰略上與意識形態上與後三者敵對。

早在一九三三年希特勒剛剛掌權之際，由英國政府任命的耶路撒冷穆夫提侯賽尼（Hāj Amin al-Husaynī），便和德國顧問展開接觸，並表達了其個人的支持與協助意願。這位穆夫提在與英國人和猶太人進行了多年的不妥協對抗之後，離開巴勒斯坦，沿途在貝魯特、巴格達與德黑蘭停駐，並於一九四一年抵達柏林。這些停駐點中最重要的是巴格達，該地在一九四一年的時候，由一位名叫拉施德．阿里（Rashid ʿAlī al-Gaylānī）的伊拉克政客以武力奪權，建立了一個親軸心國（Axis）的政權。這個政權雖然得到一些來自敘利亞的幫助——此時敘利亞仍在法國維琪政府（Vichy）的控制之下——但由於軸心列強遠水救不了近火，最後還是被英國人以及英國人領導的武力所推翻。為了能機動地支援拉施德．阿里的政權，敘利亞境內曾經組成過一個特別小組。這個小組後來演變成「復興黨」（Baʿth）的核心團體，而這個團體裡的敵對分支，日後又各自統轄著敘利亞和伊拉克。

拉施德·阿里兵敗逃亡，後來至柏林與穆夫提侯賽尼會合。在那些戰時支持或是同情軸心國的人士當中，有一些在戰後變得相當有名。德國戰敗之時，日後的埃及總統納瑟（Nasser, Nāṣir）曾為文記下他對於此事的同情與失望；另外，根據沙達特（Sādāt）自己撰寫的回憶錄指出，他曾經志願協助德國的情報活動。即使是像拉施德·阿里這樣的人物，也在海珊（Ṣaddām Ḥusayn）治下的伊拉克復活，被當成英雄看待。

乍看之下，這種對於納粹主張的一頭熱似乎十分奇怪。照理說，納粹的種族主義對於這些被納粹的偽科學歸類為低等種族的民族，應該是不會有什麼吸引力才對。至於納粹的宣傳，由於他們打的是特定的反猶太而非全面地反閃（anti-Semitic），所以可以得到比較多的支持。不過，真要認真歸結起來，造成猶太人移入巴勒斯坦，從而強化了這個地區的猶太社群力量的原動力，正是由納粹德國一手掀起、進而引發其他地方仿效的猶太大屠殺。納粹不只引發了這一場遷徙；在大戰爆發之前，他們甚至還鼓勵他們遷徙，方便他們遷徙。反倒是英國政府為了想要贏得阿拉伯人的善意，不斷加強移民限制。然而儘管如此，還是有非常多的阿拉伯人比較喜歡那些把猶太人送到巴勒斯坦來的德國人，而不是想盡辦法不讓猶太人移入巴勒斯坦的英國人。

軸心國列強嘗試了許多不同的方法，想要在這個氛圍中漁翁得利。首先是法西斯義大利，然後是納粹德國，都在阿拉伯世界裡展開大型的宣傳計畫與滲透行動，這些舉措對於新一代的政治思想家和政治行動家造成了不小的影響。特別是納粹，他們到處傳揚對猶太人的仇恨，並藉此在大體上可說是他們自己製造出來的問題上得到好處。

就某部分而言，轉向軸心國可說是一種未雨綢繆。在大戰開始的那幾年，尤其是在一九四〇年到一九四一年的時候，也就是在法國淪陷之後、德軍進兵俄國之前、只剩英國獨立孤撐的那段期間，在許多人眼裡，軸心國的勝利已成定局，基於最起碼的謹慎，和勝利者之間的溝通管道非得打開不可——這種情形在中東地區尤其明顯，因為只有極少數中東人對自己的帝國統治者懷有忠誠之心或是忠貞之志。於是，即便是那些被稱許或貶責為「西方世界的友人」的政治人物，諸如埃及的納赫思大人（Naḥās pasha）、伊拉克的紐里．賽夷（Nūrī al-Saʿīd）和阿拉伯半島的伊本．紹德，都試著和柏林建立聯繫。他們的嘗試沒有成功，因為納粹已經得到太多的支持，多到超過它吃得下的程度。他們支持軸心國，部分是基於意識形態，可是更多的，還是由於那道古老而仍然有效的原則：「敵人的敵人，就是朋友」。軸心國之所以吸引這些人，主要是因為軸心國是西方世界的死敵。在稍後一段時間，同樣的吸引力也會作用在另一個非常不一樣的強權身上，那就是蘇聯。蘇聯也因為這個原則贏得相當的支持，有時候，支持他們的甚至還是同一批人。

在這件事情上，第二次世界大戰的交戰雙方都讓其各自的中東支持者失望了，他們也同時對這些支持者感到失望。交戰兩方都設法想動員一些軍事協助。外約旦阿拉伯軍團（Transjordanian

Arab Legion）在推翻拉施德．阿里以及維持同盟國在中東地區的秩序上，扮演了重要的角色。德國人徵集了一些志願軍，稱做「東方軍團」（Orient Legions）。這些志願軍的成員，部分是軸心國的戰俘——即來自法屬北非和英屬印度的士兵，以及從中亞和外高加索各個共和國徵集來的紅軍——再加上那些流亡於德國占領區內的各民族志願者。可是，這些軍團中沒有一個是有大用的。在巴勒斯坦徵集的那個猶太旅——頗受倫敦官方質疑——雖然在北非和義大利戰役中頗有點作為，不過其軍事重要性相對來說還是很小。

中東國家對於聯軍的主要貢獻，主要是可以讓聯軍使用它們的領土、資源和設備。在絕大多數的國家裡，這個工作是由設在託管政府和保護領政府之下的駐軍完成的。而在保持中立的伊朗，這工作則是靠著一九四一年俄軍和英軍同時入侵伊朗領土而達成。只有土耳其一國得以維持中立到最後幾個禮拜，土國最後之所以宣布參戰，只是為了想在勝利者的枱面上占上一席。誠如一位土耳其政客後來所比方的：「我們想要名列在賓客名單之上，而不是名列菜單之上。」

對於中東各國民族和政府來說，這些結果讓人失望透頂。德國人讓追隨他們、想要邀結他們的阿拉伯人大失所望。德國人在發表宣言上表現得慷慨大度，雖然這些宣言有時候措辭模稜，對於阿拉伯人的目標並沒有許多具體的背書。納粹政權基本上是把注意力都放在歐洲身上，它並不真的對中東地區感興趣，而且可以一再看到它為了迎合其歐洲友人而犧牲在中東的被保護人。德國的歐洲友人，包括法西斯義大利、法國維琪政府以及在一九三九年八月到一九四一年六月間的蘇聯。

雖然聯軍承諾過要讓地方獨立自主並撤出軍隊，可是大戰結束時，仍有大批聯軍停駐在絕大多數的阿拉伯國家。這些國家當中，有一些諸如位於北非者，仍舊處在殖民統治之下，而其他國家則是在那些蒙同盟國錯愛的政權統治下，這些政權都深為本國百姓所憎惡，在百姓眼中，它們只是同盟國的傀儡。即使是絕對不可能同情納粹德國的巴勒斯坦猶太人，也因為英國當局在敵對情況結束前後，堅決致力於防止歐洲剩餘的猶太人踏上巴勒斯坦，而與英國託管政府漸行漸遠。

在二次大戰期間，交戰雙方一再收到兩個要求：位於倫敦和華盛頓的猶太人組織，要求英美政府轟炸設於奧許維茲（Auschwitz）的死亡集中營；而設於柏林的穆夫提辦公室，則要求德國政府去轟炸特拉維夫（Tel Aviv）。這兩個要求都沒有被接受，這並不是因為他們考慮到這樣做可能對一方是正義的、但對另一方卻是邪惡的，其基本原因只有一個：這種轟炸不具軍事效果，對於打贏戰事並沒有直接的幫助。因此，在純軍事的考量下，這個行動不值得冒險也不值得花錢。

因此，一九三九到一九四五年這段戰爭時期，幾乎沒有為中東地區的任一方人馬帶來什麼好處。雖然軸心國花了許多功夫，而人們對於他們的主張也有著廣泛的同情，然而實質上的回應卻很小。德國人所能獲得的唯一實質收穫，是使用了一些維琪政府占據下的敘利亞設備，加上一九四一年於伊拉克發生的那場親軸心國政變。這兩件事都為期甚短。英國人雖然想爭取阿拉伯民族主義者的友誼，結果卻是愈搞愈糟，而同盟國充其量只能算是一個悶不吭聲的中立者，用他們的大量武力確保這種中立。防衛埃及免遭義大利和德國攻擊的工作，留給了英國人及其帝國軍隊，而解放北非的工作，則交給了美國人。

和早先的情況一樣，中東再一次加入了一場主要戰爭，而這場戰爭也再一次帶來快速又影響深遠的改變。軸心國和同盟國的宣傳家互相較勁，競相激起民族主義運動的氣氛。軸心國和同盟國的軍隊，在阿拉伯人的土地上駐紮、開戰，為阿拉伯人帶來了現代戰爭無可避免的緊張與擾亂。在當時，已經有幾個阿拉伯國家正在享受其或多或少的獨立自主，並且開始自訂外交政策。一九四五年創建的阿拉伯聯盟（Arab League），把全中東的阿拉伯主權國家集合起來，一起追求共同的政治目標。這原來是個由英國人贊助的計畫，卻很快就甩脫了英國人的牽引繩索，改按照其成員那種有時候會顯得互相衝突的目標自行發展。

本世紀中東地區的最重大改變之一，是石油的發現、開採和利用。這個歷程是從俄國統治下的中東地區開始的，該區的第一次石油開採可以上溯至一八四二年的阿普什倫半島（Apsheron penin-sula）。俄屬亞塞拜然的石油業發展，與美國人在賓州開採石油大約同時。第一座煉油廠在一八六三年設於巴庫，油管於一八七七到一八七八年鋪設完成，連接阿普什倫油田與巴庫煉油廠。及至俄國革命前夕，巴庫油田已為俄國提供總油量的百分之九十五。往南走去，歐美商人在仍然保有獨立地位的伊朗和鄂圖曼土地上，展開取得利權的初步嘗試。就在二十世紀初，伊朗沙王首次同意將一種主要的經銷權讓渡給一位名叫達西（William Knox D'Arcy）的英國商人——其實他是個紐西蘭人。達西特許狀由後來創建的「英波石油公司」（Anglo-Persian Oil Company，後易名為「英伊石油公司」〔Anglo-Iranian Oil Company〕）取得。這是一系列類似安排中的頭一個，中東地區的石油便這樣透過這些特許公司進行開發。這些公司大多是英國人、法國人、荷蘭人和美國人開的，並在中東各國政府的皇室同意下進行。新的大油田陸續在伊朗、伊拉克和阿拉伯半島以及其他地方開採，中東於是成為世界最主要的產油地之一。

這項新發展，從幾個方面影響到中東各國。內燃機的使用改變了陸地交通，如今已經可以藉由陸路交通連接各個主要城鎮，以早期做夢也想不到的速度和涵蓋範圍，運送人員、貨物、印刷品和思想觀念。車輛、巴士和貨車大舉替代了馬匹、毛驢和駱駝，再加上經濟快速發展以及其他的西方溝通工具諸如印刷、報紙、電影院、收音機和電視的傳布，於是展開一場影響無比深遠的社會轉型，而且這場社會轉型，是人人都看得到的。

人們或許會問，英國和法國人究竟想在中東地區得到些什麼呢？他們最後又得到了些什麼？現在一般公認的看法是，把這兩個強權吸引到中東地區，又讓他們待在那裡超過二十五年的根本動機，是戰略性的考量——他們關切的是這個地區的軍事潛力和危險性。這個戰略目的的本質，曾以多種形象來呈現：中東地區可以是一個緩衝區、一個交會點、一個通訊的關節、一個基地，也是一個「檢閱場」（place d'armes）。他們最明顯的戰略目標，是不讓其他勢力進入中東。英法兩國都認為，如果西方強權不待在這裡進行排除，這些勢力就一定會進入中東。英法兩國都有一個滿重要的考慮，就是保護好他們那些位於他處且十分豐腴的帝國領土。英國人特別關心的是印度，而法國人關切的則是他們在北非的統治。這兩個國家都覺得需要保護這些領土，以免不穩定的力量從回教中東傳出來，它們會這麼想，似乎也無可厚非。他們認為要是中東諸國及各民族都能安全地置於帝國的控制之下，或至少是帝國的影響之下，就能避免掉這種危險。

當然，除此之外還有其他因素存在。為法國人介入中東辯護的人士，往往會提到法國的文化和宗教使命——也就是保護基督教徒，尤其是天主教少數族群，以及傳播法國文化。英國人在這方面的類似考慮就弱得多。

和曾經一度風行的帝國主義解釋相反的，是經濟動機的重要性並不大，而列強對於經濟上的收益，也沒有太大的冀望。相反地，讓英法兩國常掛在心頭上的，似乎是財政支出，也就是說，他們支付高價來達成其所渴望的戰略和政治目的。兩強都一直斤斤計較地想要把這個開支盡量壓低。石油要到滿後期才成為一個重要因素，而且即便是到了那個時候，它的重要性也遠比不上之後的情形。在戰間期，人們對於石油的興趣，最多也只是基於經濟戰略的考量罷了。

於今回顧，我們可以清楚看出英法兩國在中東的地位，是被幾個根本的弱點擊裂的。他們不願意花錢來維持勢力，又不願意動武來對付反側。英法兩國對這個地區都表現出一種猶豫、軟弱和不確定。幾乎是從一開始的時候，人們就曾提出質疑，到底這整個事業可不可行，或說值不值得。甚至有人引用邱吉爾（Winston Churchill）的建議，主張最好是把整個地方都歸還給土耳其人——這是一份土耳其共和國鐵定會拒絕的禮物。

正當英法在中東的地位逐漸衰弱之時，又受到其他敵對勢力的威脅。這些懷有敵意的力量，是一些國家和政權，在它們身上仍帶著那種混合了貪婪、粗暴和自滿的特殊情結。這些都是帝國情結的根本成分，可是在英國人和法國人身上已經看不到了，因為它們已被饜足、軟弱和信心不足所取代。曾經有一度，兩國都對於彼此的相互威脅十分警覺敏感。但是在處理其他終究將更為重要的挑戰上——這些挑戰有的是出自當地想要推翻他們的統治者，也有些是來自外界想要替代他們的統治者——這兩國卻又都表現出軟弱和優柔寡斷。

英法在中東的地位，復由於不斷的爭執或說是爭吵而益形微弱。此事發生在許多層面上，也以各種方式發生：有時候是英國和法國與其他人吵，有時候是英國和法國彼此爭吵，有時候則是英國和法國在它們各自的內部吵。母國政府和地方當局之間有著數也數不清、吵也吵不完的口角，而各種官僚派系、政府部門和服務單位之間，也由於社會出身和利益與目標的衝突分化而爭鬥不休，凡此種種，都造成今日所謂的決策過程的延緩和偏差。

鄂圖曼帝國曾為中東地區提供了一個架構和防護罩，使它免於遭受到許多來自外界的威脅；如今這些全都沒了。鄂圖曼的架構和體制由新的一套所取代，但這些新的架構和體制卻承擔不起這項功能，最後也都垮了。防護罩倒是不缺，可是這些防護罩就和以前的一樣，是歐洲列強為了彼此對抗而搭建的，對於中東諸國大多數的居民而言，住在裡面並不舒服。

翹翹板這端的英法與另一端的中東各民族，最後取得了什麼樣的平衡？當英法兩國在一場現代史上最偉大的勝利之後，一身狼狽地結束了它們在中東的強權時代時，它們究竟得到了什麼？而對於西方列強自己或是中東和中東民族，這些結果又有什麼價值呢？

在眼前這個階段，我們對這些問題所能提供的答案，是暫時性而初步的。整體而言，最正面的結果，可能是與那些在當時看起來最無關緊要的目標有關：經濟和日常生活。毫無疑問地，對於大多數中東人來說，一九三九年的生活要比一九一八年、甚或是一九一四年的時候好得多。就算不是所有階層的人們，也是絕大多數階層的人們，都提高了日常的生活水準。令人愉悅的事物更多更好，其中老年人的生活好景更是史無前例。一種新的基礎結構已然建立，並提供了各種服務。

不過這些好處在中東這塊土地上，要比其他那些由殖民帝國直接治理的地方，諸如英屬印度或法屬北非來得不起眼。在這方面，中東人相當倒楣，因為他們承受了帝國主義大多的缺憾，卻又錯過了帝國主義的主要優點，就是接收到了，也只有薄薄的一點。然而，就算是這麼單薄的好處，也不能等閒視之，畢竟在一九三九年時，中東地區的民族在絕大多數的物質層面上，情況都有所好轉。

他們也得到了另一個十分重要的好處，那就是語言方面的好處。原先在中東地區，除了埃及和黎巴嫩以外，很少有中東人懂得英語和法語。隨著他們學會這兩種語言，便可以進一步透過這些語言接觸到現代世界，接觸到現代世界的文化和現代世界的科學。人們普遍認為西方科學——或更精確地說是現代科學——的傳入，是中東地區諸民族的一大收穫。西方文化、特別是西方文化的社會層面，引發了更多樣化的回應。一些人熱烈地擁抱它，另一些人視之為頂多不過是一種好壞參半的祝福，還有些人則一再地譴責它，說它是完完全全的詛咒。

英法的主導也給了中東一段經濟自由和政治自由的時光。這種自由原本就是有限度的，有時候更是虛無縹渺，可是就算是它再怎麼有限或不切實，在整體上，它都比他們在此之前或在此之後所曾經驗到的來得廣泛。這些西方式的制度現在大多已不存在。它們被棄置不用，甚至還遭到譴責。一直要到非常接近今天的時候，才出現新的發展，人們對於自由觀念和自由作風的興趣，終於又抬頭了。對於這項發展，一些中東國家的情勢變化，至少提供一個較為有利的舞台。

對於西方列強和最終可能也會被包含在內的中東人民而言，這段英法主導的時期最正面的結果，可能是完成其最根本的戰略目標，這可以從第二次世界大戰期間中東所扮演的角色中得到證明。中東對西方世界做出的最佳服務，就是為對抗軸心國的戰爭提供了供應基地與支援設備。相對地，西方世界對中東地區做出的最佳服務，便是使它免受軸心國的直接統治。

第十九章　從自由到自由

一九四五年的軸心國失敗和同盟國勝利，並沒有立刻為世界帶來和平。蘇維埃帝國在東歐和中歐的推進，以及西方殖民帝國在亞洲和非洲的撤退，為這些地區帶來了嚴重的問題。得到與失去了主權獨立，點燃了宿怨、製造成新仇，讓數以百萬計的難民流離失所。戰後與後帝國時代的動亂，也發生在中東地區。中東地區的和平，一波波地、不安定地、次數頻繁地受到平定內戰及不時平定外敵等事件所打斷。整體來說，其麻煩沒有蘇維埃政權在中歐和東歐做出的箝制，或是英國統治在南亞和東南亞地區的落幕那麼劇烈和創傷深重。中東地區的問題牽涉面雖然較小，卻證實了是更為劇烈的，在外交處理和政治解決方案上，也較難使之就範。

在中東地區，就像在剛脫離殖民地統治的世界其他角落一樣，大眾關心的首要課題、一度也是唯一的課題，就是獨立自主。

第一次世界大戰之後，中東地區的三個國家：土耳其、伊朗和阿富汗，擁有完全的主權獨立，也有長期行使獨立主權的經驗。戰間期中又加入了四個阿拉伯國家：沙烏地阿拉伯、葉門、伊拉克和埃及。前兩國在實際上和理論上都享有高度的獨立自主，可是後兩國仍然歸原先的主子掌控，在外交上受到不平等條約的限制，在軍事上受到英軍基地和英軍駐紮的制約。法國被迫撤離地中海東岸，讓敘利亞和黎巴嫩加入阿拉伯主權國家的名單中。一九四五年三月，「阿拉伯聯盟」成立，包括埃及、伊拉克、敘利亞、黎巴嫩、沙烏地阿拉伯、葉門以及外約旦，雖然外約旦在當時原則上仍然屬於由英國託管的巴勒斯坦領地。一年之後，即一九四六年三月，外約旦也獨立了，隨即易名為約旦。

這些國家的一致首要目標，就是將名義上的獨立轉換成實質上的獨立，其方式是廢止前述限制，並且減少國內的外國人人數。這項目標在西方帝國從早先的占據地撤出後，已於五〇年代初期完成。

與此同時，這個歷程也延伸到阿拉伯世界的其他地區。利比亞於一九五一年獨立，蘇丹、突尼西亞及摩洛哥於一九五六年獨立，茅利塔尼亞（Mauritania）於一九六〇年獨立，科威特於一九六一年獨立，阿爾及利亞於一九六二年獨立，南葉門（前亞丁殖民地兼保護領）在一九六七年獨立，波斯灣諸國在一九七一年獨立。他們全都參加了阿拉伯聯盟。其中有一些國家，特別是南葉門和阿爾及利亞，是在長期艱苦的奮鬥之下才爭取到獨立地位。至於其他大多數國家，其獨立是以較為和平的方式達成，有些則是透過波折重重的協商所達成的協議而取得。

除了以色列之外，所有這些戰後獨立的新國家，都屬於阿拉伯系統。以色列是在一九四八年巴勒斯坦託管終止時建立的。這個情勢在九〇年代初期發生了巨大的改變。隨著蘇聯於一九九一年解體，於十九世紀就由沙皇取得、在二十世紀時由蘇維埃政權保有的外高加索和中亞地區，如今忽然間得到了突如其來的獨立自主，他們對於這事並沒有太多的準備。就歷史而論，這些國家全都曾經是中東的一部分，或曾經是中東的附屬地。其中的亞美尼亞和喬治亞兩國是基督教國家，可是已經有好幾百年臣屬於回教帝國，無論是突厥人做主的回教帝國，抑是波斯人做主的回教帝國。剩下的幾個國家，即亞塞拜然與中亞五個共和國，主要都是回教國家，說的語言和突厥語或波斯語也相當接近，並與其南鄰的中東地區，有著千絲萬縷的歷史、宗教和文化連結。其中塔吉克，不但使用波斯語，在文化上也是波斯式的。另外的四個國家，也就是哈薩克、烏茲別克、吉爾吉斯和土庫曼，使用的語言則屬於突厥系統。除開哈薩克語之外，這些語言之間的差別，不比從伊拉克到摩洛哥這塊阿拉伯土地上所使用的口語之間的差別大。突厥人不像阿拉伯人那樣，有一套共通的標準書面語，可是一個類似阿拉伯世界的突厥諸國世界的出現——前者長期主導並大體上塑造中東政治——是一個新的發展，也是個不祥的發展。這些新國家早先的經驗，皆不足以提供達成或行使民族自由或是個人自由的準備。而且我們很快就可看到，雖然蘇聯已經解體，但新的俄羅斯共和國仍然非常關心它在這些共和國裡的利益，並仍冀望能維持俄羅斯人在這些共和國裡的地位。就許多方面來看，突厥世界可能要重過幾十年前阿拉伯世界在和他們先前的帝國主子切斷聯繫後的一些經歷。

可是，即便是完成主權獨立，中東地區的政治困擾並沒有因此而結束。舊有的衝突仍在持續，新的衝突又在多個層次上浮現——內部的、區域內的和國際的。阿拉伯世界新獨立的國家中，少數有著古老且具延續性的歷史實體，有著長期具有明確獨立地位的經驗，這些國家當中，最突出的是埃及和摩洛哥。其他的國家，則是新迎創造出來的，他們既是國家亦是政權。沙烏地阿拉伯雖然是經由征服而集合不同的部落和地區集團而成，至少還具有同質性這項優點。這些部落和地區集團全都是阿拉伯人，全都是回教徒，而除了東部省分之外，他們也幾乎全是遜尼分子。其他新成立的國家大多缺少這個優點，又因內部的對立和仇恨而分裂。有時候，這些對立和仇恨會演變成武裝衝突，這些武裝衝突有各式的稱呼，諸如叛亂、革命或內戰，它們之間的分別在於觀點和角度。

其中最為持久、破壞力也最強的武裝衝突，是在黎巴嫩發生的敵對集團之間的爭鬥，以及這些敵對集團中的敵對派系之間的爭鬥。這些爭鬥有宗教和宗派的爭鬥，有種族和部落的爭鬥，有地區與地方的爭鬥。這些爭鬥由於受到外界勢力的干預而更形複雜和擴延，諸如一九五八年和一九七五到七六年的黎巴嫩內戰。戰事在一九八三至一九九一年間偶有中斷，並展開了波折重重的和平談判。

另一個有著持續衝突的地區是南阿拉伯。一九六二年，一場得到埃及支持的革命運動，推翻了伊瑪目的傳統統治，以共和國取而代之。而由這場革命所革出的爭鬥，又持續了好多年。這些衝突，既在外界力量之間爭——指沙烏地阿拉伯人和埃及人——，也在保皇派與共和派之間鬥。統合了前伊瑪目國和前以亞丁為中心的英國占領地的聯合大葉門（greater United Yemen）於一九九〇年組成，卻隨即在一九九四年再度因那場殊死的南北內戰備受震盪。葉門還牽扯到多法（Dhofar）[1]那場綿延已久的衝突。多法在一九六五到七五年間，曾嘗試要脫離原屬的阿曼素檀國（Sultanate of Oman）。這場叛亂最後在得到伊朗沙王提供的遠征軍協助下被鎮壓下去。這場分離主義叛亂，因為南葉門的捲入，而變得不僅是地區性的，因為南葉門在當時是一個奉持馬克思主義的國家，與蘇聯有著密切的聯繫。

有許多其他的中東國家政府，都曾動用武力來壓制倡議分離的少數族群或省分。土耳其和

---

[1] 譯按：在阿曼。

伊拉克兩國，都得要面對庫德這個少數族群的離心離德和不時發動的起事。伊拉克也對居住在中部和南部地區的什葉派國民訴諸軍事行動——事實上整體說來，什葉派在伊拉克應屬多數。在蘇丹國，其北部說阿拉伯語的回教徒，一直在和南方非阿拉伯系統的非回教徒非洲人作戰。在約旦，巴勒斯坦領袖與約旦皇家的不合，於一九七〇年九月達到高峰，此時巴勒斯坦解放組織（Palestine Liberation Organization）公然地挑釁約旦國的威權，結果敗得慘不忍睹。或許這類征戰之中最為不祥的，是一九九〇年代早期的阿爾及利亞內戰，一個強勢的回教基本教義派運動及其領袖，於此役中質疑阿爾及利亞政府的合法性，並且挑戰其威權。

阿拉伯聯盟的一個基本原則，是阿拉伯國家皆不應為了解決糾紛而與另一個阿拉伯國家兵戎相見。阿拉伯諸國之間爭執甚多，有時候，是一個國家聲稱鄰國之全境為其所有，把這個地方視作在帝國主義國家干預之下和本國分開脫離的國土。有名的諸如摩洛哥聲稱擁有茅利塔尼亞，埃及人聲稱擁有蘇丹國，敘利亞人聲稱擁有黎巴嫩，伊拉克人聲稱擁有科威特。埃及在一九五三年放棄它對於蘇丹聲稱的所有權，承認蘇丹國的獨立主權。摩洛哥人在一九七〇年承認茅利塔尼亞。一九九四年十一月，伊拉克政府在說服之下，承認科威特的主權與領土完整——這個放棄是兩國長期苦鬥之後好不容易才達成的。

伊拉克對科威特主權的聲明，通常出以兩種形式：有時候只是要求邊界重劃，有時候則是把科威特整個納入其羽翼。一九六一年伊拉克人曾發動過一次威脅性的入侵，好在英國火速派軍赴科威特救援，而把它抵擋了下來。不過英國此舉只擋住了伊拉克的一時推進，卻無法斷絕伊拉克的永久念頭。至於敘利亞宣稱它擁有黎巴嫩和更遙遠的前巴勒斯坦託管地的所有領土一事，也依舊懸而未決。小型的邊界糾紛和零星衝突仍然或有所聞，例如一九六三年的摩洛哥和阿爾及利亞、一九八〇年及一九八六至八七年的利比亞和查德（Chad），以及一些其他的邊界糾紛和零星衝突。但是，這些衝突純粹是地區性的，對於一般的發展大勢影響不大，或可說沒有影響。首次嚴重違反阿拉伯聯盟原則的事件發生在一九九〇年，當時伊拉克入侵、占領和兼併科威特主權國。一開始的時候，這只是個阿拉伯人之間的衝突，但後來很快就演變成重大的國際危機。

有時候，人們在追求泛阿拉伯主義（pan-Arabism）這個理想時，其作法是把先前各自擁有主權地位的阿拉伯國家結合起來，組成某種形式的直接和志願組織。其中最重要的，當推阿拉伯聯合共和國（United Arab Republic），這是在一九五八年由埃及和敘利亞合併組成的。在幾年辛苦的同居之後，敘利亞終於退出阿拉伯聯合共和國，並於一九六一年恢復其獨立主權。其他幾個嘗試，大多是由利比亞政府發起，不過幾乎都沒有什麼成效。

後帝國時代的阿拉伯諸國，除了少數例外，都是外界引進和人工形成的，可是他們卻都能明顯持續地——且成功地——保有其獨立國格和領土完整。雖然也有不少人嘗試想往另外兩個方向發展，但到目前為止，還沒有任何一個阿拉伯國家被分成兩半，也沒有任何兩個阿拉伯國家成功地結合為一體——除了葉門這個或可商榷的例子。

近來源出於中東地區並在該區內部交鋒的所有戰爭，有兩場尤其打得你死我活、艱苦異常、曠時日久，那便是始自一九四八年而可能已在一九九四年結束的以色列和阿拉伯諸國之間的一系列短期戰爭，還有一九八〇到一九八八年之間，伊拉克和伊朗所打的那場長期戰爭。

以阿戰爭的由來，早植根於以色列國成立之前的古早事件，當時阿拉伯人在巴勒斯坦的領導者，奮力阻撓和百般推卻猶太人在該國境內建設猶太民族家園。這場奮鬥在巴勒斯坦還是鄂圖曼帝國的一部分時，就已經開始了，當時這個地方的居民，甚至還沒把這塊地方叫做「巴勒斯坦」呢。在英國託管地成立之後，這場衝突開始白熱化，因為英國的託管條款中，包含了正式承認猶太人得在巴勒斯坦擁有一個民族家園這條原則。到了一九三〇和四〇年代，這場衝突更激化成危機，當時納粹黨在德國崛起，其理念和作為以武力或其他管道傳布到許多國家境內。好戰的反閃族思想在歐洲中心地帶的抬頭，看來似乎確認了猶太復國主義者對於猶太人處境的分析。原先接受移民的國家，都因本身的經濟受到蕭條所苦，紛紛闔上大門，遂使得自歐洲乃至後來的中東，陸續湧出的一波波人數日增的猶太難民潮，益發無處可去。

一九四五年二次大戰結束之際，身處德據歐洲的猶太人大多死亡，只有幾百萬人保住了性命，居於所謂的「錯置人口」（displaced persons）營中。那些來自西歐的人回家去了，並沒有遇到太多困難便再度融入當地社會。至於那些來自中歐和東歐的倖存者，卻由於他們的祖國正處於內亂、外患加上被占領的苦境中，因此得要面對比較大的麻煩：當這些人終於返抵家門，迎接他們的卻往往是原來鄰居的拳腳相向和敵意相對。因此，許多人心想，與其在這些不情願的同胞手中再撐過一場壓制與迫害的新輪迴，倒不如冒著奇險前往那塊「應許之地」。

對英國政府來說，情況也是夠讓人焦頭爛額的。就當他們正忙著在這頭奮力綁緊帝國即將崩塌的柱子，又在那頭小心安撫巴勒斯坦和其他地區的阿拉伯人日漸升高的不滿的當兒，猶太移民卻忽然如潮水般湧入，把英國政府推到一個進退維谷、不知如何是好的處境。英國政府花了將近兩年的時間，在難民出口國和轉口國裡應用外交手段，在公海上動用海軍力量，並在託管的巴勒斯坦採用警察行動，試圖做出種種努力，來防範、轉移或驅逐湧進的猶太難民潮。可是，海軍和警察的效用終究有限，而當時的西方世界又因震驚於剛剛披露的納粹屠殺罪行正對猶太人充滿同情，蘇維埃集團則由於自身的原因支持猶太人反英，所以英國人在外交上所做的努力不但徒勞無功，甚至還造成了反效果。

就在此時，英國在印度的統治結束了，於是英國人待在中東的原始動機也隨之不存在了，看來戰後勢衰力微且民窮財盡的英國，似乎是沒什麼理由非得要堅持一個艱難、不成功又在國內國外愈來愈不被看好的政策。於是，英國政府在一九四七年四月二日宣布，它要將這個接自故國際聯盟的託管工作交還給聯合國（United Nations），釋出巴勒斯坦託管地。幾個月後，終止託管與撤出的日期敲定為一九四八年五月十五日星期六。

英國仍然在巴勒斯坦待了一年多，可是現在它的功能只是個看顧型的政府，而關於前託管領地未來發展的決定，已經歸還給聯合國了。在長期和複雜的協商之下，聯合國大會於一九四七年十一月二十九日採取了以下的解決方案：把巴勒斯坦分割為三個實體，建立一個猶太國，一個阿拉伯國，一個在國際管轄之下的耶路撒冷城分治地（corpus separatum）。聯合國會員大會以必須的三分之二多數通過這個解決方案，可是並沒有為執行或實行這個方案預做準備。

然而，卻是有其他人為了阻止這個方案執行而預做了準備。十二月十七日，阿拉伯聯盟的理事會宣布，它反對聯合國所提出的分割建議，必要時會以武力反對。巴勒斯坦的領導人再度對託管政府和猶太人的民族家園展開武裝反抗。猶太人在巴勒斯坦的領導人則接受聯合國的計畫。由於託管統治將在安息日結束，所以他們把時間提早了幾小時，於一九四八年五月十四日星期五，宣布在聯合國分割計畫下建立一個國家，國名為以色列。巴勒斯坦的領導人在此之前早就已經開戰以圖阻止此事發生，如今又得到鄰國的軍隊協助，遠方的阿拉伯諸國也提供了一些支持。

二次大戰期間，巴勒斯坦猶太人和阿拉伯人之間的爭鬥已經減少了許多，沒想到卻在一九四七年再度惡化，並持續到託管結束之時、以及託管結束之後。巴勒斯坦的阿拉伯人得到敘利亞志願軍的協助，這支軍隊叫做阿拉伯解放軍（Arab Liberation Army）。而以色列國一成立，也立即得到美利堅合眾國的實質承認和蘇維埃聯邦的法理承認。於是這場衝突，就隨著以色列國的成立和鄰近阿拉伯國家的武力干預，而正式登上國際舞台。巴勒斯坦之爭，自此成了以阿戰爭。

以寡敵眾，看來這個新國家沒有什麼生存下去的機會了。可是就在幾個星期奮戰不懈的頑抗之下，情勢卻有了戲劇性的改變。夾在敵人與海洋之間的以色列國，表現出始料未及的堅強，而阿拉伯聯軍此時卻由於過度自信而見事不明，復受到王朝之間與國家之間的對立而削弱。

這頭一場戰爭，持續了好幾個月，中途偶爾被聯合國所提出的一些不切實際的協商所打斷。就在這些協商接續發生之際，軍事情勢也發生了決定性的變化。以色列國擋住了阿拉伯人第一波的攻擊，不但能保住原有土地，甚至還向外擴展了一些。巴勒斯坦的其他地區則落入鄰國軍隊之手——埃及軍隊駐在迦薩地帶和後來被稱做「迦薩走廊」（Gaza Strip）的地方，約旦軍隊駐在約旦河西岸與耶路撒冷東部，敘利亞軍隊則待在加利利海（Sea of Galilee）東岸上的一塊小小的包圍領土上。一九四九年一月到四月，以色列和鄰近的阿拉伯國家之間達成了停火協議，並於羅德島（Rhodes）上簽訂了和約。

幾十年來，這些條款一直是兩方唯一承認的、用以規範簽約國之間關係的正式法律文件。阿拉伯諸國表示得很明白，它們接受停火協議並不表示它們承認或接納以色列國或其國界。此次停火協定中，只有以色列與黎巴嫩達成協議，確認了兩方較為正式的國際疆界；至於與埃及、約旦和敘利亞談妥的部分，只承認一道停火線，而把劃定政治與領土疆界一事，留待「巴勒斯坦問題最終定讞」。[2]

就在爭戰的過程之中，大量住在以色列占領區上的巴勒斯坦阿拉伯人逃離家園或是被逐出家園，成為鄰近阿拉伯諸國中的難民。對於這次事件的說法，可說是眾說紛紜、充滿矛盾，可是兩造的說法似乎也都有真實之處。難民的人數，據當時聯合國特派單位的估計，約在七十二萬六千人之譜。

巴勒斯坦難民，和千千萬萬在二次世界大戰結束之後、世界血腥重組之際，從其他衝突下逃離或被逐出印度、東歐以及其他地區家園的受害者，承受著相同的命運，處身於戰爭和外交的混亂與不確定當中，承受著逃難和驅逐的煎熬；然而，他們的身分獨一無二，在此他們和別人不同，他們沒有受到遣返，也沒有就此安家落戶，他們就這樣被遺留或拘留在難民營裡，子子孫孫都只能做個無國家的難民。約旦是一個例外，哈什米（Hashimite）政府正式合併了約旦河西岸的約旦持有地，日後並授與所有巴勒斯坦阿拉伯人公民權。大約在同一時間，以色列國又吸收了數十萬從阿拉伯諸國逃出或被逐出的猶太人。在阿猶衝突緊張之際，這些人的地位也跟著搖搖欲墜。

一九四八到一九四九年的戰事，是以色列和其阿拉伯鄰邦所打的一系列戰爭中的頭一個，其阿拉伯鄰邦有時候採合力攻打，有時候也分別作戰。導致這些戰事立即爆發的責任，兩方要平均分擔。一九四八年和一九七三年那兩場戰事，無疑是阿拉伯諸國政府所挑起的，但一九五六年和一九八二年的那兩場，以色列政府顯然難辭其咎。至於一九六七年戰事的責任歸屬，則較難斷定。隨著愈來愈多的正式開戰前的導火事件公諸於世，這些參戰者看來都像是希臘悲劇裡的角色，不管在哪一場戲裡都無從選擇，只能一步一步地邁向戰爭之路。

這所有的戰事當中，最戲劇性的非一九六七年那場莫屬。當時以色列部隊在六日之內急速行軍，對埃及、約旦、敘利亞和伊拉克遠征軍施以壓倒性的擊敗，到了戰爭結尾，以色列所掌握的不只是整個約旦河西岸的巴勒斯坦託管地，還包括北方自敘利亞處奪得的戈蘭高地（Golan Heights），以及南方自埃及處奪得的西奈半島。以色列的軍事邊界，現在已拓展到蘇伊士運河、約旦河和戈蘭高地之上，離大馬士革約三十英里遠。西奈半島一直由以色列掌控，直到一九七九

2 一九四九年以埃協定第五條第二款。在以色列與敘利亞和約旦簽署的協定中，也有類似的內容。

年以埃簽訂和約為止。埃及是以色列與之簽訂和約的頭一個阿拉伯國家，其條款為兩國談和，建立正常的外交關係，以色列軍依相約的階段，逐步回撤至巴勒斯坦託管地與埃及之間原來的國際邊界。一九九四年十月，以色列與約旦簽署了它與單個阿拉伯國家之間的第二道條約。而以色列和敘利亞之間，顯然也已展開類似目的的協商。

然而以色列將其統治權延伸到約旦河西岸和迦薩走廊一事，又為這場糾紛添上了新面貌：一個巴勒斯坦的領導階層，積極地參與此事。阿拉伯聯盟，尤其是占領部分巴勒斯坦領土的阿拉伯諸國，在一九四九到一九六七年間，口頭上說是為巴勒斯坦人仗義執言，但實際上並不鼓勵巴勒斯坦人積極參與政治進程——有時候甚且動手阻止。這些國家在一九六七年全體被打敗，於是不敢再做此聲稱，因而讓巴勒斯坦解放組織有了新的重要性。巴勒斯坦解放組織在戰爭前三年成立，直到此時主要都只是作為阿拉伯政治的工具；如今，巴勒斯坦解放組織有了個完全嶄新的角色。正當向前推進的游擊隊替代了正向後撤退的軍士、成為阿拉伯反對以色列的象徵時，巴勒斯坦解放組織很快就成為國際間的一個要角。二十五年來，巴解組織的領導階層一直在進行一場奮戰，這場奮戰自不同的觀點和角度來看，可以是抵抗、是游擊戰事、是恐怖活動。他們頭一個基地設在約旦，直到一九七〇年與皇家約旦政府發生衝突，才被迫轉往黎巴嫩。黎巴嫩境內的內戰狀態以及中央政府的威信低落，使他們得以建立一個實質上的國中國，控制者為巴解組織。這個階段於一九八二年結束，因為以色列揮軍進入黎巴嫩，親眼看著巴解組織被驅逐出境。巴解組織的領導階層和總部此後轉往突尼斯，至一九九四年仍一直待在那裡。

就在這個最後的階段，巴解組織對以色列的奮戰，卻產生了性質上的轉變。到當時為止，巴解組織的行動主要是攻擊以色列人和海外的其他目標，以吸引世人目光為首要目的。不過到了八〇年代後期到九〇年代初期，它們的奮戰行動轉移到占領地上，進入了抵抗和反叛的新階段，此即「因迪法達」(Intifada)。因迪法達所針對的，不是海外的中立目標，而是國內占領者的人員和機構，其基本目的與其說是吸引注意力，倒不如說是削弱占領和妨礙占領。最後，巴解組織和以色列政府在一九九三年決定相互承認，進入協商過程。這些在最後形成的暫時性約定，同意將占領區的主權由以色列的軍警身上轉往身在迦薩走廊與約旦河西岸的巴勒斯坦人手中。

不可避免的是，這些發展都受到以阿衝突的國際背景所影響，有時候甚至是決定。在一九四八到一九四九年那場戰事中，美國和蘇聯都對新國以色列給予外交支持。在那段日子裡，史達林仍然把英國而不是美國當成是自己的主要世界對手，在他看來，支持以色列這個新國家是個削弱英國人中東地區地位的絕佳機會。他為了達成這個目標，允許當時的蘇聯衛星國捷克提供武器，讓以色列得以撐過第一場戰爭。雖然美國在官面上禁止運送武器給所有的交戰者，但仍有私人提供了一些軍事協助。一九五六年，英法兩國在埃及布軍，表面上是為以色列人和埃及人調停，但事實上卻幾乎可以肯定它們事先已經和以色列人有所協定，這次，美國政府——後來加上蘇聯政府——則是以強勢對付這三個入侵的勢力，更以種種手段迫使它們從埃及的領土上撤離。

可是，就在這個時候，戰略情勢卻發生了一百八十度的大轉變。在二次大戰剛結束的那幾年，蘇維埃的壓力主要是對付所謂的「北梯國家」（Northern Tier states），即土耳其和伊朗。這些國家為了抵擋蘇維埃政府的壓力和甘言勸誘，轉向美國求助。美國此時已逐漸涉入中東事務之中，先是想要撐起英國日漸粉碎的地位，然後因為他們了解到這個目標不可能達成，於是想要建立一個中東的防衛體系，來對抗蘇維埃可能展開的攻擊。一九五二年，希臘和土耳其兩國被接納成為北大西洋公約組織（North Atlantic Treaty Organization）的成員。一九五五年，伊拉克政府受到說服，與土耳其、伊朗、英國共組一個新的聯盟，稱做「巴格達公約」（Baghdad Pact）。美國在那個時候傾向於與這個聯盟保持非正式的關係，而不願成為其正式成員。

想要把一個阿拉伯國家納入到一個由西方人贊助的同盟當中，其結果後來證明了是適得其反。土耳其和伊朗原來就是主權國家，他們位於蘇聯國境的南緣，從過往的經驗和眼下的實際來看，都十分警醒於北方的威脅。可是，阿拉伯諸國並沒有這種經驗，而他們近期的政治史裡所記載的，大多是解放自我的嘗試——先是自西方的統治下解放，再是自西方的牽連中解放。對伊拉克來說，把國家包括在「巴格達公約」裡面，在人們眼中是一種開倒車的行為，徒然恢復了西方的主導權；對其他阿拉伯國家來說，尤其是對埃及新成立的共和政權來說，此舉則被看成是西方人企圖要改變這個地區的均勢，以便對付埃及。一九五〇年代中期，蘇聯跳過「北梯國家」，與埃及和其他的阿拉伯國家建立起密切的聯繫。後者普遍歡迎前者，於是前者迅即在該區建立起強勢和影響力，他們的力量和影響，甚至到達了足以說服阿拉伯諸國政府和他們簽訂條約提供基地設備的程度。

在五〇年代中期之後的蘇聯政策當中，支持阿拉伯對抗以色列一直是其中的重要方針之一，這個方針在六〇年代和七〇年代表現得更為強烈。在外交上，蘇聯於聯合國以及其他的國際場合支持阿拉伯人；在軍事上，蘇聯則為阿拉伯軍隊提供各種複雜的武器和科技，以及後勤供應。這種種舉措又轉過頭來促使美國和以色列建立更密切的新戰略關係，在這個關係之下，美國成為以色列主要的外交、戰略，以及接下來的財政方面的支持來源。

這些發展使得以阿衝突成為冷戰的主要課題。在中東問題上就和在其他問題上一樣，超級強權之介入，的確是能控制住危機以及節制危機的後續影響，但是它們的介入，同時也妨礙了任何實質的解決行動。對中東地區邁向和平的過程以及世界其他地區的類似過程來說，冷戰的結束都是一項必備前提。

在中東諸國和中東各民族之間的所有戰事中，以阿衝突深深地吸引住外界世界。這部分是由於敵對的超級強權直接涉入，部分則無疑是因為這個事件的議題和功過並不會對外界世界的利益造成多大影響。於是這些外界的關切，只是徒然使這場衝突無法藉由這方或那方的勝利而取得明確的化解方式。因此，這場爭鬥實際上包括的是一系列短暫而尖銳的戰爭，這些戰事都在國際的干預之下結束，但是得到的充其量不過是戰術上而不是戰略上的勝利。一定沒有人預料到，國際機構在這個課題上所扮演的角色，竟然不是衝突的解決者而是衝突的維護者。

外界世界對兩伊之間自一九八〇年打到一九八八年的那場戰事，反應可說是天差地遠。不像阿拉伯人和以色列人那樣，這兩方沒有任何一個能得到強力的國際支持——若說他們有得到什麼樣的支持的話——相反地，這兩個政權都在外界世界引起了強烈的反對。不管是兩伊本身或是國際團體，似乎都沒有意願花比較大的努力或冒比較大的危險來結束這場爭鬥。於是這場衝突竟拖得比第二次世界大戰還長，而它所付出的生命代價和各種損失，也遠超過歷次以阿戰爭的死亡與破壞總和。

兩伊戰爭所引發的課題也複雜得多。那些以阿之間的衝突問題，基本上是明白而簡單的。它們是由三個連環問題所構成：以色列是否應該存在？要是以色列存在，那麼邊界該訂在哪裡？要是邊界確定，該由誰在這些邊界的彼方行使治權？然而兩伊戰爭卻有著許多不同的層面。以個人而論，它是兩位充滿個人魅力的領袖——即何梅尼和海珊——之間的角力；就種族而論，是波斯人和阿拉伯人之間的角力；就意識形態而論，是回教復興與世俗現代化之間的角力（海珊後來在這點上改變了主意）；就派系而論，是遜尼派和什葉派之間的角力；就經濟而論，是對中東地區原油控制權的競奪；就舊式的強權政治而論，則是領土爭執與區域領導權的爭鬥。兩伊戰爭中有一個值得注意的特徵，那就是伊朗人和伊拉克人都對自己國家與統治政府抱持高度的愛國情操。伊朗西南境的阿拉伯少數族群，並沒有和伊拉克人沆瀣一氣，而伊拉克的什葉派徒眾除了少數例外，皆對伊朗革命或伊朗政權沒有表示出多大的同情。

兩伊都沒有受到國內壓力或是國際壓力的干擾，也還沒有受到嚴重的財政緊縮的束縛——兩國都是石油出口國——於是得以互相廝殺達八年之久。一開始，伊朗人似乎占了上風。他們阻擋住伊拉克人的公開攻擊，然後展開強力的反攻，揮軍進入伊拉克的國境之內。伊拉克人自美國那裡得到絕佳的情報支援與後勤供應，又從較富有的阿拉伯國家那裡得來財政支持，於是阻擋住這波攻擊。最後，伊朗被迫同意簽署一份對伊拉克較為有利的和約，結束了這場纏鬥。

海珊對伊朗的假勝利以及他這次攻擊在外界世界所得到的默許，使得他氣勢陡漲，更無忌憚地挑起了新的戰端，於一九九〇年八月入侵科威特，並占領、兼併之。

海珊在開啟這兩場戰端時，都曾在政治和軍事方面做過估算，有的估對了，有些則算錯了。在攻擊伊朗這件事上，他估算不管是地區性的勢力或是外界強權，都不會伸出任何一根指頭去幫助一個惹毛了他們又讓他們頭痛不已的革命政權。這點他估算對了。他也估算如果他在革命起事期間入侵伊朗，應該可以易如反掌地速戰速決，而這點他就算錯了。在十年後入侵科威特這件事上，估對和算錯的地方剛好相反。在入侵與兼併科威特將易如反掌速戰速決這點上，他的軍事估算是對的。可是他的政治預想，也就是認為地區性勢力應該會支持或至少默許其行動，而外界強權會做的頂多不過是提出一些敷衍性質的、沒多大效用的抗議，這些，顯然都是一子錯滿盤墨。

這個錯誤之所以產生，是因為他沒有把世界局勢的不斷變化計算進去。在一九九〇年夏天之前，那些將在之後的幾個月內導致蘇聯崩解與冷戰結束的各種進程，就已經展開了。海珊再不必像過去那樣，被一個超強老闆在背後慎思熟慮地節制他的冒險莽撞，如今，海珊可以自由自在地大膽從事他的危險遊戲。可是，自由是要付出代價的。我們接下來所看到的，就是他那位超強老闆再也無法出面保護他，使他免受其中東地區的受害人轉而求助的另一個超強的攻擊。

中東地區於是出現了一個新模式。在這個新組合之下，外界勢力不再能決定或主導中東事件的發展，可是中東各政府的政策和舉動，卻激使或籲請了愈來愈多不情願的外界勢力介入。一九九〇到一九九一年的科威特戰爭，不像許多先前在這個地區所發生的爭鬥那樣，是由外敵所引發的，或是由外敵所延長的。它是一場地區性的、實際上是阿拉伯人和阿拉伯人之間的衝突。在這場衝突當中，外界強權以美國為首涉入此事。這場戰爭和其後續結果顯示，實際上自中東戰事中撤出的強權不只一個，而是兩個：一個是缺乏能力，另一個則是缺乏意願去扮演帝國甚或是比較輕微的糾察保護角色，以對抗這個地區愈來愈危險的居民。

相對於兩伊之間的八年纏戰，這次由地方軍隊和多國部隊聯手對海珊所發動的攻擊，顯然是又快速、又俐落。可是，在把伊拉克的武力逐出科威特之後，美國及其盟友都無可如何地讓事情保留原狀：也就是說，讓海珊和他的政權繼續掌權。關於這個決定說法很多，其可信度也不一，不過有一個基本原因看來似乎是頗為明白的。在一九九一年當時的情勢下，要是剷除了伊拉克這個政權，就意味著要在空出的位置上另立一個政權，如此一來，便得要再次弄出一種監管和保護的東西，而這又會讓人想起稍早時期的託管地和保護領來，這兩樣東西在當時都是一種公開的偽裝。據說，當時美國並沒有意願要在巴格達城建立一個殖民地總督，而親美的阿拉伯同盟國也不會願意接受這種行為。於是，它們決定把決定權交給伊拉克人民，讓他們自己選擇是要維持、改變或替換其政府——這本來就是他們的權利。這項決定的實際發展，可以在緊接下來的伊拉克與盟軍停火後的時期中看到，海珊開始對北方的庫德族人、南方的什葉分子和中部所有的宗派異議分子所發起的反抗運動，進行無情的鎮壓。

這場戰爭所提供的教訓再明白不過。美國或許會積極地行動，以防衛美國的根本利益和國際社會的利益，不過這些利益該如何界定，就得靠嘗試錯誤來決定。如果美國不想嘗試，那麼中東地區的政府和人民就要靠自己的力量來擺平。此際的中東地區是個比較自由的地方，但同時也是個更為危險的地方。

冷戰的終結與兩極紀律的崩解——這種紀律是兩個超級強權在時而競爭時而合作的行動下加諸此區的——使得中東地區的人民面臨一種糟糕透頂的選擇，這和其他脫離超級強權控制或干預地區的人民一樣。他們可以——儘管是緩慢和勉強地——像世界上的部分地區一樣，走向調解糾紛和平共處；也可以像世界上的另一些人那樣，自由放任其衝突與仇恨，讓自己深陷爭鬥、血腥和痛苦的泥沼中。無疑正是因為他們已經看到前程路上的那灘血腥泥濘，再加上他們意識到正有股力量——區域內的而非區域外的——積極地想把他們往那灘泥濘裡送，這才驅使以色列政府、巴勒斯坦解放組織的領導階層，以及幾個阿拉伯政府展開協商。這些協商再加上外界、特別是美國人的幫助，看來似乎可達致互相承認，一定程度的互相容忍，以及更為實際的，把以色列治下的占領地轉手給巴勒斯坦人統治。

隨著以色列人同意結束它對占領區的統治之後，最後一個阿拉伯民族，也就是巴勒斯坦人，眼見就要實現其自由的夢想了。可是，巴勒斯坦人就像先前其他的那些阿拉伯人一樣，立刻得面對一個完全不同但卻更為緊急的問題，那就是：他們已經從外邦統治之下得到了自由，可是他們實質所享有的這種自由究竟是哪一種自由呢？對於還處於外邦統治下的人們而言，他們的首要目標自然是終結這項統治——對許多人來說，這也是唯一的目的，即使是還處在外邦統治之下，人們也已經開始討論當外邦統治終結之後，他們應該建立一個什麼樣性質的政權。而當獨立自主終於達成之時，這項討論自然也就成為當務之急。

英法兩國都曾經根據自身的模式，在中東創建了新邦國。法國人建立了議會式的共和國，英國人則建立了本於憲政的君主政體。可是這些模式在它們的後台老闆撤離之後，幾乎全數崩解或是被人廢棄，中東地區的人們，紛紛尋求其他的模式。

當軸心諸國由於戰敗而解除了它們對中東地區的政治和戰略威脅時，它們所帶來的民族主義概念和相關活動，卻仍然衝擊著這塊地區，甚至在此生根茁壯了起來。民族主義這個新的思考形式以及這個新的社會與政治組織，具有雙重的吸引力：首先，民族主義可以用來和主導該地的西方勢力相抗衡，光就這一點，其吸引力就夠大了；其次，是由於民族主義所提供的意識形態和社會策略，在許多方面和中東地區的實際與傳統若合符節。以種族為基礎的民族主義，在一些疆界未定而國族認同仍然擺盪不已的國家中，要比愛國主義更能使人們了解。同樣地，激進而專制的意識形態，也要比自由思潮和主張自由意志的想法，有著更強的魅力。對中東人來說，社群身分和集體身分與權利之間的組合，要比西方那種比較個人主義式的組合更有意義——個人主義在這個方面，似乎是既無關緊要又派不上用場。這些影響在敘利亞和伊拉克要比在埃及來得歷久不散且活躍積極，埃及本身有著強烈的民族認同以及悠遠的自由傳統，而其議會經驗也比前兩個國家廣泛、有效許多。

阿拉伯聯軍企圖阻止以色列建國而沒能成功這件事，引發了阿拉伯國家的深刻反思，而在短短的幾年當中，這種反思又引爆了一連串的暴力罷黜行為，撤換了該當負責的主政者，甚至是該當負責的政權。第一個垮台的政權是敘利亞，就在一九四九年三月，薩義姆上校（Ḥusnī Zaʿīm）以一場不流血的政變，結束了總統制和議會秩序，從而也展開了一連串黃袍加身的軍事政變。一九五四年議會政權恢復，舉行大選，軍政府時期由是結束。然而這場恢復狀態為時短暫。在一九五八到一九六一年間，敘利亞是阿聯共和國的一部分，在它脫離阿聯共和國之後，它又訊速地轉入復興黨的獨裁統治之下。在約旦，其國王阿布杜拉本來就應為阿軍在巴勒斯坦的失敗負責，更糟的是他還曾經試著和以色列謀和，於是遂在一九五一年遭到暗殺。不過，對很多人來說，在當時看起來簡直弱不禁風的哈什米王室，卻是危立不傾，開朝君主阿布杜拉國王雖然遭到暗殺，但其王位仍由子孫繼承，綿延至今。

發生最劇烈變動的可說是埃及。在一九五二到一九五四年間，埃及國內發生了一連串的變動，廢黜並放逐法魯克國王（King Fārūq），結束君主政體，宣布建立共和。共和政體的第一位主政者是這場革命名義上的領袖穆罕默德．尼圭布將軍（Muhammad Neguib），很快他就被冷落在一旁，代之而起的是納瑟上校。納瑟是人稱「自由軍官」（Free Officers）這個集團的真正首腦，政權改換之籌劃、組織和執行，皆出自其手。這個共和政府雖慢慢脫去其創立時的軍事色彩，不過它仍然是專制獨斷的。

漸漸地，其他阿拉伯國家也陸續受到革命浪潮的影響。特別受到其西方同盟所詬病的伊拉克君主政體，在一九五八年被推翻了，取而代之的是一系列軍事獨裁者中的第一位。伊拉克的軍人統治就和敘利亞一般，最後還是向復興黨的一黨獨裁低頭。伊拉克的復興黨雖然和敘利亞的統治黨派同出一源，但復興黨的這兩個分支卻是勢不兩立的。

與以色列為鄰的阿拉伯國家中，只有黎巴嫩在一九四八年的軍事行動中沒有重要的表現，也只有黎巴嫩一國在羅德島的停火協議中，與以色列達成了互相承認的國際邊界。它一直維持著原來的議會制度和民主制度，直到該制度在一場內戰中被推翻為止——這場內戰，大體上是由於外界干預所造成的。

而地理位置比較遙遠的阿拉伯政權中，阿拉伯半島南部的兩個葉門政權，以及非洲北部的利比亞和阿爾及利亞政權，也都陷入革命性的代換當中。至於其他較為遠離巴勒斯坦衝突的地方如摩洛哥和阿拉伯半島，傳統政權依然得以維持。

在那些比較積極涉入以阿戰爭的國家中，革命則是一場接一場，革命政權也是一個換一個。

不過，讓這每一個新政權據以得勢的根本問題仍然沒有解決——眼下以色列國的出現在中東心臟地區，是一個問題；除此之外，以色列受到整個阿拉伯世界的敵視，卻仍然存在甚至欣欣向榮，則是另一個令他們困窘苦惱的難題。

以色列在苦戰數月後站穩腳跟，或可解釋為哀兵必勝和對手輕敵。然而這個解釋未必足以解答以色列人在其後的幾次戰役中，面對軍容壯盛、裝備齊全的大軍，卻仍然能迅速奏捷的原因。對某些人來說，以色列的建國與發展，是西方帝國主義對阿拉伯和回教土地侵略的延續。就這個觀點來看，創建以色列國，是為了充當西方勢力之影響、滲透和宰制的橋頭堡；猶太復國主義只不過是帝國主義的工具而已，而以色列只不過是西方勢力的傀儡。後來，人們殫思竭慮地找尋其他的解釋，有些人就根據歐洲人的反閃情結這個主題和形象，用同樣煽惑的字眼來描繪這件事——只是這次角色互換了而已。

另外有一些人比較不那麼汲汲於挖出外邦人的錯誤，指責外邦人的錯誤行為，他們更關心的，是如何從比較兩者之間的差異，來找出自己社會所犯下的錯誤並補救之，諸如兩者在科學成就和技術成就上的差異、經濟結構和社會結構上的差異，以及以色列的政治自由與本身處境的對比。在這些比較之下，雖然以色列的人口結構中居大多數的仍是中東居民，但它還是被看成是西方世界的一部分——這不只是就以色列乃西方勢力傀儡這個冰冷的層次而言，而是從一個比較深的層次來看，也就是它作為西方文明一部分的這個層次。於是，以色列的成功這一問題，也就成了一個長久以來讓回教徒不斷思考的大問題的一部分——那個大問題，指的是西方的富強與回教國家和回教眾民那種相對而言的貧弱。

對於這個難解的謎，人們提出了許多答案。對於一些人來說，他們陷於困境的根本原因，是他們不團結。曾幾何時是個強大無比的阿拉伯世界，現在分崩離析成一盤散沙，彼此之間爭執不已，自己沒有能力找出妥協之道，卻把精力都浪費消耗在無謂的敵對和衝突之中。關於這點，他們找到的解決方案是「泛阿拉伯主義」，這是一種理想，對一個更大的國族（nation）做出更高的忠誠。各個阿拉伯國家往往代表的是山頭主義和政治齷齪，而這個國族要比它們都來得純潔和高尚。這個理想，在對抗帝國主義控制的那段日子達到巔峰。可是當各個國家追求到其本身的獨立自主之後，當各個國家的領袖愈來愈不願意把自己的自主地位和權力交託給另一個更大的團體時，泛阿拉伯主義的吸引力和強度就減弱了。反正，見諸歐洲的歷史以及——老實說——西方世界的歷史，都可以找到充足的證據，證明不團結並不一定會妨礙到物質和學術思想上的進步，在某些情況之下，反而還有助益呢。

隨著從中東地區分立出來的各個國家日漸穩定和持久，以及這個地區的政治階級和政治實況也愈來愈清楚，於是各個政府和人民遂開始著手理出問題的頭緒，並找尋可以在既存的國家主權結構下應用解決的方案。當爭取政治上的獨立自主已經逐漸成為往事之後，人們的注意力，就益發集中在經濟問題上，說得明確一點，他們的注意力，是集中在如何使經濟能急速發展之上。人們覺得，唯有循此途徑，才能在現代世界占有一席之地，並可藉此積聚力量，用來對抗其現代敵人。在絕大多數的這些國家中，它們的經濟情況都在走下坡——這種衰敗並不是和西方世界或正在揚升的遠東經濟比較的那種相對衰敗，而是實實在在地絕對衰敗。這種衰敗，具體表現在其人口的急遽增加和他們生活水準的向下滑落。

長久以來，人們總認為解決這些難題的方案，非得靠社會主義的方法不可。經過討論且普被接受的說法是，發展中國家既沒有時間等待市場經濟那種漸進而不穩定的歷程，也無法承受政治民主那種混亂和不確定的性格。只有靠堅定的手腕和中央的統籌，也就是威權式的社會主義政府，才能達成迫切需要的快速成長。這條道路自然是受到蘇聯的影響以及其創下的典範所鼓勵，在當時，蘇聯在中東以及北非的大部分地區，都是最受崇敬的強權。

社會主義於本世紀中已經在知識分子之間傳遍，可是，把社會主義帶上政治舞台並讓社會主義真正發揮其影響力的，並不是這些知識分子。社會主義就像是上一個世代的自由主義一般，是由上位者施加而下的，而其遭遇也好不到哪裡去。在埃及，社會主義是納瑟政權在掌權九年之後決議實行；而在其他國家，則是由軍事和民族主義政權施加的，這些政權有著各式各樣的外觀，但都秉持一項共同的信念，就是認為這是達成經濟急速成長的唯一途徑。社會主義有許多種形式，一些近乎馬克思主義的形式，多多少少是蘇維埃的形式；另一些所謂的「阿拉伯社會主義」，看起來比較人性化，不那麼嚴肅，也比較適合阿拉伯人的情況。

到了九〇年代，事實已明擺在眼前，無論是阿拉伯社會主義還是馬克思社會主義都沒能成功，而由維新政府引進的那些導向錯誤又不切實際的改革工作，反倒妨害了——而不是推進了——政府信誓旦旦承諾而民眾殷殷切切盼望的經濟成長。

這些經濟政策只有在一個層面上是成功的——它扶植起一系列殘暴而無孔不入的獨裁政權。傳統回教秩序的那種禮法和新式西方秩序的那種自由，在這些政權底下都逐漸淪喪並毀於一旦。在所謂的社會主義國家裡，取代其位置的是各式各樣的極權獨裁政體。這些極權獨裁政體是模仿自中歐和東歐最糟糕的範例，而有時候還自外邦請來專人指導。

經濟政策雖然是失敗了，但這個時期基本上還是一個經濟快速變遷的時期，或許，其社會和文化變遷的幅度和速度要來得更大更快。西方的影響在政治方面已經減到最少，可是在其他的各個層面，卻都在加劇之中。

西方影響最顯而易見、最無孔不入、最一望可知的各個層面，是屬於物質的範疇。現代國家和現代城市的基層結構、禮貌舉止和公共服務，大多是由過去的歐洲統治者或是取得利權者首開風氣。不管在哪裡都可以清楚看到，人們並不想從現代化的各種歷程中回頭，甚或僅是轉移方向。人們也沒有把諸如飛機和汽車、電話和電視、坦克和大砲看成是西方的事物，也不會把這些事物和它們賴以發明的西方哲理劃上任何等號。

更值得注意的是，甚至連一些公開宣稱反西方的國家，也都維持著西式的憲政機制與西式的立法集會。伊朗伊斯蘭共和國（Islamic Republic of Iran）自稱是回復回教政府的正道，但它卻是以成文憲法和選任議會的形式來做此回復——成文憲法和選任議會在回教教義或回教歷史當中，都是沒有先例的。

或許，中東地區最有力量和最為持久的西方政治理念，是「革命」這個政治理念。回教中東的歷史，就像那些其他社會的歷史一般，有著眾多以叛亂或謀反來推翻政府的例子。中東還有另一個古老的回教傳統，那就是要是一些領袖相信推翻暴政還以正義是他們的神聖任務，他們就會義不容辭地向社會和政治秩序挑釁。回教的律法與聖傳，設下了教徒對主政者服從的限度，也談到了——雖然是相當謹慎小心地談到——統治者失去子民愛戴的諸般情況，以及統治者可能依法去位而另選賢能，或是非得依法去位而另選賢能的各種情況。

不過，革命這個觀念，此時在中東仍是個新的外來觀念，就像它在十六世紀的荷蘭、十七世紀的英格蘭和十八世紀的美洲剛剛發展出來時那樣。中東地區最初以革命自稱的那幾場革命，是一九〇五年那些立憲派的革命，和一九〇八年鄂圖曼帝國的「青年土耳其」革命。在此之後，革命不斷上演，而到了二十世紀的最後十年，中東地區絕大多數的國家，都是由以武力推翻前朝而建立的政權所統治。稍早時期的革命，通常都還會伴隨著對抗外族統治者的民族主義。可是到了後期，革命一般就只是指帳下軍官廢掉其主政者。而如此這般的起事，都同樣大言不慚地冠上「革命」一詞，而革命一詞，不久也就成為中東地區最常見的使政府合法化的方式。

政權改換只有在很少數的情況下是由於社會上更深刻的運動所促成。這種改變有著更深層的起因和更大的影響，不只是單單把居上位者換掉這麼簡單。一九七九年的伊朗回教革命，正是這種政權改換的例子之一。這場革命不管是在它的緣起，在它所具有的示範作用，甚至是它最終的結局方面，都可以拿來和法國大革命以及俄國革命相比擬。

在伊朗發生的這個事件，不論是好是壞——在事件的一開始，就有著不同的觀點——都可以就典型的意義上把它看成是一場革命，因為它是一場群眾運動，參與者十分廣泛，而這場運動也造成了經濟權益以及政治權力的重大移轉，這個移轉又開展了——或更精確地說，是延續了——一場大型社會轉化的歷程。

巴勒維家族統治時代的伊朗，就像是波旁王朝統治下的法國和羅曼諾夫王朝（Romanovs）統治下的俄國，原本就已經在經歷一場重大的改變，而這場歷程在這個時間點上，已到了不驚動政治權力就再也走不下去的地步。伊朗革命和另外兩場革命一樣，都可能因為過程中的某些事件，而導致改變的歷程偏離、脫軌，甚或就此結束。從很早期的階段開始，一些伊朗人就曾根據不同的、有時候甚至是彼此針鋒相對的前提，指出這個轉捩事件已經發生過了。而隨著革命政權的勢力愈來愈大，與他們採同一口徑的人也自然愈來愈多。

在伊朗發生的革命，不同於先前那些也冠上革命名稱的運動，因為它是一場「回教式」的革命。伊朗革命的領袖和啟迪者，並不在乎什麼巴黎或彼得格勒模式，而且歐洲的左派思想在他們眼中，和歐洲的右派思想沒什麼分別，這些都是他們所當奮戰的、無孔不入的異教敵人。他們自己是一個不同的社會，受不同的經典和文學所教導，以不同的歷史記憶塑造他們的民族性格。這場革命的標誌和口號都是回教式的，因為只有它們才有力量動員群眾加入奮鬥。

回教所能提供的，不只有標誌和口號。誠如革命領袖以及革命的發言人所詮釋的，回教明確陳述了所應做到的目標，同時有著同等重要性的，是它界定出所應對抗的敵人。人們從歷史、律法和聖傳中歸結出這些惡徒：國外的異教徒和國內的叛教者。對於革命分子來說，叛教者自然是意指所有和他們對回教真義的理解不一致的回教徒，尤其是回教徒主政者；叛教者還包括那些正在輸入外邦異教行為模式的人，因為他們的這個舉動敗壞了回教社群以及回教徒賴以生存的信仰和律法。就原則而言，在伊朗發動回教革命的目的，以及此類運動在其他國家成立政權的最終目的，是要掃蕩所有外來的和異教的增添物，以及恢復真正的和受命於天的回教秩序——這些增添物，是在外邦人宰制與影響的時期，強行加諸到回教地區和回教民眾之上的。

然而，不管是從伊朗還是其他地方的這類革命政權的紀錄中，都可以發現它們對於西方以及西方事物的排斥，並不盡如其宣傳活動所指出的那樣全面而徹底；至少有一些從不信者那裡輸入的事物，仍然是十分受到歡迎。

這些受歡迎的外來事物，有些是顯而易見的。在伊朗發生的回教革命，是電子時代的第一場名副其實的現代革命。何梅尼是第一位把自己的演說製成錄音帶，再從海外寄回給數以百萬計的國內同胞，並因此贏得眾望所歸的演說家；他也是頭一位在流亡途中以電話指揮國內追隨者如何行動的革命領袖——這得感謝伊朗沙王把直撥電信引進國內，這在何梅尼先前的流亡地點伊拉克還用不到，不過到了法國就派上用場了。不消說，伊朗革命領袖在所有他們曾參與的戰事中，無論是正式的還是非正式的，他們都充分應用了西方世界及其模仿者願意賣給他們的武器。這些武器諸如電子傳真、網際網路和衛星接收器，很自然的也都對那些想推翻革命政權之人待價而沽。

可悲的是，伊朗的革命政權自歐洲處轉借來的還有另一樣。伊朗革命政權的標誌和用語，雖然是傾向回教式而非歐洲式，但他們的作風模式和方法，卻往往是歐洲式甚於回教式。稍做審判便大量處決意識形態上的敵人，將千千百百的男男女女流放出境，大規模充公私人的財產，鎮壓加上顛覆，暴力統治加上與鞏固權力齊頭並進的思想改造，如斯種種都是來自羅伯斯比（Robespierre）和史達林，而非來自穆罕默德和阿里。這些方法很難說是回教式的，但的的確確是革命式的。

伊朗的革命分子就和在其各自時代的法國革命分子及俄國革命分子一樣，一舉一動都受到國內外觀眾的注視，而伊朗人的革命，也對伊朗以外其他有著相同文化、相同探索模式的國家和民族，產生了強大的魔力。伊朗革命自然是在什葉分子之間有著最強的吸引力，影響到黎巴嫩南部和一些波斯灣沿岸國家。而在伊朗周遭的遜尼分子之間，其吸引力則最弱。這個訴求曾經有一段時間在人們對什葉派一無所知的大部分回教地區，具有十分強大的魅力。在這些地區，派別是不重要的。何梅尼可以被看做是一位回教的革命領袖，而不是特定的什葉派領袖或伊朗國領袖。事情就像當年那些年輕的西方激進分子，以近乎迎接彌賽亞的熱誠，回應巴黎和彼得格勒所發生的事件一樣；如今回教世界千千萬萬的年輕男女和中生代，也以相同的熱誠回應回教革命的召喚——同樣地熱血沸騰、同樣地意氣昂揚、同樣地希望無窮、同樣地願意寬恕原有各式的恐佈行動、也同樣地對未來抱持焦慮問號。

革命後的幾年，對伊朗來說並非太平盛世。外部的戰爭以及內部不和與高壓統治，加上日漸敗壞的經濟危機，使民眾蒙受極大的苦難。伊朗革命就有如另外兩場革命那樣，敵對的派系一而再、再而三地發生衝突。這些衝突，有時候被描述為極端派和溫和派的衝突，說得更確切點，是理想派和務實派之間的衝突。這場回教革命的理想狀態，也就是「伊朗模式」的狀態，由於這些或那些改變，而喪失了部分吸引力——但是，並沒有失去所有的吸引力。從尹朗革命衍生，受伊朗革命啟迪，或與伊朗革命齊頭並行的那些發生在其他回教徒國家內的其他回教革命運動，在那些國家裡都成為積極的、有時候甚至是成功的權力競爭者。

所有這些各式各樣的革命政權，以及既存的君主政體和傳統政權，都冀望能保存和利用現代化為他們帶來的、和隨他們運用的政治機制及經濟收益。他們所排斥的是外邦人的控制和經濟制度上的剝削，而不是這個制度源出的外在源頭。

蘇聯和美國這兩個中東地區的敵對政權，就和他們的英國和法國前輩一樣，企圖照著自己的形象在此地建立各種社會和政治體制。兩方的任務都不簡單，其中一方尤為困難。支持專制政府並不是問題，可是要在一個回教國家當中創建一個馬克思式的社會主義政權，就得另當別論了；而要創建一個自主的民主政體，更是困難有加。不過，假若說民主政體較難創建，那麼，民主政體也較難被摧毀。此舉就長程來看，對於中東內外的民主政體皆都有利，而對民主政體的專制敵手有害。

得來不易的獨立自主該當要如何妥善應用，而普羅大眾的生活又該如何提升，人們對這些問題也有過漫長的辯論。在這些討論之中，形成了兩種理念上的主流：回教和民主。這兩個理念，以許多不同的版本和互別苗頭的方式加入討論。當回教徒所應用、抄襲或模仿的那些自外界引入的方式都明顯行不通時，就有相當的聲浪指出，那些是外邦人和不信者的行事方式，這些方式只會為民眾帶來百害而無一利。補救的辦法，對回教徒來說是回歸回教的信仰和律法，實心任事，把國家和社會裡屬於外邦人和異教徒的增添物全都清理掉，從而創建一個真正的回教秩序。

另一個可供選擇的藍圖是民主政體，這裡指的不是在戰間期實行的那種對西方民主的拙劣模仿，或由小撮組成朋黨的大員在上位進行操控的那種民主，而是在公眾生活的各個層面，從鄉間至總統皆切實自由運作的制度。當基本教義派和民主人士互相對上時，前者通常大占便宜。因為基本教義派在清真寺和宣道師方面，掌握了一個聚會和傳達訊息的網絡——一個就算是再專斷的政府也不能完全控制的網絡，一個沒有團體能與之匹敵的網絡。有時候，專斷政權甚至還會削弱基本教義派的對手來為後者開道。社會上只有另一個族群，有著這樣的團結性、這樣的結構和這樣可以採取自決行動的工具，那就是軍隊——軍隊是造成中東地區政治變遷的另一個主要馬達。軍隊在不同的時間和不同的地點為民主服務，如在土耳其；或為基本教義派效勞，如在蘇丹。

提出回教方案和民主方案的倡議者，本身就有相當的意見歧異，而這兩個方案，又有各種各樣的不同版本。對於某些人來說，回教和民主這兩個觀念，彼此是完全分立的。所謂的回教基本教義派雖然是少數族群，可是在回教徒之間十分活躍而且重要，這派對民主政體沒有任何用處，除了當作通往權力之路上的單程車票。民主派中的好戰世俗主義分子，通常都不會諱言他們想要終結傳統上在一個國家的公眾生活中由回教所扮演的角色——最起碼也得要加以削弱。在回教的傳統裡，信仰是國家的基礎，而在西方的觀念中，宗教和政治是分離的，這兩個理念的互動，看來似乎仍在持續。

不管是對男人也好女人也罷，這段自由的時光實在是為時太長，影響又太深遠，以致到了難以忘懷的地步。歐洲的民主政治雖然是受到很多反向的阻力，可是並沒有在回教地區絕跡，且仍有著復興的徵兆。在一些國家當中，議會體系和憲政體系都已經越發有效用了。幾個其他的國家也已經踏出邁向政治自由化和經濟自由化的步子——雖然仍處於試驗性質。

在文化和社會生活方面，歐風的引進和接納已是無遠弗屆、無可更易的事實，對於這點，即使是再好戰、再激進的分子，也只有接受或容忍的分。首先改變的是傳統藝術。舊式的書籍插畫傳統和室內裝潢傳統，早在十八世紀末就已奄奄一息。這兩項傳統早在十九世紀，就已經於比較西方的國家裡被新式的藝術和建築所取代。這種新式的藝術和建築先是受到了歐洲風格的影響，然後這等風格繼之成了主流。舊有插畫的書法藝術，雖曾苟延殘喘了一段時間，可是那些匠師們除了少數例外，大多因缺乏原創性而做不出大師級的作品。他們原先在藝術世界裡所享有的地位，遂被歐風畫家奪走，而這些歐洲風格的畫家，是在畫布上用油彩作畫的。建築也是一樣，就算是清真寺建築，也開始在主結構上套入了西方的觀念，而不只限於採用無可避免的西方技術。企圖回歸傳統回教典範的嘗試不時出現，不過這通常是以自覺為新古典主義的形式展現。回教藝術原型只有在一個層面上保留下來，那就是對於塑像的接受速度十分緩慢也十分勉強——人們還是會認為接受塑像是違反回教不准崇拜偶像的禁令。那些世俗化的提倡人，諸如土耳其的凱末爾和伊朗的沙王，他們最為人詬病的一項作為，便是在公眾場所豎立自己的塑像，這種行為被認為與異教徒的偶像崇拜沒什麼兩樣。

文學西化的情形和藝術差不多，雖然是步調較緩而時間稍遲。傳統文學的形式，自十九世紀中葉開始就不為人所聞問，只有在一些死硬派的小圈子裡仍在創作，但其影響有限。進占傳統文學空出的位子的，是來自西方的新形式和新觀念——外來的長篇小說和短篇故事取代了傳統的敘述故事和寓言故事，另有論說文和新聞評論，以及轉化了中東地區所有現代詩歌的新形式與新主題。即使是史東地區各個國家用來寫作現代文學作品的語文，都在西方語法的影響下，全面而無迴旋餘地地起了轉變。

西化這個改變在音樂方面最不明顯，歐洲的歌劇藝術樂曲所造成的影響，相對來說仍是微小。受歐洲影響最久最深的土耳其，有著天賦異稟的演奏者和作曲家以西方的形式創作，其中部分演奏者更是享譽國際。伊斯坦堡和安卡拉如今都在樂團國際巡迴演出的名單上，就好像以色列的各大城市理所當然也在樂團國際巡迴演出的名單上一樣，這本身便是一種西方世界的文化組成。這些城市的聽眾數目多到、也忠實到值得巡迴演出團體前來表演。但在中東地區的其他地方，編寫、演奏甚或聆聽西方音樂的人，相對來說仍是極少數。各種傳統模式的樂曲，仍有人以高超的技巧編寫和演奏，並受到廣大群眾的接納與欣賞。近來民眾對於比較普及的西方樂曲略感興趣，但即便是這樣，大體上說來，這些聽眾仍局限於相較之下稍大城市裡的小小團體。音樂可以說是文化最深邃和最貼心的表達形式，所以它作為最後一項向外界影響退讓的因子，也是自然而然的。

另一個可以一望即知的歐洲影響，是衣著。回教徒軍隊採用現代裝備和現代武器，可以解釋成勢所必然，而且古老的聖傳也曾宣示為了打敗異教敵人而模仿他們是合法的。可是接受異教徒的穿著就是另一碼事，因為它會立刻在文化、象徵甚至於宗教上，產生一定的意義。

十九世紀時，鄂圖曼人採用了歐式的官服和民眾服裝，並為馬匹佩上歐式的馬具，其他的回教徒國家隨即跟進。只有纏頭巾這點沒有受到西化，而且理由充分。可是到了土耳其凱末爾革命之後，就連這個最後的回教保守思想的堡壘，也陷落了。土耳其軍隊和一般大眾都採用了歐式的簷帽和便帽，隨之，幾乎所有其他回教國家的軍隊也都跟進，最後甚至許多中上層階級的人們也都這麼做了。

婦女的情況則大大不同。婦女服飾的歐化，在十九世紀至二十世紀早期進展得比較緩、比較遲，也比較有限。它曾遭到很強的抵制，而且影響到的人口比例較小。男性在社會上的許多階層穿著西服已是平常，但是婦女仍舊穿著——或說，得穿——傳統的服裝。可是，到了二十世紀中葉，愈來愈多婦女穿上西式衣著——先是正在現代化的有錢有閒階級，再是愈來愈多的職業婦女和女學生們。回教中興一眼可見的結果之一，就是這個趨勢的逆轉，亦即回歸傳統衣著——在這項轉變上，婦女的情況也比男性來得明顯。

在所有可以歸諸於西方模範或西方影響的改變中，最是深遠而廣播的，確然是婦女地位的改變。廢止視奴隸為動產使得蓄妾不再合法，雖然蓄妾行為在偏遠地區還是苟延殘喘了一段時間，但它終究不再習見，也不被接納。在少數國家當中，甚至連一夫多妻的婚姻都成了違法行為，這尤其見於土耳其、突尼西亞和沙王被黜之前的伊朗（但其後的伊朗則非如此）。在許多回教國家中，一夫多妻制縱使是合法的，也要受到法律和其他的限制。對都會裡的中產階級和上流社會來說，一夫多妻制已經是社會價值所無法接受的事了。對於都市裡的下層階級而言，一夫多妻制則是在經濟上無法負荷的事。

在婦女解放這件事情上，主要的作用因素是經濟上的需要。農家婦女自古以來就是勞動力的一部分，因而比起城市婦女來，享有相當的社會自由。經濟的現代化，造成對於婦女勞工的需求，而對於婦女勞工的需求，又因為現代戰爭的動員而大增。這在第一次世界大戰的鄂圖曼帝國，便表現得相當顯著，當時的男人大多參軍去了。婦女參與經濟活動以及因此而造成的社會變遷，在戰間期和戰間期之後依然延續，它甚至還帶來了少數立法的轉變，而這些立法是對婦女們有利的。這些事項在社會生活和家庭生活方面，都造成了一些影響。婦女接受教育這件事，也有了實質的進展，到了一九七〇和一九八〇年代，女性大學生已有可觀數量。他們接受的教育，一開始時是所謂的「婦女職業」訓練，諸如護理和教學。這種婦女教育在歐洲是傳統性的，現在在回教地區也逐漸成為傳統。後來，婦女也開始出現在其他專業和其他行業當中。就是連在伊朗，也有為女性病人服務的女性醫生，而更引人矚目的是議會中的女性成員。

婦女參與工作，縱使是傳統上由婦女擔任的工作，對於好戰性格激進的男人來說，還是很難接受。何梅尼就曾經勃然大怒地談及，在他心目中雇用婦女來教導男孩子會如何不可避免地造成不道德的結果。

婦女政治地位的解放，在那些以議會形式運作的國家中有著重大的進展。此事在由軍隊或是政黨所控制的獨裁體制下則無足輕重，因為這兩種組織都是全男性的。西方人傾向於把婦女解放預設為自由化的一部分，而婦女最終在自由的政權底下，會比在專制政權底下過得好。這種假設基本上是頗可質疑而且往往並非正確。阿拉伯諸國當中，在立法解放婦女一事上做得最深入的，是伊拉克和南葉門，可是這兩個國家都是由惡名昭彰的高壓政權所統治。婦女的立法解放在埃及遠遠落後，而埃及卻是阿拉伯社會中在許多方面算是最寬容而開明的。事實上抗拒轉變的，正是這類其公眾意見仍舊以男性為主體、以保守為主流的社會。婦女的權益，在受到基本教義派所影響或像伊朗一樣受他們統治的國家中，遭到最嚴重的阻撓。婦女解放是基本教義派最大的困擾之一，因為回歸傳統正是其計畫中的最重要路線。

不過情勢擺明的是，不可逆轉的改變已經發生了。縱使是那些宣稱完全回歸聖律的人，也很難再讓蓄妾合法化，中東各大城市裡的受教育階級，也不大可能回到一夫多妻制去。基本教義派的影響以及基本教義派的統治者，已經在許多方面改變了婦女教育的內容和方式，但是，他們並沒有把婦女教育回復到先前完全漠視的局面——看來他們也做不到。而且，雖然回教地區就像歐洲和美洲那樣，也有婦女發言和採取行動反對自我解放，但長程的趨勢很明顯將朝向為婦女爭取更大的自由。如今回教地區已有大量受過教育、且所受的往往是西方教育的婦女。她們已經造成重大的影響，而回教的公眾生活，也將會由於先前被排拒在外的另一半人口的加入及貢獻，而更形豐富。

這些轉變以及先前發生、同時進行和其後跟進的法律、社會和文化方面的轉化，都在民眾之間引起南轅北轍的反應。對許多婦女來說，這些轉變帶來了解脫和機會；而對許多男性來說，這些轉變為先前隱而不見的世界，開啟了一道路徑。西方的衝擊在某些地方帶來了財富，它所帶來的財富往往是人們不敢想像的。西方的科技和西式的企業，傳入了賺錢的新途徑，西式的消費文化，又提供了各種花這些錢的新路子。可是，對於許多人、而且不只是那些直接受到負面影響的人來說，新的途徑卻是項侮辱也是個威脅。新的途徑辱及的是他們對莊重和正當行為的看法，而新的途徑對所有價值中最受珍視的東西，亦即他們社會的宗教基礎，則是個要命的威脅。

現代化——或在許多人眼中是西方化——加寬了貧富之間的差距。現代化也讓這個落差更是看得清楚，摸得具體。如今，在阿拉伯半島以外大多數城市裡的富人和未現代化的大眾人口，穿著不同的衣著、吃著不同的食物、按著不同的社會規範在生活。多謝西方的傳播媒介尤其是電影和電視，使得那些無福享有以上事物的大眾，每時每刻都比以前更為了解自己和有錢人之間的不同——特別是他們所沒有享用到的那些事物。

在快速轉變期裡難免有的痛苦和不適，在一些國家中由睿智而溫和的政府們緩解了。可是，在大多數的國家裡，這些痛苦和不適卻因專制政權在經濟方面施政不當而加重加深。有些國家的確是碰到了真正的難題，因為人口劇增而國內糧食資源並沒有相應增加。可是，往往可以發現，即便是那些享有相當可貴資源的國家，也把這一切虛擲浪費了。其問題部分是導因於國家安全和軍事機制的巨大花費，這是用來維持國內平靖，或阻擋國外潛在的敵人。但是，這些花費並不是答案的全部。有一位阿爾及利亞人，在接受一本法國的時事雜誌專訪時提到一段感傷的話，這話很具有代表性：「阿爾及利亞曾經是羅馬的穀倉，如今它卻要進口穀物來做麵包。阿爾及利亞曾經是畜群、園圃之地，如今它卻要進口肉食和果品。阿爾及利亞的石油和天然氣蘊藏豐富，如今卻有兩百五十億美元的外債與兩百萬的失業人口。」他接著說，這是三十年來施政不當的結果。

阿爾及利亞只有少量出售石油的收入和大量的人口。但其他一些擁有大量出售石油的收入和少量人口的國家，還是把經濟弄得一團糟，令民眾生活困苦。如果把眼光放得長遠一點，石油這項資源對於蘊藏國來說，可能是個惡意的祝福。在政治上，售油的收益強化了專制政府的力量，因為有了這些收入，專制政府便不需受制於經濟壓力和經濟緊縮，而走上其他國家在這兩項壓力下所必須採取的民主化措施。在經濟上，石油這個富源往往造成不均衡的發展，把國家暴露在諸如國際油價波動這類外界因素之下，就長程來看，這類外界因素還包括了石油地位本身的不穩定，因為，在中東地區以外還有其他的油源，而在石油以外，也還有他種能源。已經對中東地區的壓力與不確定性感到厭煩的世界諸國，早就開始從這兩方著手了。

中東地區在二十世紀的最後十年，面臨兩個重大的危機。其中一個是經濟和社會方面的危機，指的是由於經濟損失和更麻煩的經濟亂象所導致的困境及其社會後果。另一個是政治和社會方面的危機，指的是共識的崩解，這種共識乃是一套人們普遍接受的規矩和原則，政權賴之以運作，沒了它社會就無法運作，就算是在專制政府的統治下，沒了它，社會也是無法運作。蘇聯的分崩離析便具現了失去這種共識的後果，也具現出創建一個新共識的不易和危險。

就在二十世紀的最末十年，情況愈來愈明白的是，中東地區的政府和民眾在面對這些難題時，最後終究得自行解決，沒有援手。外界的列強再也沒有興致指揮或說主宰中東的事務，相反的是，他們表現出極度不願捲入中東事端的態度。外間世界諸國——指的是歐洲、美洲，以及後來加入的亞洲諸國——對中東地區所關心的，基本上是三件東西：其一是富有而日益擴大的市場，可資銷售本國貨品和出售本國服務；其二是其能源需求的主要來源；其三則是至少在表面上維持國際公法和國際秩序，以便確保前兩者的達成。

引起外界軍事干預的情況，可以以海珊的入侵與兼併科威特，以及他對沙烏地阿拉伯和波斯灣諸國立時造成的威脅為縮影，來進行說明。前者所代表的危機，是中東地區的石油資源，也就是指世界石油資源的很大一部分，會落在一位野心勃勃的獨裁者的獨家專賣控制之下。後者所意味的威脅，則是對第二次世界大戰後形成的整個國際秩序造成破壞。雖然在世界各洲都不乏形形色色的衝突事件發生，可是海珊的入侵與兼併科威特，卻是打從聯合國成立以來，頭一次有一個具有良好地位的成員國被另一個成員國入侵並兼併。

要是當時人們讓海珊在他的冒險行為中取得成功，其結果將不只是早已聲望不再的聯合國會步上前國際聯盟的後塵，落得個不名譽的下場而且死得活該；世界也將會因此充斥著暴力行為和殘忍無情。

所幸人們並沒有讓他得手。來自中東內外的、令人瞠目結舌的各式部隊動員起來，把他逐出科威特。可是——這就是這個新時期最有力的指標——他只是被逐出科威特而不是被逐出伊拉克，諸國甚至允許他在那個國家裡，繼續他那特有的政府形式和諸多政策。這個事實所傳達出的訊息十分明白：要是伊拉克人想要有個新式而不同的政府形態，他們就得自己來，沒有人會為他們動手做這件事。

概括來說，這就是外界列強在二十世紀最後十年所傳出的訊息。這些國家至多會保護自己的權益，也就是指石油和市場，以及國際社會的權益，也就是說，適當地尊重聯合國的基本規則。其他時候，中東地區的政府和民眾，得完全靠自己決定自己的命運，這可說是兩百年來的頭一遭。他們或可產生出新的地區性強權，也可能取得某種行動上的協調，或是互爭地區性的霸權。他們或許會走上南斯拉夫（Yugoslav）和索馬利亞（Somalia）的路子，分裂攻殺，陷入混亂——中東地區已經有一些運動和一些個人明白表示，他們寧可走上這條路，也不願對自己深信的宗教任務與國家權利做任何一丁點妥協。黎巴嫩內戰時期所發生的事件，很可能成為整個中東地區的典範。他們也可能——或許，就像一些人所倡議的——為一場聖戰而聯合一致，這是一場新的聖戰，而這也可能和過去的情況一樣，引發一次新的十字軍運動作為回應。又或者他們會為了和平而團結統一，與彼此、與鄰邦、與外界世界共同應用並分享其精神資源與物質資源，來尋求更全面、更豐富、更自由的生活。而在當下這個時刻，外界世界看來是打算讓他們太太平平，甚或是助他們一臂之力以達到這個境地。中東地區的民眾和政府，可以自己決定要不要、和要怎樣使用這扇機會之窗，趁它——在這部災難重重的現代史好不容易換場休息的當兒——還是開著的時候。

參考書目

在過去兩千年來，關於中東歷史的著作可說汗牛充棟、內容多樣而品質參差。所幸的是，雖然不是全部，但中東大多數地區和大多數時期，都有足供取用的嚴謹書目。以下所列並不是一份蒐羅完備的書目，而只是一小部分精選，作為本書各章論題的進一步參考。擷取的標準是新近的、權威的和涵蓋周密的作品。

書目和指南

J. D. Pearson, et al., *Index Islamicus, 1906-1955. A Catalogue of Articles on Islamic Subjects in Periodicals and Other Collective Publications*. Cambridge, 1958. Supplements: i, 1956-1960 (Cambridge, 1962); ii, 1961-1965 (Cambridge, 1967); iii, 1966-1970 (London, 1972); iv, 1971-1975 (London, 1977); v, 1976-1980 (London, 1982). *Quarterly Index Islamicus* (London, 1977-).

Denis Sinor, *Introduction à l'étude de l'Eurasie central*. Wiesbaden, 1963.

Jean Sauvaget, *Introduction to the History of the Muslim East: A Bibliographical Guide*. Berkeley and Los Angeles, 1965. (Based on the second French edition of Sauvaget as recast by Claude Cahen.)

J. D. Pearson, *A Bibliography of pre-Islamic Persia*. London, 1975.

Diana Grimwood-Jones, Derek Hopwood, and J. D. Pearson, eds, *Arab Islamic Bibliography: The Middle East Library Committee's Guide*. Hassocks, Sussex, 1977.

Margaret Anderson, *Arabic Materials in English Translation: A Bibliography of Works from the Pre-Islamic Period to 1977*. Boston, 1982.

Wolfgang Behn, *Islamic Book Review Index*. Berlin/Millersport, PA, 1982-.

L. P. Elwell-Sutton, ed., *A Bibliographical Guide to Iran*. Totowa, NY, 1983.

Jere L. Bacharach, *A Middle East Studies Handbook*, rev. edn. Seattle and London, 1984.

R. Stephen Humphreys, *Islamic History: A Framework for Enquiry*, rev. edn. Princeton, NJ, 1991.

系譜和大事紀

Eduard von Zambaur, *Manuel de généaologie et de chronologie pour I'histoire de I'Islam*. Hanover, 1927; 2nd edn, 1955.

C. E. Bosworth, *The Islamic Dynasties: A Chronological and Genealogical Handbook*. Edinburgh, 1967.

H. U. Rahman, *A Chronology of Islamic History 570-1000 C.E.* London, 1989.

Robert Mantran, ed., *Les grandes dates de l'Islam*. Paris, 1990.

地圖集

Donald Edgar Pitcher, *An Historical Geography of the Ottoman Empire from the Earliest Times to the End of the Sixteenth Century*. Leiden, 1972.

Tübinger Atlas des Vorderen Orients. Wiesbaden, 1977-.

William C. Brice, *An Historical Atlas of Islam. Leiden*, 1981.

Jean Sellier and Andre Sellier, *Atlas des peuples d'Orient, Moyen Orient, Caucase, Asie Centrale*. Paris, 1993.

文件

Sylvia G. Haim, *Arab Nationalism: An Anthology*. Berkeley and Los Angeles, 1962.

Charles Issawi, ed. And trans., *The Economic History of the Middle East, 1800-1914* (Chicago, 1966); *The Economic History of Iran, 1800-1914* (Chicago, 1970); *The Economic History of Turkey, 1800-1914* (Chicago, 1980); *The Fertile Crescent, 1800-1914* (New York, 1988).

Kemal H. Karpat, ed., *Political and Social Thought in the Contemporary Middle East*. London, 1968.

Lewis, Bernard, ed. And trans., *Islam, from the Prophet Muhammad to the Capture of Constantinople*, 2 vols. New York, 1974.

J. C. Hurewitz, *The Middel East and North Africa in World Politics: A Documentary Record*, 2nd rev. edn. New Haven and London, 1975.

Andrew Rippin and Jan Knappert, ed. And trans., *Textual Sources for the Study of Islam*. Chicago, 1986.

Norman Stillman, *The Jews of Arab Lands* (Philadelphia, 1979); *The Jews of Arab Lands in Modern Times* (Philadelphia, 1991).

百科全書

The Encyclopedia of Islam, new edn. Leiden, 1954-.

Encyclopedia Iranica, ed. Ehsan Yarshater. London and Boston, 1982-.

The Cambridge Encyclopedia of the Middle East and North Africa. Cambridge and New York, 1988.

The Oxford Dictionary of Byzantium. New York, 1991.

曆法說明

出現於本書內文和大事年表中的年代，係依照傳統上開始於基督降生之年的曆法（AD）註記，這套紀年法如今已是天下公用，故被學界以「公元」（the Common Era, CE）稱呼。此曆於一五八二年由教宗格列高里十三世（Pope Gregory XIII）加以改良，稱之為「格列高里曆」或「新式曆」（New Style），在不同的時候於世界不同的地區推行。東正教徒以及大多數的東方基督教會，至今在宗教紀年上仍沿用早期的儒略曆（Julian），或稱「舊式曆」（Old Style, O.S.）。例如今日東正教的聖誕節係相當於「格列高里曆」的一月七日。

自回教降臨以來，中東地區最普遍使用的是回曆。回曆（AH）從公元六二二年七月十六日起始，也就是「希吉拉」發生那年。「希吉拉」（Hijra，有時候誤拼成Hegira）指的是穆罕默德自麥加遷往麥地那一事。回曆一年共有十二個太陰月，三百五十四天，沒有配合太陽曆做調整。

因此，這些月分和季節未必相對應，於是重大的宗教時節如齋戒月（Ramadan）的守齋和朝聖日，遂可能發生在陽曆全年中的任何一天。大體上，一百零三個回曆年約等於一百個「格列高里曆」年。轉換表早有製成，應用方便。

回曆由於純然為太陰曆，在財政和行政上殊多不便。回教政府在很早的時候，就已經編出一系列的陽曆調整方法，以配合伊朗、基督教和其他的月分排法。其中最重要的有：

㈠土耳其的財政曆（Maliye）。此曆取自早先的各種「財政」曆法，結合回曆的日期和太陽年，於公元一七八九年應用在鄂圖曼的稅收行政之上。財政曆採用儒略年（三百六十五天），古敘利亞的月分名稱，以回曆紀元，並用一套置閏的系統來配合回曆紀元。

㈡波斯的太陽曆。於一九二五年引進，以回曆為基礎，但以太陽年計數，用的是調整過的古伊朗月分名稱。要把伊朗的太陽曆年轉換成「格列高里曆」年，公式為在一月一日至三月二十一日加上六百二十二年，而在三月二十一日至十二月三十一日，則加上六百二十一年。元旦，即「法老瓦丁月」（Farvardin）的第一天，為「格列高里曆」的三月第三週。這個紀年法現在普遍應用於伊朗，但純宗教用途除外。

猶太曆傳統上是以世界創生之日算起，用於宗教之上，但在以色列國內尚用於其他地方。猶太曆一年有十二個太陰月，用十九年七閏的方式，以求和太陽曆協調。猶太曆五七五六年的新年，為「格列高里曆」一九九五年九月二十五日。

大事年表

公元前六五	龐培造訪佩特拉；羅馬首次與涅伯圖王國接觸
公元前二五	羅馬遠征阿拉伯
公元後約三〇	耶穌基督被釘上十字架
四七—四九	使徒保羅的第一次傳道
五四—五九	羅馬攻陷亞美尼亞首都
六三	羅馬帝國與帕提亞王朝議和
六六—七〇	第一次猶太叛亂
七〇	羅馬征服耶路撒冷；結束猶太叛亂，摧毀猶太聖殿
一〇六	羅馬合併阿拉伯半島上的涅伯圖地區

一一四—一一七 圖拉真發動對抗帕提亞的戰爭

一一五—一一七 第二次猶太叛亂，地點在東部諸省

一一七 圖拉真崩；哈德良放棄向東征服

一三二—一三五 第三次猶太叛亂

一六一 帕提亞人入侵敘利亞和亞美尼亞

一九七—二〇二 羅馬皇帝塞普提馬·塞佛留（Septimus Severus）的東方戰役

二二四 薩珊王朝在波斯繼統

二二六—二四〇 薩珊王朝確立

二二九—二三二 波斯與羅馬交戰

二三一—二三二 羅馬皇帝塞佛魯·亞歷山大(Severus Alexander)的薩珊戰役

二四〇 波斯征服尼西比斯（Nisibis）

二四一—二四四 波斯與羅馬交戰

二四一—二七二 薩珊沙王沙普爾一世朝

二四二 摩尼開始傳教

二五八—二六〇 波斯與羅馬交戰

二六〇—六三 帕邁拉歐達納（Odenathus）朝
二六七 歐達納國王與岑諾比亞女王之子瓦巴拉特（Wahballat）脫離羅馬獨立
二七二 羅馬皇帝奧里略再度將帕邁拉收入版圖
二九六—九七 波斯與羅馬交戰；二九七年簽訂和約承認羅馬勝利
三〇三 羅馬皇帝戴克里先開始迫害基督教徒
三〇六 君士坦丁繼任羅馬皇帝
三一〇—七九 薩珊沙王沙普爾二世朝
三一二 米蘭敕令頒布；基督教取得合法地位
三二五 尼西亞會議
三三〇 君士坦丁堡建立
三三七—五〇 波斯與羅馬交戰
三五九—六一 波斯與羅馬交戰
三六三 羅馬與沙普爾二世之戰
三七一—七六 波斯與羅馬交戰

三八一	君士坦丁堡敕令，確立基督教為國教並禁止異教崇拜
三八四	波斯與羅馬締和
三九五	羅馬皇帝狄奧多西崩；東西羅馬帝國分裂
五〇三—〇五	波斯與羅馬交戰
五二四—三一	波斯與羅馬交戰
五二七—六五	拜占庭查士丁尼朝；拜占庭收復非洲和義大利
五二七—三二	波斯與拜占庭交戰
五三一—七九	波斯沙王霍司祿一世朝
五三三	羅馬與波斯締結「永續和平」
五三七	君士坦丁堡聖索菲亞大教堂落成
五四〇—六二	波斯與拜占庭交戰
五七二—九一	波斯與拜占庭交戰
六〇六—二八	波斯與拜占庭交戰；六一四年波斯占領耶路撒冷
六二二	希吉拉：穆罕默德從麥加出奔麥地那；回教紀元開始

六二八 穆罕默德與麥加異教徒締結胡代比亞休戰（Truce of Hudaybiyya）；拜占庭皇帝赫拉克利與波斯締結戰勝和約；波斯所占領的土地歸回拜占庭帝國控制

六三〇 穆罕默德征服麥加

六三二 穆罕默德逝世；阿布貝可被推選為首任哈里發

六三三—三七 阿拉伯人征服敘利亞及美索不達米亞

六三四 烏默爾繼任哈里發

六三五—三六 阿拉伯人征服大馬士革

六三七 卡迪西亞（Qadisiyya）會戰；泰西封陷落

六三九—四二 阿拉伯人征服埃及

六四二—四六 阿拉伯人征服亞歷山卓

六四四 烏默爾被殺；鄂斯曼繼任哈里發

六五六 鄂斯曼被殺；回教第一場內戰開啟

六六一 阿里被殺；烏邁耶王朝開啟

六七四—七八 阿拉伯第一次圍攻君士坦丁堡

六八〇 卡爾巴臘會戰
六九一 耶路撒冷聖岩圓頂寺落成
六九六 奧都馬力發行阿拉伯錢幣，作為重組帝國行政的一部分
七〇五—一五 大馬士革烏邁耶清真寺建立
七一〇 回教徒登陸西班牙
七一七—一八 圍攻君士坦丁堡
七五〇 烏邁耶王朝覆亡，阿拔斯王朝繼立
七五一 阿拉伯人在怛羅斯河附近擊敗中國，中國戰俘將造紙術傳入
七六二—六三 「滿朔」哈里發建立巴格達城
七六七 法學家阿布．哈匿法卒
八〇九—一三 阿敏與馬門的王位繼承內戰
八一三—三三 馬門哈里發朝；推展阿拉伯科學及文學
八二〇 法學家蘇非伊瑪目去世
八三三—四二 穆塔辛姆哈里發朝：開啟突厥人統治時期
八六八—八三 南伊拉克黑奴叛變

九一〇 法蒂瑪哈里發王朝在北非建立
九四五 步野家族占據巴格達
九五〇 哲學家法拉比（al-Fārābī）去世
九六九 法蒂瑪王朝征服埃及，定都開羅
約九七〇 塞爾柱突厥人從東方進入哈里發國領地
一〇三七 哲學家兼醫學家伊本．西納去世
一〇五五 塞爾柱人拿下巴格達
一〇七〇—八〇 塞爾柱人攻占敘利亞和巴勒斯坦
一〇七一 塞爾柱在曼齊克特（Manzikert）擊敗拜占庭軍，塞爾柱勢力拓展到安那托力亞地區
一〇九四 法蒂瑪王朝哈里發穆斯坦昔去世；亦思馬因運動分裂；哈三瑟巴領導極端的「暗殺派」
一〇九六 十字軍抵達近東
一〇九九 十字軍攻下耶路撒冷
一一一一 神學家、法學家兼神祕主義者賈沙理去世

一一七一　薩拉丁宣布法蒂瑪王朝結束；艾尤卜王朝於敘利亞和埃及創立

一一八七　哈丁會戰：薩拉丁擊敗十字軍，奪回耶路撒冷

一二二〇　蒙古人征服哈里發國東疆

一二二九　西西里國王腓特烈二世經由磋商從埃及統治者馬立克處取回耶路撒冷

一二四四　回教徒收復耶路撒冷

一二五〇—六〇　馬木祿克素檀國興起，逐步取代衰弱的艾尤卜王朝

一二五二　金帳汗國改信回教

一二五八　蒙古人征服巴格達

一二七三　詩人魯米去世

約一二九〇—一三二〇　鄂圖曼公國崛起於安那托力亞

一二九五　波斯伊兒汗國改信回教

一三二六　鄂圖曼人攻占布魯沙

一三三一　鄂圖曼人攻占尼西亞

一三五四　鄂圖曼人攻占加里波里

一三六六　鄂圖曼人取下亞得里亞堡（愛蒂尼）

一三七一—七五 鄂圖曼人攻入塞爾維亞
一三八九 科索夫會戰；鄂圖曼統治塞爾維亞
一四〇〇—〇一 帖木兒蹂躪敘利亞
一四〇二 帖木兒在安卡拉擊敗鄂圖曼人
一四〇六 史學家伊本・赫頓去世
一四四四 伐爾納（Varna）會戰；鄂圖曼統治保加利亞
一四五三 鄂圖曼素檀麥何密二世攻下君士坦丁堡
一四六三 鄂圖曼合併波士尼亞
一四七五 鄂圖曼進入克里米亞
一四九二 西班牙基督徒攻陷格拉納達；猶太人被逐出西班牙；哥倫布展開西航
一四九八 達伽瑪繞過好望角行抵印度臥亞；阿拉伯水手伊本・馬吉德（Ibn Mājid）引導達伽瑪從非洲航向印度
一五〇一 以思馬因沙王在伊朗創建薩非王朝；以思馬因沙王定什葉派為伊朗國教
一五一四 鄂圖曼與波斯交戰

一五一六—一七 鄂圖曼征服敘利亞和埃及，摧毀馬木祿克素檀國；麥加的謝里夫承認鄂圖曼為宗王

一五二〇—六六 鄂圖曼帝國蘇里曼大帝朝

一五二一 鄂圖曼攻占貝爾格勒

一五二二 鄂圖曼征服羅德島

一五二六 莫哈赤會戰

一五二九 鄂圖曼第一次圍攻維也納

一五三四 鄂圖曼攻占巴格達；鄂圖曼首次征服伊拉克

一五三九 鄂圖曼攻占亞丁

一五五二 俄國拿下喀山

一五五五 鄂圖曼與波斯交戰；鄂圖曼與伊朗簽訂阿美西亞（Amasya）和約

一五五六 俄國拿下阿斯特拉汗

一五五七 伊斯坦堡的蘇里曼清真寺落成

一五六七 鄂圖曼圍攻馬爾他

一五七一 李班多會戰

一五七三　鄂圖曼征服塞浦路斯
一五八七—一六二九　伊朗的阿伯斯沙王朝
一五八九　鄂圖曼與波斯簽訂勝利條約
一五九八　波斯定都伊斯法罕
一六〇二—二七　鄂圖曼與波斯交戰
一六〇六　簽訂希特瓦托洛克條約
一六〇七　鄂圖曼被逐出波斯領土
一六一二　伊斯法罕的皇家清真寺落成
一六三〇—三八　鄂圖曼與波斯交戰
一六三一　埃及、葉門和黎巴嫩相繼發生起義
一六三九　鄂圖曼完全征服伊拉克
一六八三　鄂圖曼第二次圍攻維也納
一六九九　簽訂卡洛維茨條約
一七二七　第一家土耳其文印刷所於伊斯坦堡成立
一七三三　鄂圖曼與波斯交戰

一七三六—四七 納迭爾汗奪得伊朗政權

一七四三—四七 鄂圖曼與波斯交戰

一七六八—七四 鄂圖曼與俄羅斯交戰

一七七四 凱納甲湖條約簽訂

一七八三 俄國併吞克里米亞

一七八九 鄂圖曼素檀「改革者」謝利姆三世嗣位

一七九四 卡札爾王朝於伊朗建立

一七九五 卡札爾沙王朝定都德黑蘭

一七九八—一八〇一 法國占領埃及

一八〇一 俄國吞併喬治亞

一八〇三 瓦哈比派占領麥加和麥地那；簽訂古利斯坦條約（Treaty of Gulistan）：

波斯割讓高加索地區給俄國

一八〇三—一二 塞爾維亞起義

一八〇五 穆罕默德．阿里大人成為埃及的實際統治者

一八〇九 定期航行於印度及蘇伊士的船班開航

一八二一—二九　希臘獨立戰爭

一八二六—二八　新俄波斯爭；波斯割讓亞美尼亞給俄國

一八二七　鄂圖曼海軍在納伐里諾（Navarino）遭歐人擊潰

一八二八　埃及發行第一份官報

一八三〇　法國入侵阿爾及利亞

一八三一—三二　伊斯坦堡發行第一份官報

一八三九　英國占領亞丁；玫瑰宮改革敕令頒布

一八四四　鄂圖曼根據歐洲模式改革通貨

一八五三—五五　克里米亞戰爭

一八五五　電報傳入中東

一八五六　巴黎會議

一八六一　創立黎巴嫩自治區

一八六三　鄂圖曼銀行成立

一八六九　蘇伊士運河通航；伊斯坦堡大學創立

一八七六—七八　鄂圖曼與塞爾維亞及俄國開戰

一八七六 鄂圖曼憲法頒布；第一份阿拉伯文日報《金字塔報》（Al-Ahrām）發行

一八七八 鄂圖曼憲法擱置；簽訂聖斯泰法諾條約；柏林會議：塞爾維亞、羅馬尼亞及保加利亞獨立；奧匈帝國占領波士尼亞及赫塞哥維納；俄國占領鄂圖曼東部諸省

一八八一 法國占領突尼西亞

一八八二 英國占領埃及

一八九四—九六 亞美尼亞叛變及遭致鎮壓

一八九七 鄂圖曼與希臘交戰

一九〇六 波斯憲政革命

一九〇八 青年土耳其革命；漢志鐵路通車

一九一一 義大利征服的黎波里

一九一二 第一次巴爾幹戰爭

一九一三 第二次巴爾幹戰爭

一九一四 鄂圖曼與德國締結同盟

一九一六 阿拉伯反抗鄂圖曼的起義於漢志地區發動；謝里夫胡笙接受國王頭銜

一九一七　英國攻占巴格達及耶路撒冷；鄂圖曼帝國採行西曆

一九一八　鄂圖曼結束對阿拉伯的統治

一九一九　希臘登陸伊士麥

一九二〇　大國民會議在安卡拉召開：土耳其獨立戰爭揭開序幕；確立敘利亞（法國）以及巴勒斯坦和伊拉克（英國）的託管統治；伊本．紹德成為內志素檀

一九二二　簽署穆塔尼亞休戰協定（Armistice of Mudanya）；簽訂英埃條約

一九二三　簽訂洛桑條約（Treaty of Lausanne）

一九二四—二六　伊本．紹德以武力占領漢志

一九二五　禮薩汗即位，開創伊朗巴勒維王朝

一九二六　伊本．紹德採用國王稱號

一九三二　伊拉克獨立；伊本．紹德宣布沙烏地阿拉伯王國成立

一九三六　英埃簽訂條約承認埃及獨立

一九四五　阿拉伯國家聯盟成立

一九四六　約旦獨立

一九四八 巴勒斯坦託管結束：以色列國成立；第一次以阿戰爭爆發
一九五一 利比亞獨立
一九五二 開羅爆發軍事政變；埃及國王法魯克遭罷黜
一九五三 埃及改制共和
一九五六 蘇丹、突尼西亞和摩洛哥獨立；埃及收回蘇伊士運河；以埃戰爭；英法遠征蘇伊士
一九五七 突尼西亞改制共和
一九五八 阿聯共和國成立；黎巴嫩內戰；伊拉克革命並改制共和
一九六一 科威特獨立；敘利亞脫離阿聯共和國
一九六二 葉門和沙烏地阿拉伯廢止奴隸制度
一九六七 以阿戰爭；南葉門獨立
一九六九 利比亞改制共和
一九七〇 埃及總統納瑟逝世：沙達特繼立
一九七一 波斯灣國家獨立；阿拉伯聯合大公國成立
一九七三 以阿戰爭

一九七五—七六　黎巴嫩內戰
一九七九　埃及與以色列簽署和約；伊朗革命
一九八〇—八八　兩伊戰爭
一九八一　沙達特被弒
一九八二　以色列侵入黎巴嫩
一九九〇—九一　伊拉克入侵科威特：波灣戰爭爆發
一九九四　約旦和以色列簽署和平條約

地圖

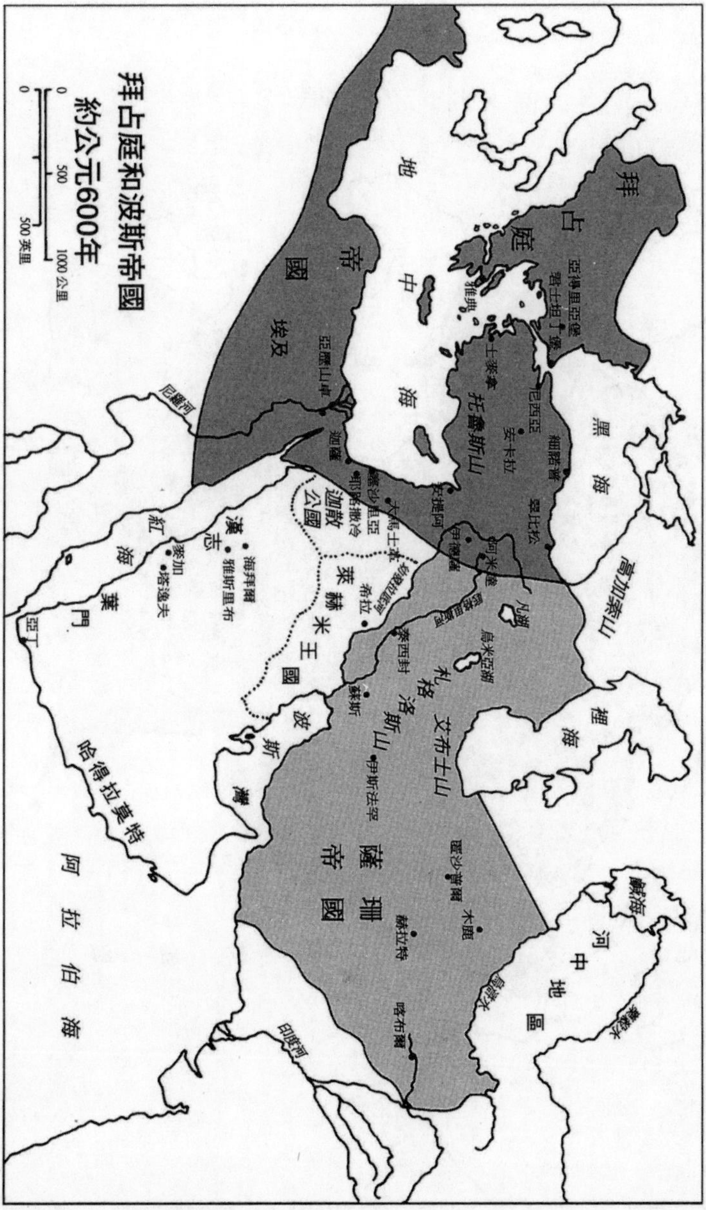
拜占庭和波斯帝國
約公元600年
0 500 1000 公里
0 500 英里
拜占庭帝國
地中海
亞得里亞堡
君士坦丁堡
雅典
士麥拿
托魯斯山
尼西亞
安卡拉
細諾普
黑海
特拉比松
高加索山
裡海
埃及
亞歷山卓
尼羅河
迦薩
安提阿
大馬士革
耶路撒冷
迦散公國
伊德薩
阿米達
凡湖
烏米亞湖
札格洛斯山
艾布士山
泰西封
希拉
萊赫米王國
蘇斯
伊斯法罕
薩珊帝國
波斯灣
漢志
海拜爾
雅斯里布
麥加
塔逸夫
紅海
葉門
亞丁
哈得拉莫特
阿拉伯海
印度河
喀布爾
赫拉特
木鹿
河中地區
鹹海

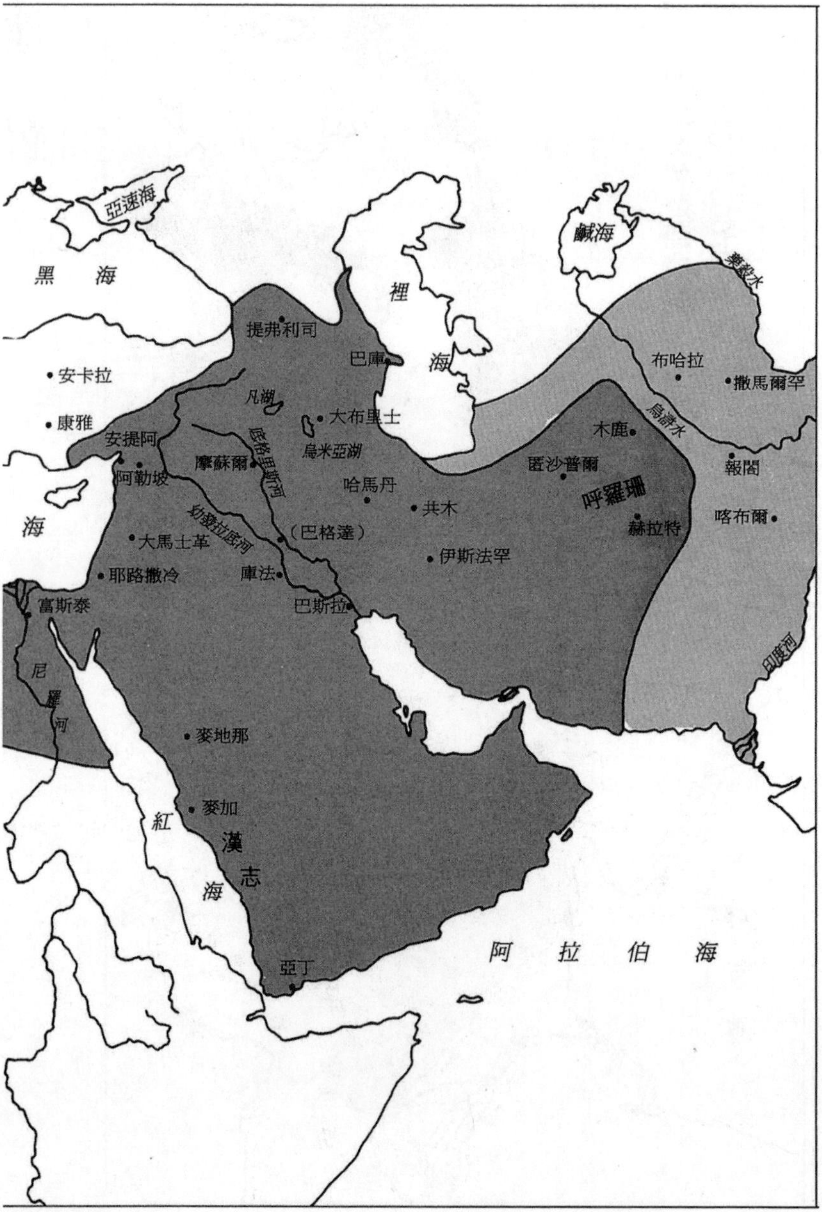

亞速海
黑 海
裡
海
鹹海
藥殺水
提弗利司
巴庫
安卡拉
康雅
凡湖
大布里士
烏米亞湖
底格里斯河
安提阿
阿勒坡
摩蘇爾
哈馬丹
共木
匿沙普爾
木鹿
布哈拉
撒馬爾罕
烏滸水
報闍
呼羅珊
赫拉特
喀布爾
海
幼發拉底河
（巴格達）
大馬士革
伊斯法罕
耶路撒冷
庫法
巴斯拉
富斯泰
尼
羅
河
印度河
麥地那
麥加
紅
海
漢
志
亞丁
阿 拉 伯 海

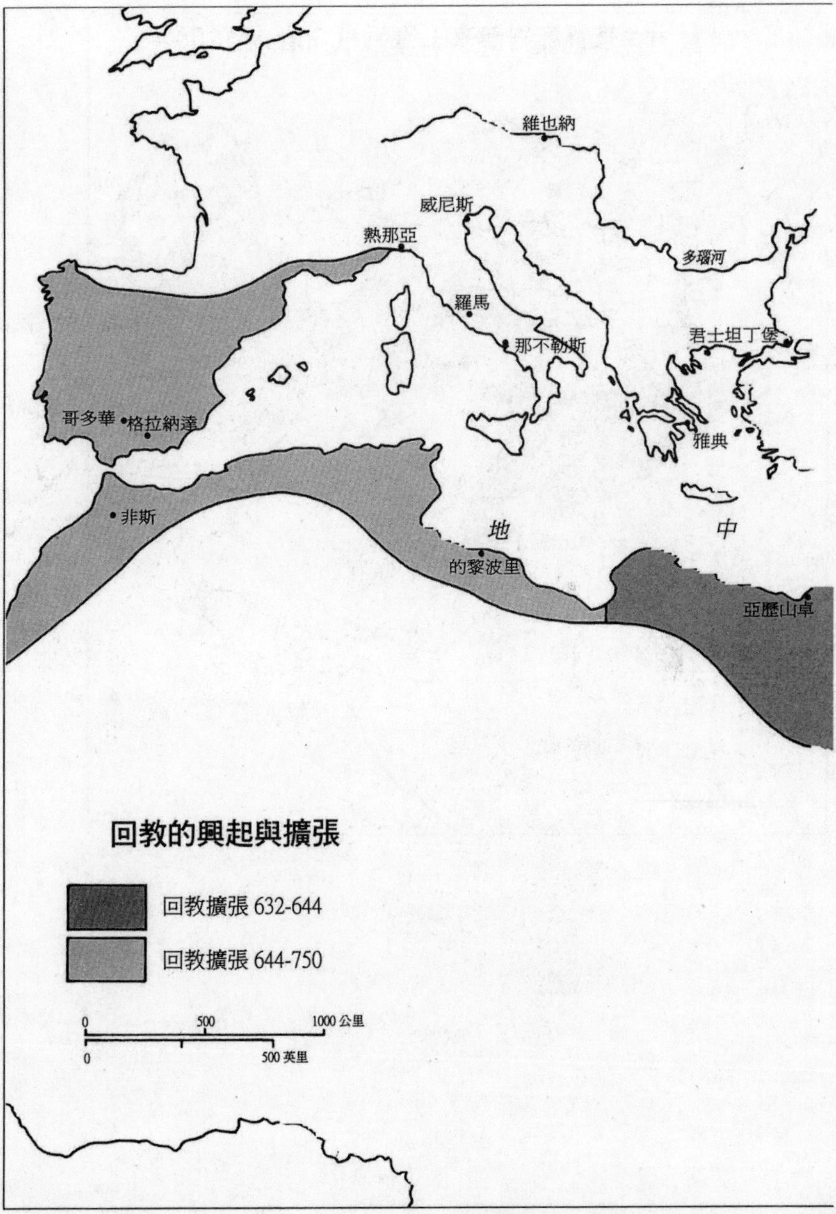
維也納
威尼斯
熱那亞
多瑙河
羅馬
那不勒斯
君士坦丁堡
哥多華
格拉納達
雅典
非斯
地
中
的黎波里
亞歷山卓
回教的興起與擴張
回教擴張 632-644
回教擴張 644-750
0
500
1000 公里
0
500 英里

草原民族西來：塞爾柱突厥人 1100年

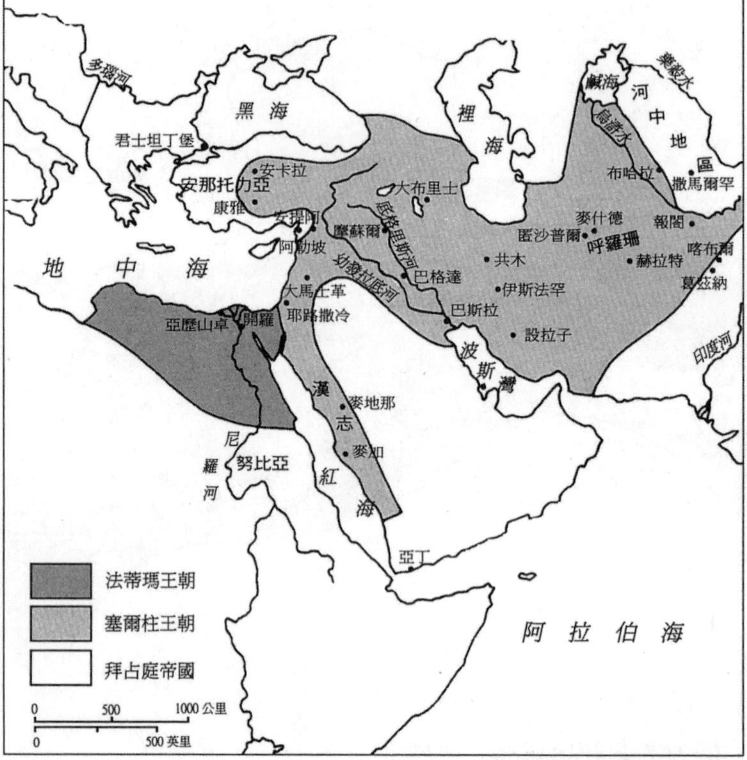

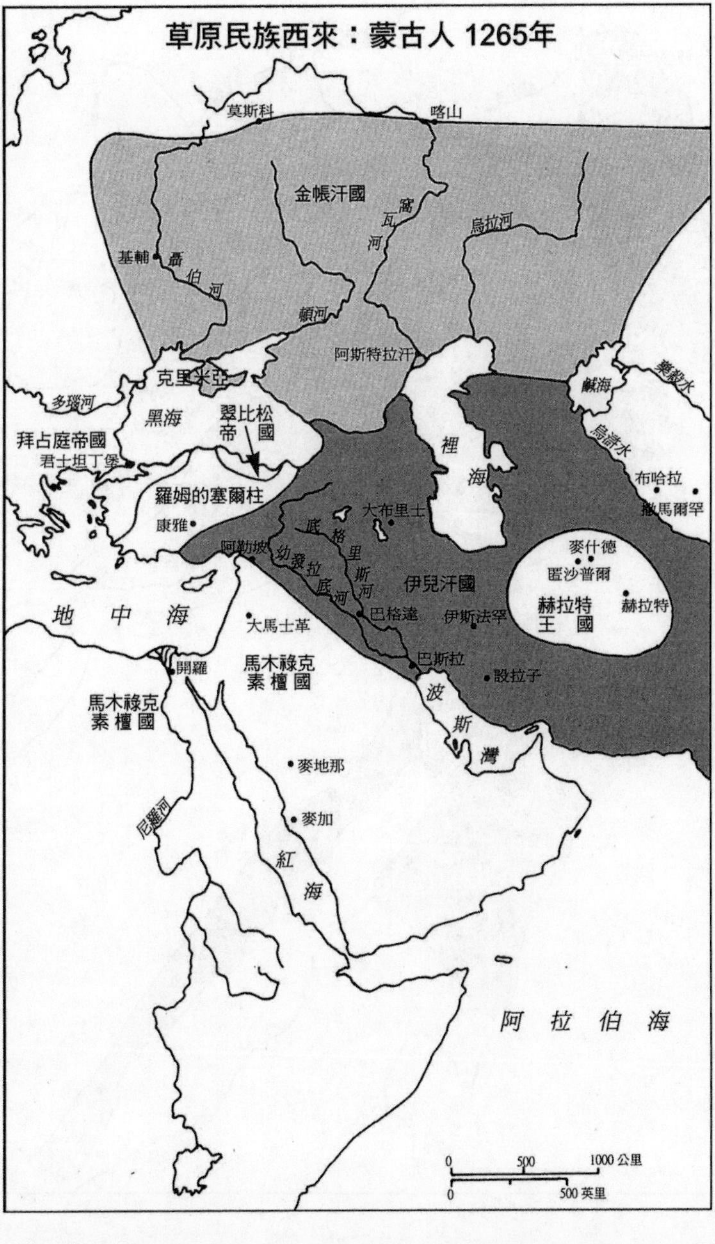
草原民族西來：蒙古人 1265年
莫斯科
喀山
金帳汗國
窩
瓦
河
烏拉河
基輔
聶
伯
河
頓河
阿斯特拉汗
克里米亞
鹹海
藥殺水
多瑙河
黑海
翠比松
帝國
拜占庭帝國
君士坦丁堡
裡
海
烏滸水
布哈拉
撒馬爾罕
羅姆的塞爾柱
康雅
大布里士
阿勒坡
底
格
里
斯
河
幼
發
拉
底
河
麥什德
匿沙普爾
伊兒汗國
赫拉特
王國
赫拉特
地 中 海
大馬士革
巴格達
伊斯法罕
巴斯拉
設拉子
開羅
馬木祿克
素檀國
馬木祿克
素檀國
波
斯
灣
麥地那
麥加
尼羅河
紅
海
阿 拉 伯 海
0 500 1000 公里
0 500 英里

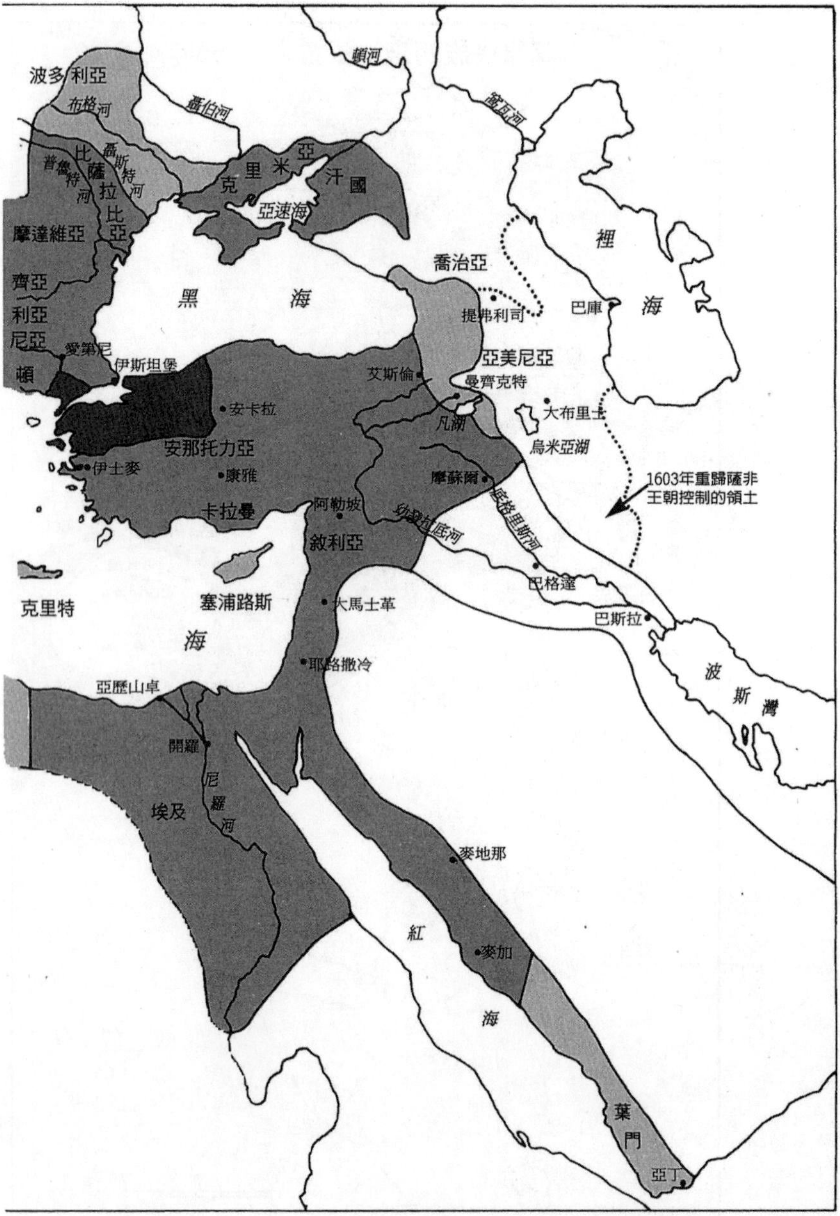
波多利亞
布格河
聶伯河
頓河
窩瓦河
比薩拉比亞
普魯特河
聶斯特河
克里米亞汗國
亞速海
摩達維亞
齊亞
利亞
尼亞
頓
裡海
黑海
喬治亞
提弗利司
巴庫
亞美尼亞
艾斯倫
曼齊克特
大布里士
凡湖
烏米亞湖
愛第尼
伊斯坦堡
安卡拉
安那托力亞
伊士麥
康雅
卡拉曼
阿勒坡
敘利亞
摩蘇爾
幼發拉底河
底格里斯河
1603年重歸薩非
王朝控制的領土
巴格達
巴斯拉
波斯灣
克里特
塞浦路斯
海
大馬士革
耶路撒冷
亞歷山卓
開羅
尼羅河
埃及
麥地那
紅海
麥加
葉門
亞丁

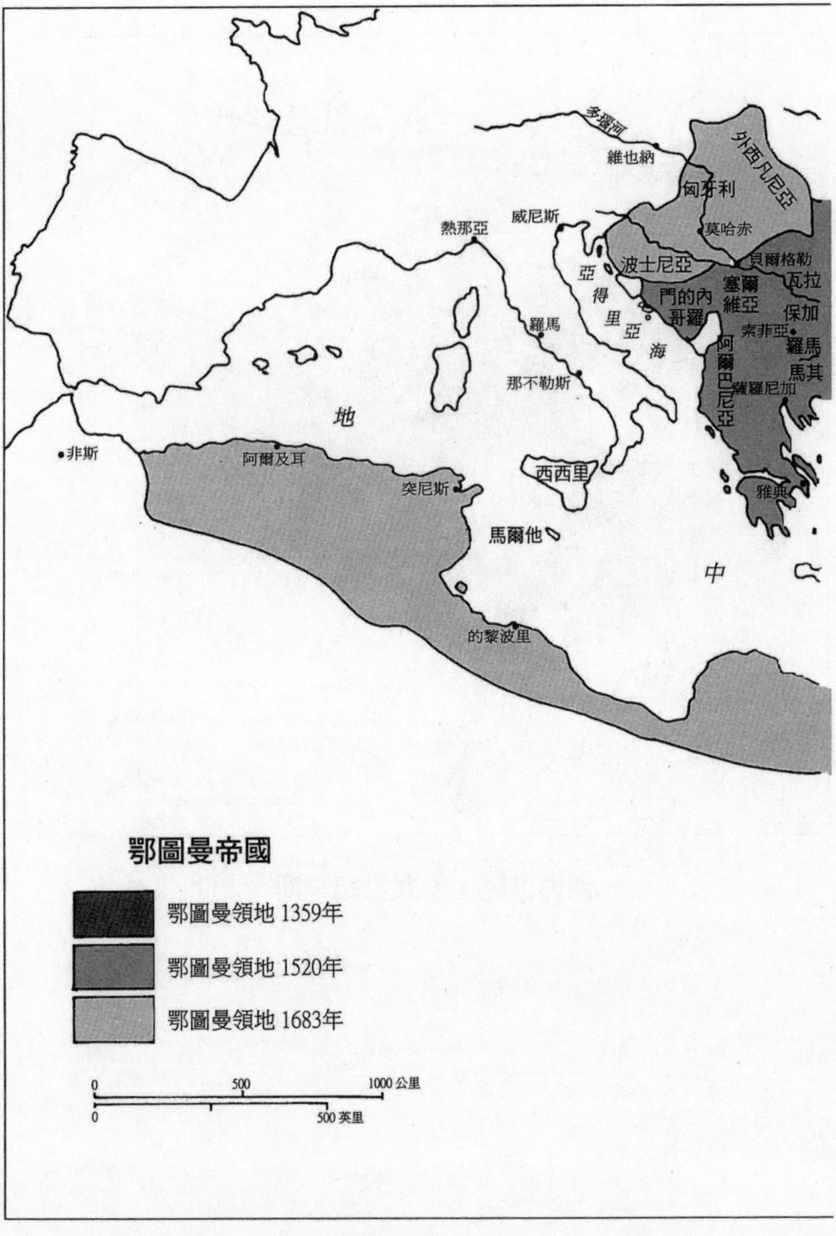
多瑙河
維也納
外西凡尼亞
匈牙利
莫哈赤
威尼斯
熱那亞
波士尼亞
亞得里亞海
門的內哥羅
塞爾維亞
貝爾格勒
瓦拉
保加
索非亞
羅馬
馬其
羅馬
那不勒斯
阿爾巴尼亞
薩羅尼加
雅典
地
中
非斯
阿爾及耳
突尼斯
西西里
馬爾他
的黎波里
鄂圖曼帝國
鄂圖曼領地 1359年
鄂圖曼領地 1520年
鄂圖曼領地 1683年
0
500
1000 公里
0
500 英里

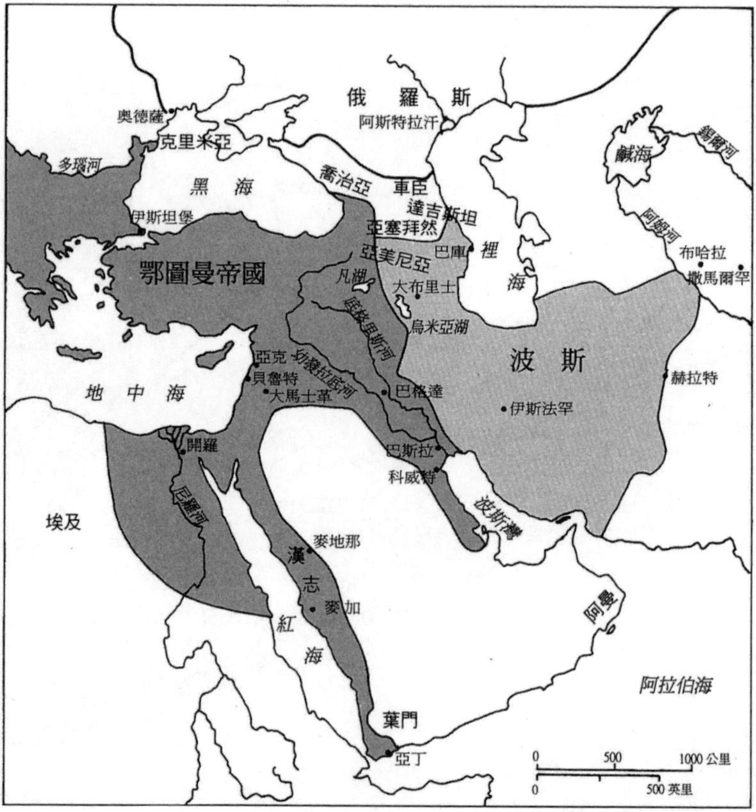
俄羅斯
阿斯特拉汗
奧德薩
克里米亞
多瑙河
黑海
喬治亞
車臣
達吉斯坦
亞塞拜然
伊斯坦堡
鄂圖曼帝國
亞美尼亞
巴庫
裡海
凡湖
大布里士
烏米亞湖
底格里斯河
幼發拉底河
亞克
貝魯特
大馬士革
巴格達
波斯
赫拉特
伊斯法罕
地中海
開羅
巴斯拉
科威特
尼羅河
埃及
波斯灣
麥地那
漢志
麥加
紅海
阿曼
阿拉伯海
葉門
亞丁
鹹海
錫爾河
阿姆河
布哈拉
撒馬爾罕
0 500 1000 公里
0 500 英里

西力進逼：十九世紀早期

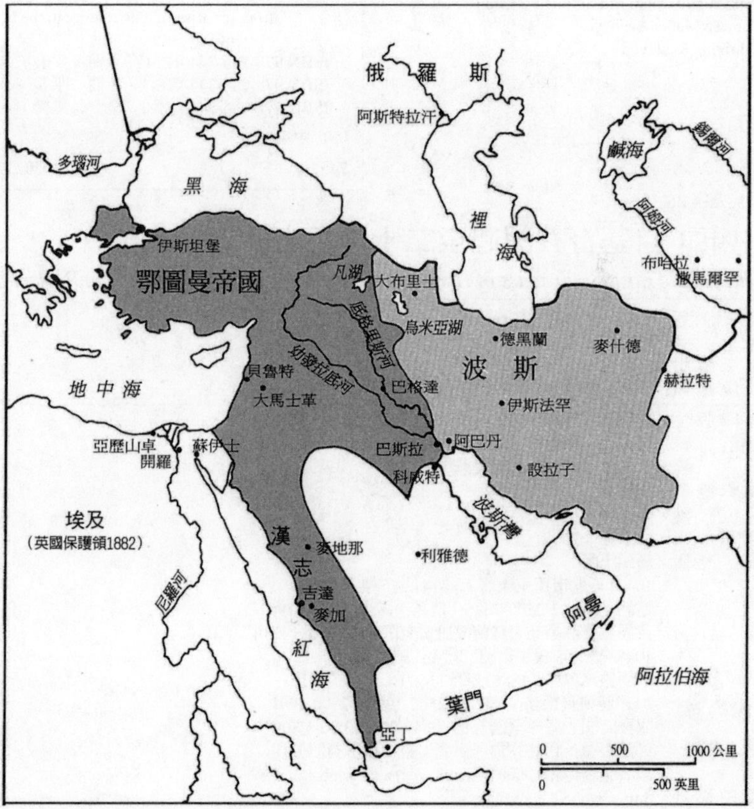
俄羅斯
阿斯特拉汗
鹹海
錫爾河
多瑙河
黑海
裡海
阿姆河
伊斯坦堡
布哈拉
撒馬爾罕
鄂圖曼帝國
凡湖
大布里士
底格里斯河
烏米亞湖
德黑蘭
麥什德
幼發拉底河
貝魯特
波斯
地中海
大馬士革
巴格達
赫拉特
伊斯法罕
亞歷山卓
蘇伊士
開羅
巴斯拉
阿巴丹
科威特
設拉子
波斯灣
埃及
（英國保護領1882）
漢志
麥地那
利雅德
尼羅河
吉達
麥加
阿曼
紅海
阿拉伯海
葉門
亞丁
0
500
1000 公里
0
500 英里

西力進逼：二十世紀初

The Middle East
Copyright © 1995 by Bernard Lewis
Chinese Translation copyritht © 2017 by
Rye Field Publications, a Division of Cité
Publishing Ltd.
Published by arrangement with The Orion
Publishing Group, Ltd. through Bardon-
Chinese Media Agency

國家圖書館出版品預行編目資料

中東：自基督教興起至二十世紀末／柏納・路易斯（Bernard Lewis）著；鄭之書譯. -- 二版. -- 臺北市：麥田出版：家庭傳媒城邦分公司發行, 2017.01
冊；　公分. --（歷史選書；26）
譯自：The Middle East : 2000 Years of History from the Rise of Christianity to the Present Day
ISBN 978-986-344-417-6（上冊：平裝）. --
ISBN 978-986-344-418-3（下冊：平裝）. --
ISBN 978-986-344-419-0（全套：平裝）
1. 中東史
735.01　　105023866

歷史選書 26

中東：自基督教興起至二十世紀末（下）

The Middle East: 2000 Years of History from the Rise of Christianity to the Present Day

作　　者／柏納・路易斯（Bernard Lewis）
譯　　者／鄭之書
初 版 編 輯／吳莉君
二 版 編 輯／吳菡、林怡君

國 際 版 權／吳玲緯　蔡傳宜
行　　銷／艾青荷　蘇莞婷　黃家瑜
業　　務／李再星　陳玫潾　陳美燕　杻幸君
編 輯 總 監／劉麗真
總　經　理／陳逸瑛
發　行　人／凃玉雲
出　　版／麥田出版
10483臺北市民生東路二段141號5樓
電話：(886)2-2500-7696　傳真：(886)2-2500-1967
發　　行／英屬蓋曼群島商家庭傳媒股份有限公司城邦分公司
10483臺北市民生東路二段141號11樓
客服服務專線：(886) 2-2500-7718、2500-7719
24小時傳真服務：(886) 2-2500-1990、2500-1991
服務時間：週一至週五09:30-12:00・13:30-17:00
郵撥帳號：19863813　戶名：書虫股份有限公司
讀者服務信箱E-mail：service@readingclub.com.tw
麥 田 網 址／ http://ryefield.com.tw
香港發行所／城邦（香港）出版集團有限公司
香港灣仔駱克道193號東超商業中心1樓
電話：(852)2508-6231　傳真：(852)2578-9337
E-mail：hkcite@biznetvigator.com
馬新發行所／城邦（馬新）出版集團【Cite(M) Sdn. Bhd. (458372U)】
41, Jalan Radin Anum, Bandar Baru Sri Petaling, 57000 Kuala Lumpur, Malaysia.
電話：(603)9057-8822　傳真：(603)9057-6622
電郵：cite@cite.com.my

封 面 設 計／蔡南昇
印　　刷／前進彩藝有限公司

■1998年11月15日　初版一刷
■2017年 1 月10日　二版一刷
Printed in Taiwan.

定價：350元

ISBN 978-986-344-418-3

cité城邦媒體 麥田出版
Rye Field Publications
A division of Cité Publishing Ltd.

廣　告　回　函
北區郵政管理局登記證
台北廣字第000791號
免　貼　郵　票

英屬蓋曼群島商
家庭傳媒股份有限公司城邦分公司
104 台北市民生東路二段141號5樓

▼

請沿虛線折下裝訂，謝謝！

文學・歷史・人文・軍事・生活

麥田出版
Rye Field Publications

讀者回函卡

cite城邦媒體

※為提供訂購、行銷、客戶管理或其他合於營業登記項目或章程所定業務需要之目的，家庭傳媒集團（即英屬蓋曼群島商家庭傳媒股份有限公司城邦分公司、城邦文化事業股份有限公司、書虫股份有限公司、墨刻出版股份有限公司、城邦原創股份有限公司），於本集團之營運期間及地區內，將以e-mail、傳真、電話、簡訊、郵寄或其他公告方式利用您提供之資料（資料類別：C001、C002、C003、C011等）。利用對象除本集團外，亦可能包括相關服務的協力機構。如您有依個資法第三條或其他需服務之處，得致電本公司客服中心電話請求協助。相關資料如為非必填項目，不提供亦不影響您的權益。

□ 請勾選：本人已詳閱上述注意事項，並同意麥田出版使用所填資料於限定用途。

姓名：______________________ 聯絡電話：______________________

聯絡地址：□□□□□______________________

電子信箱：______________________

身分證字號：______________________（此即您的讀者編號）

生日：____年____月____日　性別：□男　□女　□其他______

職業：□軍警　□公教　□學生　□傳播業　□製造業　□金融業　□資訊業　□銷售業

□其他______________________

教育程度：□碩士及以上　□大學　□專科　□高中　□國中及以下

購買方式：□書店　□郵購　□其他______________________

喜歡閱讀的種類：（可複選）

□文學　□商業　□軍事　□歷史　□旅遊　□藝術　□科學　□推理　□傳記　□生活、勵志

□教育、心理　□其他______________________

您從何處得知本書的消息？（可複選）

□書店　□報章雜誌　□網路　□廣播　□電視　□書訊　□親友　□其他______

本書優點：（可複選）

□內容符合期待　□文筆流暢　□具實用性　□版面、圖片、字體安排適當

□其他______________________

本書缺點：（可複選）

□內容不符合期待　□文筆欠佳　□內容保守　□版面、圖片、字體安排不易閱讀　□價格偏高

□其他______________________

您對我們的建議：______________________

____